公司
管理制度与常用范表

吴 悦◎编著

中国铁道出版社有限公司
CHINA RAILWAY PUBLISHING HOUSE CO., LTD.

北 京

图书在版编目（CIP）数据

公司管理制度与常用范表 / 吴悦编著.—北京：中国
铁道出版社有限公司，2024.1
　ISBN 978-7-113-30640-3

　Ⅰ.①公…　Ⅱ.①吴…　Ⅲ.①公司-企业管理制度
②公司-企业管理-表格　Ⅳ.①F276.6

　中国国家版本馆CIP数据核字(2023)第200857号

书　　名：公司管理制度与常用范表
　　　　　GONGSI GUANLI ZHIDU YU CHANGYONG FANBIAO
作　　者：吴　悦

责任编辑：王　宏　　　　编辑部电话：(010) 51873038　　电子邮箱：17037112@qq.com
封面设计：宿　萌
责任校对：苗　丹
责任印制：赵星辰

出版发行：中国铁道出版社有限公司（100054，北京市西城区右安门西街 8 号）
印　　刷：天津嘉恒印务有限公司
版　　次：2024 年 1 月第 1 版　2024 年 1 月第 1 次印刷
开　　本：710 mm×1 000 mm 1/16　印张：19.25　字数：311 千
书　　号：ISBN 978-7-113-30640-3
定　　价：88.00 元

前言

编写缘起

对于现代企业来说，科学管理是开展日常工作和不断壮大企业的有效手段。尤其是一些大中型企业，组织结构复杂，人员众多，公司设备、财产、物资都需要仔细管理，以免造成巨大损失。而企业管理中的制度和表格工具能给管理工作指明方向，管理人员一定要善于使用。

本书作为一本公司管理方面的实用工具大全，从不同性质的业务出发划分章节，介绍与公司管理有关的业务要点，并整理出相关的制度和范表，供读者借鉴使用。

为了让管理者有效管理各项业务，同时让企业内不同岗位的员工更快进入工作状态，提高效率，我们编写了本书。

主要内容

本书内容可分为两部分，具体如下所示。

第一部分（第1~3章）对公司内部的基本管理进行介绍，主要包括人力资源管理、行政办公管理和绩效管理。通过本部分的学习，读者可以学习到人事招聘、员工入职、日常办公及薪酬考核等有关业务的管理制度和范表，对公司的日常管理也有清晰的介绍。

第二部分（第4~8章）围绕采购管理、仓储管理、质量管理、生产管理和销售管理，对企业业务发展非常重要的工作事项进行介绍，每个事项都进行了细分，网罗了关键的规章管理制度和范表。

写作特点

为了方便读者轻松阅读与快速查找，本书在版式设计与内容挑选上都花了很多心思，具体特点如下所示。

①图解管理实务，可视表达让读者学得更易

1.3 新员工入职培训管理

为了促使新员工更快融入工作，企业需根据岗位性质开展入职培训。通过岗位要求的培训，新员工能够很快胜任岗位工作，提高工作效率，取得较好的工作业绩，起到事半功倍的效果。通过新员工培训，管理者对新员工更加熟悉，为今后的工作、管理打下了基础。

● 培训管理内容分类

职业素养	基础知识	职业技能
企业文化 公司规章制度 个人素质礼仪 职业技能工具 职业生涯规划	公司基础信息 公司生产信息 岗位业务知识 行业渠道信息 部门规章制度	岗位实操技能 团队协作能力 职场社交礼仪 职业态度 学习能力

● 遵照培训管理流程工作

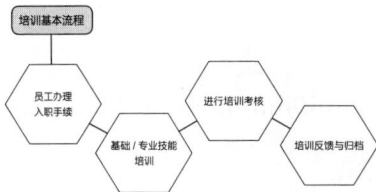

培训基本流程：员工办理入职手续 → 基础/专业技能培训 → 进行培训考核 → 培训反馈与归档

● 制定合适的培训方案

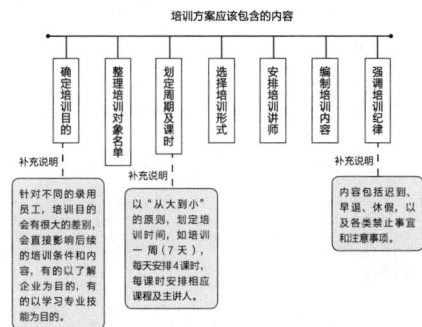

培训方案应该包含的内容：确定培训目的、整理培训对象名单、划定周期及课时、选择培训形式、安排培训讲师、编制培训内容、强调培训纪律

补充说明：针对不同的录用员工，培训目的会有很大的差别，会直接影响后续的培训条件和内容，有的以了解企业为目的，有的以学习专业技能为目的。

补充说明：以"从大到小"的原则，划定培训时间，如培训一周（7天），每天安排4课时，每课时安排相应课程及主讲人。

补充说明：内容包括迟到、早退、休假，以及各类禁止事宜和注意事项。

● 培训效果评估与跟踪

评估方式	具体内容
考核评估	如果只是培训没有考核，会影响整体的培训效果，HR最好引进淘汰机制，给新入职的员工一些压力，让其重视公司的培训活动，通过考核留住那些有真才实学的人才
自我评估	利用问卷调查等方式，让员工作出自我评估，能够更清晰明白自己的优势和不足，也能从中发现其对培训项目和讲师的感受，对培训活动的积极程度，从而帮助HR改善入职培训的内容和程序
分阶段评估	培训的效果若是不理想，等到最后培训结束就迟了，所以HR应该分段进行效果评估，对阶段性不合格者还可以进行补充培训

②穿插拓展知识，延展内容让读者学得更多

拓展知识 为何要审查聘用者的离职证明

依据《劳动合同法》第九十一条，"用人单位招用与其他用人单位尚未解除或者终止劳动合同的劳动者，给其他用人单位造成损失的，应当承担连带赔偿责任。"

为避免企业遭受不可预计的损失，聘用劳动者时，应该仔细审查员工的离职证明，如尚未解除劳动合同的，要求其原单位出具同意该员工离职的书面证明。

拓展知识 采购谈判的答复技巧

谈判总是一来一回，都会被对方理解为一种承诺，都负有责任，所以答复时应该慎重，富有技巧：

①不要彻底答复对方的提问。
②针对提问者的真实心理答复。
③不要确切答复对方的提问。
④降低提问者追问的兴趣。
⑤让自己获得充分的思考时间。
⑥礼貌地拒绝不值得答的问题。
⑦找借口拖延答复。

③精选制度表单，读者稍加修改即可实战应用

制度　供应商信息管理制度

一、管理范围

采购工作面对的是销售商品、提供服务、承建工程的范围广泛、数量众多的供应商，因此需要科学规范的方式对与此相关的资料数据进行收集、整理、分析和管理应用，以提高采购部门的管理和工作效率。

采购人员将随时更新的供应商详细资料及时添加到供应商库。

二、相关程序及业务流程

1. 采购前

（1）采购员要求供应商必须提供以下资料[1]：

①五证合一营业执照。

②资质证书。

③实际经营地址。

④联系人。

⑤法人、联系人电话。

（2）资料收集完成，要进行以下工作：

①参考不同资料，做好询价比价。

②整理好有用信息，以备录入供应商库，扩大公司的选择范围。

2. 采购中

确定合作供应商，为长期合作做准备。需要合作供应商提供的资料有：

（1）合同（需写明发票开具条款及收款信息）。

（2）详细的产品介绍，包括规格、型号、使用说明、质保期和维修保养说明等。

3. 采购后

根据前期收集的供应商资料，详尽地录入供应商信息，完善供应商库，为后期评估做准备。

4. 日常

定期对供应商库内的供应商信息进行更新及评估，本着适质、适价、适量、适地的原则，删除不合格的供应商。

三、供应商评审[2]

每年年初，由审计部组织，对上年度的各类供应商进行评审，对价格高、服务差的供应商进行淘汰替换。列出合格供应商名录。

[1] 另外还有一些补充资料也可要求供应商提供，如①信用额度证；②生产许可证；③卫生许可证；④所获荣誉；⑤电子邮箱。
[2] 供应商评审委员会的组成：行政部负责人、售后服务部负责人、财务负责人、审计总监以及总经理共五人组成。

范表　员工餐费补贴考勤表

"√"表示出差；"×"表示未出差。补贴标准：10 元 / 天

姓名	日期					天数	补贴金额
	星期一	星期二	星期三	星期四	星期五		
王某	√	√	√	×	×	2	20
合计							

考勤人：　　　　　　　　　项目经理：

范表　在外就餐人员伙食补贴申请表

申请日期：

申请人姓名		部门		职位	
停餐日期	从（　）月份开始，若停餐餐别不变更，此申请有效期自动延续至下个月。				
停餐餐别	□早餐　　□中餐　　□晚餐（每次停餐整月）				
补贴金额	（　）元 / 月（由人力资源部主管填写）				
申请返回公司就餐月份				申请人签名确认	
备注栏					

注：1. 每月 26 号之前填写此表申请次月停餐，交人力资源部备案；
　　2. 如停餐类别变更，须重新填写申请；
　　3. 如申请回公司就餐，请提前到人力资源部在此申请表上登记并签名确认。

人力资源部主管签名确认：　　　　　　　填表：

④附赠更多模板，图书内容更加超值

更多模板

月度招聘需求统计表	面试评估报告表	人力需求申请表
笔试管理制度	笔试成绩汇总表	岗位增补申请表
面试记录表	人力资源规划管理制度	
面试成绩评定表	员工岗位调动申请表	

更多模板

员工职业生涯规划制度	新员工培训跟踪评估表	培训效果反馈表
晋升考核制度	员工外派培训管理制度	培训课程计划表
培训考核管理制度	员工职前培训管理制度	
培训记录表	员工培训考核表	

更多模板

员工提案奖励管理制度	绩效改进与提升办法	员工自我鉴定表
中高层员工绩效管理制度	绩效改进记录表	员工考核标准表
绩效考核管理制度	部门绩效考核表	
绩效评议与申诉制度	员工通用项目考核表	

下载文件

提供书中涉及的制度、范表与模板的电脑端下载地址及移动端二维码：

http://www.m.crphdm.com/2023/1110/14657.shtml

读者对象

精选全书内容，图解实务知识，同时展示大量的模板范文并精心搜集实用的模板文件，特别适合企业各部门管理者及各岗位业务人员阅读和使用，也可将其作为管理者编制日常工作规范的工具书。

由于编者能力有限，对于本书有不完善的地方，希望获得读者的指正。

编　者

目录

第1章　公司人力资源管理制度与范表

【更多模板】

月度招聘需求统计表	笔试成绩汇总表
笔试管理制度	人力资源规划管理制度
面试记录表	员工岗位调动申请表
面试成绩评定表	人力需求申请表
面试评估报告表	岗位增补申请表

【更多模板】

员工试用期管理办法	岗位任免管理制度
内部竞聘制度	员工离职交接单
人事档案管理制度	员工离职证明书
劳动合同管理制度	员工离职通知书
离职申请表	工作交接明细表
录用决定表	员工转正考核表
内部竞聘申请表	

【更多模板】

员工职业生涯规划制度	员工外派培训管理制度
晋升考核制度	员工职前培训管理制度
培训考核管理制度	员工培训考核表
培训记录表	培训效果反馈表
新员工培训跟踪评估表	培训课程计划表

第2章 公司行政办公制度与范表

【更多模板】

薪酬绩效委员会职责规定	组织架构调整管理制度
行政费用申请单	决议事项确认表
行政费用计划表	行政费用使用一览表

【更多模板】

办公设备使用管理制度	公司票务及住宿预订管理规定
会议费报销制度	大型会议与大型活动管理制度

接待费用管理细则	公司证照管理制度
电子印章管理办法	印章使用管理办法
前台接待礼仪制度	公司宣传管理制度
公关事务管理制度	文件保密管理制度
员工考勤表	出差旅费报销清单
出差申请表	会议议程表
会议签到表	外勤费用报销单

第3章 公司绩效管理制度与范表

【更多模板】

员工提案奖励管理制度	员工绩效记录表
中高层员工绩效管理制度	部门绩效考核表
绩效考核管理制度	员工通用项目考核表
绩效评议与申诉制度	员工自我鉴定表
绩效改进与提升办法	员工考核标准表

【更多模板】

薪资调整申请表	绩效奖金管理规定
薪酬与激励管理制度	绩效奖金考核表
员工奖金管理制度	工资分析表
员工津贴管理制度	工资预支申请表
社会保险管理制度	抚恤金（丧葬费）申请表

第4章 公司采购管理制度与范表

【更多模板】

月度采购计划表	损失索赔通知书
季度采购计划表	来料检验日报表
年度采购计划表	交期控制表
采购记录登记表	采购追踪记录表

【更多模板】

供应商考评表	供应商产品情况调查表
供应商人员构成调查表	供应商仓库环境调查表
供应商设备情况调查表	供应商访谈记录表
供应商业绩定期评审表	供应商跟踪记录表

第5章 公司仓储管理制度与范表

【更多模板】

办公用品入库登记表	仓库管理员岗位职责
仓库收货员岗位职责	仓库经理岗位职责
物资储存保管规定	库存控制与分析管理规定

【更多模板】

货位卡管理制度	装卸工管理制度
仓库货位管理制度	仓库移仓申请表
成品仓库周报表	

第6章 公司质量管理制度与范表

【更多模板】

部门（车间）质量目标展开表	质量方针实施对策表
风险分析表	质量方针实施评审表
质量计划实施情况检查表	

6.2 质量检验需严格 198

【更多模板】

质量检验规范要求	零件质量检验报告表
进厂零件质量检验表	制程作业检查表
生产事前检查表	生产过程记录卡
过程控制标准表	工序质量分析表

第 7 章　公司生产管理制度与范表

【更多模板】

年度生产计划表	生产计划安排表
周生产计划及实绩表	生产计划部日常管理制度
生产线日计划表	

【更多模板】

生产故障分析表	生产进度平衡表
生产进度更改通知单	生产进程管理表
生产进度落后原因分析表	生产过程分析表
生产效益分析表	

7.3 企业生产设备管理 239

【更多模板】

设备编号标准表	空压机组安全操作规定
水处理设备安全操作规定	设备维修安全操作规定
叉车设备安全操作规定	电器安全操作规则
危险品应用设备安全操作规定	

第8章 公司销售管理制度与范表

【更多模板】

产品内购管理制度	客户开发规章制度
销售部门定期例会制度	销售业务工作汇报制度
数据报表管理制度	客户拜访与查核实施办法

【更多模板】

发货管理制度	不良客户处理办法
不良客户处理报告表	客户索赔登记表
客户服务需求表	

第①章

公司人力资源管理制度与范表

　　人力资源管理是企业各项管理中的一项内容，通过对人力资源进行有效运用，能满足企业当前及未来发展的需要。人力资源管理的有关工作包括招聘、甄选、培训和支付报酬等，若要做好各项工作，借助相关的制度与表格是必要的，本章就一起来认识吧。

● 人事招聘管理　　　　　　　　　　　　　　　　P002

制度：招聘管理制度　　　　　　　范表：招聘工作计划表
制度：员工录用管理制度　　　　　范表：招聘费用估算表
制度：面试管理制度　　　　　　　范表：应聘人员登记表

● 员工入职与离职管理　　　　　　　　　　　　　P013

制度：员工转正管理办法　　　　　范表：新员工试用表
制度：离职管理制度　　　　　　　范表：新员工试用申请及核定表
制度：劳动关系管理制度　　　　　范表：员工转正申请表

● 新员工入职培训管理　　　　　　　　　　　　　P025

制度：培训课程设计管理制度　　　范表：委托培训实习鉴定表
制度：培训经费管理制度　　　　　范表：培训课程汇总表
制度：内部培训讲师管理制度　　　范表：员工培训签到表
　　　　　　　　　　　　　　　　范表：年度部门培训需求表

1.1　人事招聘管理

　　人事招聘是人力资源管理系统中的重要工作之一，通过人事招聘能为企业带来源源不断的活力，所以相关人员应该熟悉招聘工作的流程、要点和技巧，为企业各部门招聘到合适的人才，丰富企业人才库。

● 厘清招聘工作的基本流程

○ 阶段一：确定人员需求

　　1. 当部门有员工离职、工作量增加等出现空缺岗位需增补人员时，可向人力资源部申请领取"人员增补申请单"。

　　2. "人员增补申请单"必须经用人部门主管的签批后上报人力资源部。

　　3. 人力资源部接到部门"人员增补申请单"后，核查各部门人力资源配置情况，检查公司现有人才储备情况，决定是否从内部调动来解决人员需求。

　　4. 若内部调动不能满足岗位空缺需求，人力资源部将把公司总的人员补充计划上报总经理，总经理批准后，人力资源部进行外部招聘。

○ 阶段二：制订招聘计划

　　1. 依据"岗位描述"或工作需要确定招聘各岗位人才的基本资格条件和工作要求。

　　2. 根据招聘人员的资格条件、工作要求和招聘数量，结合人才市场情况，选择合适的招聘渠道。

　　3: 准备招聘有关材料，包括公司宣传资料、应聘人员登记表、面试评价表、面试问题及笔试试卷等。

　　4. 将招聘广而告之，招聘广告的内容一般包含企业的基本情况、招聘岗位、应聘人员的基本条件、应聘方式以及其他注意事项。

○ 阶段三：人员甄选

　　1. 收集应聘资料，进行初试。符合基本条件者可参加复试（面试），不符合者登记完基本资料后直接淘汰。

　　2. 进行复审。可为笔试形式，对员工的工作能力进行考核，可与部门主管联合考核。

　　3. 员工录用。复审结束后，由各部门经理和 HR 共同确定录取人员名单，按编号发放"员工录取报到通知"，人力资源部要为每一位新录用的员工建立员工档案，新员工办理录用手续时需补交齐个人资料。

● 哪些招聘渠道可供选择

招聘渠道	具体内容
网络招聘	企业在网上发布招聘信息甚至进行简历筛选、笔试和面试，通常可以通过两种方式进行网络招聘：一是在企业官网发布招聘信息，搭建招聘系统；二是与专业招聘网站合作，如中华英才网、前程无忧和智联招聘，利用专业网站已有的系统开展招聘活动
现场招聘	是企业和人才通过第三方提供的场地，进行直接面对面对话，现场完成招聘面试的一种方式，常见的有招聘会和人才市场两种方式
校园招聘	在毕业季，很多企业为了第一时间收获优秀人才，会进行校园招聘，通过校园招聘会、张贴海报、宣讲会等形式，吸引即将毕业的学生前来应聘。对于非常优秀的学生，可以由学校推荐，企业直接录用
媒体广告	在报纸杂志、电视和电台等媒体上刊登、播放招聘信息，适用于招聘基层员工及技术员工，招聘效果会受媒体影响力、覆盖面和时效性影响
人才介绍机构	现在很多专业的人才介绍机构可以根据企业的需求寻找合适的人才，一般包括针对中低端人才的职业介绍机构以及针对高端人才的猎头公司
内部招聘	公司将职位空缺情况向员工公布并鼓励员工竞争上岗。对于大型企业来说，进行内部招聘有助于增强员工的流动性，同时可借此激励员工晋升或者换岗，能够更好地留住人才。内部招聘渠道包括职位公告、职位技术档案和员工推荐三种
员工推荐	企业可以通过员工推荐其亲戚朋友来应聘公司的职位，这样在应聘时企业和应聘者双方掌握的信息较为对称。如果应聘者被录取，介绍人将会得到一定的奖金
人才租赁	指用人单位根据自己的实际工作需要，向人才中介组织提出所需人才的标准和工资、福利待遇，人才中介组织通过查询自己的人才库、向社会招聘等方式搜索符合条件的人才，经严格挑选，把人才派往用人单位工作的服务方式。人才租赁的主要形式有两种：一种是按一定期限租赁人员；另一种是以完成某个工作项目为目的租赁人员

● 掌握面试提问技巧

封闭式提问

封闭式提问是指提问者提出的问题带有预设的答案，回答者的回复不需要展开，从而使提问者可以明确某些问题。这种提问方式是最常见、最没有技术含量的，却是必不可少的。很多HR都用这种提问方式对应聘者有一个基本的判断，如"你是否能面对工作压力？""你毕业于××大学，对吗？""你是否接受加班？"

开放式提问

开放式提问是提出比较概括、广泛的问题，对回答的内容限制不严格，给对方以充分自由发挥的余地。开放式问题常常运用包括"什么""怎么""为什么""如何"等词在内的语句发问。这样的提问方式能够考察应聘者的思维逻辑和日常积累，如"你如何维持平均生产量？"

询问过往工作经历

考察过去的工作经历，能够对应聘者的工作能力有所了解，并从中预判未来的工作表现，通常以这样的句式开展，"说说你在××公司的情况""你有负责过××项目吗？展开聊聊。""你说自己经验丰富，有什么依据？"

背景式提问

为了了解应聘者在实际工作中能够发挥到何种程度，HR可以设置一个工作背景和条件，让应聘者阐述自己的工作思路和步骤，如"我想知道如果……你会怎么做？""若是……你怎么达到目标呢？"

技术性提问

为了更进一步知道应聘者的专业能力和技术能力，HR可针对技术问题进行详细陈述，并通过反问的形式，获得应聘者的具体认知，如"电器设备的设计应该……，你觉得是这样吗？"。在陈述部分，HR可以对技术问题进行正面或反面的描述，以应聘者的附和与反对来查看其真实认知水平。

询问负面经历

应聘者一般会对自己的优势和成功经历大谈特谈，对不太擅长的领域有所回避，人力资源管理者（HR）应该保持清醒，试着挖掘对方的过失以及不足，可这样提问"那你曾经有失败的经历吗？""你能说说你对自己不太自信的地方吗？"

否定式提问

通过对应聘者的优点或特点提出疑问，一来可以查看应聘者的心理承受能力，二来可以试探其薄弱之处，激发其更好地展现自己。如"我们对图像设计要求很严格，你并没有相关资质证书，看起来并不适合我们公司吧？"

● 薪酬谈判的要点有哪些

向应聘者清楚阐述企业的薪资结构，为薪酬待遇框定一个范围，可将薪酬下限及中间值告知应聘者，为薪酬谈判争取一个空间。

多多渲染公司的福利待遇，如各种保险、年末旅游、交通补贴、通信补贴、住房补贴、年终奖和绩效奖等，这样可以让应聘者看到工作的附加价值，淡化薪酬的不足而看到另外的期望，增加 HR 谈判的筹码。

询问和了解应聘者除了薪酬以外的其他需求，不同年龄、不同身份的应聘者对工作的需求不同，如为人父母的会期盼更多私人时间或是离家近，年轻人希望少加班，单身人士希望有更多绩效奖金等，所以在薪酬不能令应聘者满意的时候，弹性的上下班时间、国外进修平台、公司培训、提供宿舍和餐食等比起薪酬可能更加诱人。

HR 应该拿出姿态，向应聘者强调岗位的竞争性，唤起应聘者的危机感，这样可以避免对方狮子大开口，最好是在无意间提到其他的应聘人员，如"我们还没有最后定下应聘成功者，等这次谈话后，再综合各项因素，筛选出最适合我们公司的。"

制度 招聘管理制度

一、目的

为满足公司持续、快速发展的需要，优化和健全人才选用机制，及时补充公司空缺岗位，保证招聘的质量和效率，特制定本制度。

二、原则

1. 保证公司有序的发展，聘用管理严格执行公司人力编制管理要求，实行编制控制原则。

2. 保证聘用人员质量，依照岗位任职资格作为面试录用的考核标准。

3. 保证聘用人员的客观性、科学性，实行人力资源部初试与用人部门负责人复试以及分管副总或总经理审批的原则。

4. 招聘录用人员的行政级别及薪酬待遇由人力资源部根据公司薪酬体系确认，经由各分管副总或总经理批准后确认。

5. 选聘应从岗位职能当前与长远发展需要考虑，以公平、公正的方式择优录用。

三、适用范围

公司普通（T）、基层（C）和专业技术（D）员工招聘管理。

四、招聘形式

招聘形式分为外部招聘与内部招聘两种。

1. 外部招聘。

（1）由人力资源部通过中介机构、校园和网络等渠道筛选简历或发布招聘信息，按程序面试考核录用。

（2）由内部员工推荐优秀人才，并按平等竞争、择优录用的原则按程序考核录用。

2. 内部招聘。

根据组织架构、各部门业务关联与发展需要，结合岗位晋升计划以及岗位描述和公司用人标准进行内部调动或提升。

五、招聘面试流程说明

1. 人员申请：凡公司招聘人员（编制内）必须由用人部门负责人填写"人员需求申请表"，经分管副总经理审核，送人力资源部复核，再由人事经理报总经理批准后列入公司招聘计划。如招聘人员为编制外，则由分管副总提出"人员需求申请表"，送人力资源部备案后经总经理办公室会议讨论后由总经理批准列入公司招聘计划。

流程：用人部门申请→分管副总审批→人力资源部审核→总经理审批。

2. 准备工作：人力资源部根据人员需求申请表拟订招聘方案和岗位说明，与相适合的媒介统一发布公开招聘信息或从公司内部人员推荐里选聘合适的人才。收集应聘材料后，根据用人部门对招聘人员的素质和技能要求进行初步筛选，发送面试通知。

流程：人力资源部选择合适的人才→通知面试。

3. 面试及审批。

（1）应聘人员由人力资源部接待、预约，指导应聘人员填写"应聘申请表"。

（2）由人力资源部进行初试，对应聘人员的智力、品德、经验和能力等进行综合考察和评价，并调查了解核实应聘人员所提供信息的真实性，填写"面试审核表"，选拔合格人员进入复试。

（3）复试由人力资源部与用人部门负责人一同进行，复试将采取面试、笔试和心理测试等多种方式。结果报分管副总审核，最后上报总经理审批。部分职位复试需由分管副总经理、总经理和专业人士共同参与。

流程：人力资源部初试→部门负责人复试或笔试→分管副总复试或审批→总经理复试或审批。

①普通员工（T级，办公室人员、现场管理员等），一般需大专以上文化，熟练使用电脑，严格按岗位要求进行招聘。应聘人员由人力资源部初试，再由用人部门负责人复试和笔试，通过复试后安排分管副总面试，最后由总经理进行审批。

②基层员工（C级，保洁工、保安和勤杂工等），一般需初中以上文化、身体健康（需提供正规医院的体检证明）、年龄在18周岁至55周岁之间和农村户口（特殊情况需总经理同意）。应聘人员由人力资源部初试，再由用人部门成立招聘考核组，由考核组集中面试考评，并将集体研究意见报分管副总审核和审批。

③专业人员（D级，如驾驶员、修理工等）除具备基层员工条件以外，须具备有效期内的相关技术证件（如驾驶证、从业资格证和操作证等），符合相关岗位的硬性要求，初试为用人部门的技术考核，通过考核后由人力资源部协同部门负责人进行复试，通过复试后由分管副总审核和审批。

…………

制度 员工录用管理制度

第一章 总则

第一条 为规范员工的录用工作，明确录用双方的权责，特制定本规定。

第二条 公司本着量才适用、择优录取的原则，公开、公平、公正地进行人员录用程序，为公司延揽适用的人才。

第三条 行政人事部负责录用工作的实施，用人部门协助执行。

第二章 录用前的告知义务

第四条 员工在入职前，必须如实告知其真实履历、身体状况、教育状况等基本信息，确保其向公司提交的各种证明材料全面、真实、合法。

第五条 如果员工曾有过营私舞弊、严重失职等行为或受到过行政处分、刑事处分、劳动教养，或者受过原单位的处分，或与原单位发生过劳动纠纷，员工须事先诚实且详细地向公司作书面说明。

第六条　员工入职前，行政人事部如实告知其入职条件、工作职责、工作地点、工作环境、工作时间、福利待遇、规章制度等，对员工所关心的其他事项作详细解答。

第三章　录用途径

第七条　有意到本公司服务的求职者，应向行政人事部申请。该部门的职能是促进录用程序的实施。

第八条　公司欢迎和鼓励员工推荐候选人。

第九条　公司为每一位员工提供充分的个人和职位发展机会。当出现职位空缺时，公司内部的提名总是会被优先考虑，员工可将简历按要求投至行政人事部，行政人事部将保密候选人信息。

第十条　无论是内部候选人，还是外部候选人，都应按预先确定的审查程序加以考虑和评价。最终的选择则以候选人的资格是否满足工作需要而定。部门负责人有责任支持本部门员工在事业方面的计划和发展。

第十一条　应该避免内部以不正当手段获取职位。员工有义务将自己感兴趣申请的新工作职位情况，在应聘之前通知主管领导和行政人事部。对内部工作职位选定，无论正式或非正式，用人部门负责人都必须与行政人事部协商而定。

第四章　亲属录用

第十二条　本公司员工可推荐亲属加入公司，但同样须接受行政人事部的正规招聘流程。

第十三条　被推荐人必须在职位申请表上注明与推荐人的关系，不得弄虚作假，否则无论是推荐人，还是被推荐人，都将受到公司的纪律处分。

第十四条　被推荐人的录用标准将与公司招聘人员标准一致，不得搞特殊化。

第五章　录用条件和要求

第十五条　录用员工年龄必须达到18周岁或以上，具有国家认可的有效身份证明。

第十六条　被录用员工必须身体健康，无传染性疾病、影响工作的慢性疾病或其他重大疾病（重大疾病参见国家相关规定）以及不适合招聘岗位的其他疾病。员工在签订劳动合同前必须出示公司指定的医疗机构的体检报告，否则公司不与其签订劳动合同。

第十七条　能力要求。员工应当具备应聘岗位所要求的教育背景、工作经验、专业能力和一定的辅助能力以及所应聘岗位的特殊要求。

第六章　录用禁忌

第十八条　凡有下列情形者，不得录用。

…………

第七章　入职报到手续与流程

第十九条　被录用人员凭行政人事部发放的"录用通知书"，按指定时间、地点携带规定的证件、资料，亲自办理报到手续。不在规定时间内报到或不亲自前往办理的均视为拒绝受雇，该通知书自动失效。

第二十条　新员工均须到行政人事部办理报到手续，如实填写"员工档案"个人资料部分。行政人事部收取录用人员1寸免冠彩照两张、有效体检报告以及身份证、毕业证、职称证、流动人口计生证、暂住证等相关证件复印件。已依法与原公司办理解除或终止劳动合同手续的，应向公司出示相关劳动合同解除或终止证明，公司将视具体情况向其前公司核实。公司对录用人员的经历、背景、相关证件及以前工作表现情况保留核实的权利。

第二十一条　任何录用人员，必须在公司制作的"声明"表上做出声明。

第二十二条　员工的实际情况与"声明"、"员工档案"和"求职申请表"等的内容不符或是员工刻意隐瞒不报、弄虚作假的，公司一旦查实，将视员工为欺诈行为，公司将与其解除劳动合同并不做任何补偿。

第二十三条　行政人事部将录用人员的资料录入公司员工花名册内，对新入职员工档案进行编号。对新员工办理胸卡，发放员工手册，根据新员工具体需求进行用餐、住宿、劳保用品发放等安排。

第二十四条　行政人事部负责新员工入职培训工作，对新员工进行公司行政管理架构、行为规范、规章制度等的培训，协助相关部门对新员工进行生产安全、电气安全、消防安全等的培训，培训后需进行书面考核。

…………

制度 面试管理制度

第一条　总则

1. 本公司为招聘人才，为公司的发展服务，特制定本制度。

2. 有关应聘员工面试事项，均依本制度处理。

第二条　面试考官应具备的条件

1. 本公司人事部门工作人员为面试考官，面试人员本身需要给人一种好感，能够很快地与应职者交流意见。因此面试人员在态度上、表情上必须表现得十分开朗，让应聘者愿意将自己想说的话充分表达出来。

2. 面谈人员自己本身必须保持极为客观的个性，理智地去判断一些事务，绝不能因某些非评价因素而影响了对应聘者的客观评价。

3. 不论应聘者的出身、背景之高低，面试人员都应尊重应聘者所表现出来的人格、才能和品质。

4. 面试人员必须对整个公司组织情况、各部门功能、部门与部门间的协调情形、人事政策、薪资制度、员工福利政策，有深入的了解，才能应对应聘者随时提出问题。

5. 面试人员必须彻底了解该应聘职位的工作职责和必须具备的学历、经历、人格条件与才能。

第三条　从面试中应获得的资料

1. 观察应聘者的稳定性：应聘者是否无端常换工作，尤其注意应聘者换工作的理由，假如应聘者刚从学校毕业，则要了解应聘者在学校中参加哪些社团，稳定性与出勤率如何。另外从应聘者的兴趣爱好中也可以看出应聘者的稳定性。

2. 研究应聘者以往的成就：研究应聘者过去有哪些特殊工作经验与特别成就。

3. 应付困难的能力：应聘者过去面对困难或障碍是否经常逃避，还是能够当机立断挺身而出解决问题。

4. 应聘者自主能力：应聘者的依赖心是否极强，如应聘者从学校毕业，则可观察他在读书时是否一直喜欢依赖父母。

5. 对事业的忠心：从应聘者谈过去主管、过去部门、过去同事以及从事的事业，就可判断出应聘者对事业的忠心度。

6. 与同事相处的能力：应聘者是否有一直在抱怨过去的同事、朋友、公司以及其他各种社团的情形。

7. 应聘者的领导能力：当公司需要招聘管理者时，要特别注意应聘者的领导能力。

第四条　面试的种类 [1]

根据本公司状况，面试可分为下列两种：

1. 初试：初试通常在人事部门实施，初试的作用无非是过滤那些学历、经历和资格条件不合格的应聘人员，通常初试的时间约 15 ~ 30 分钟。

2. 评定式面试：经过初试，如果发现有多人适合这项工作，这时就要由部门主管或高级主管做最后一次评定式面试，这种面试通常为自由发挥式的面谈，没有固定的题目，由一个问题一直延伸到另一个问题，让应聘者有充分发挥的机会，这类面试通常约 30 ~ 60 分钟。

第五条　面试的地点及记录

1. 面试的地点最好在单独的房间，房间只有面试人与应聘者，最好不要装电话，以免面试受到电话的干扰。

2. 进行面试的时候，必须准备面试表格。通常初试表格是对勾方式。在评定式面试中，最好用开放式的表格，把该应聘者所说出来的一切在当时就记下来。

第六条　面试的技巧

1. 发问的技巧。

好的面试人员必须擅于发问，且问的问题必须恰当。

2. 学会听。

面试人员要想办法从应聘者的谈话里，找出所需要的资料，因此面试人员一定要学会听的艺术。

3. 学会沉默。

…………

---

[1] 依照面试的内容和要求可以划分出完全不同的面试类型，如问题式面试，以事先拟定的提纲向求职者发问；压力型面试，通过有压迫感的形式测试求职者的抗压能力；情景式面试，通过具体情景考量求职者解决问题的能力；综合式面试，综合考量求职者各个方面的能力。

范表 招聘工作计划表

部门名称：			填表日期： 年 月 日		
招聘 计划	岗位名称	人员数量	人员要求		
发布时间					
发布 渠道	发布方式	口报纸　　　　口网站　　　口专业/行业杂志 口人才中介机构　口人才市场　口猎头　口其他			
	发布安排				
招聘工作 预算	项目				共计
	金额				
招聘 小组 成员 分工	职务	姓名	所属部门	工作职责	
	组长				
	副组长				
	成员1				
	成员2				

填表说明：此表用于人力资源部门开展招聘工作以前的计划，由人力资源部填写，通知相关部门。

范表 招聘费用估算表

部　　门	费用（元）				
	报纸方式	广播方式	招聘会方式	网站方式	最后选择
××部					
××部					
××部					
合计					

范表 应聘人员登记表

姓名		性别		年龄		出生日期	
籍贯		民族		身高		体重	
学历		职称		健康状况		婚姻状况	
毕业院校				所属专业			
第一外语		级别		第二外语		级别	
联系方式				身份证号			
期望薪资		上岗时间			其他要求		

所受教育	起止时间	学校名称	专业	学历

工作经验	起止时间	公司名称	所担任职务	相关证明人

参加的培训	起止时间	培训机构	培训内容	获得的相关证书

所受过的奖励及处分	
兴趣和爱好	
个人特长及自我评价	

更多模板

月度招聘需求统计表	笔试成绩汇总表
笔试管理制度	人力资源规划管理制度
面试记录表	员工岗位调动申请表
面试成绩评定表	人力需求申请表
面试评估报告表	岗位增补申请表

1.2 员工入职与离职管理

　　员工的入职和离职都会改变公司的人事结构，影响公司的生产管理工作，所以企业应该规范管理员工入职与离职的相关活动，维护企业的利益，减少人事变动给企业带来的不利影响。

● 入职与离职的流程要规范

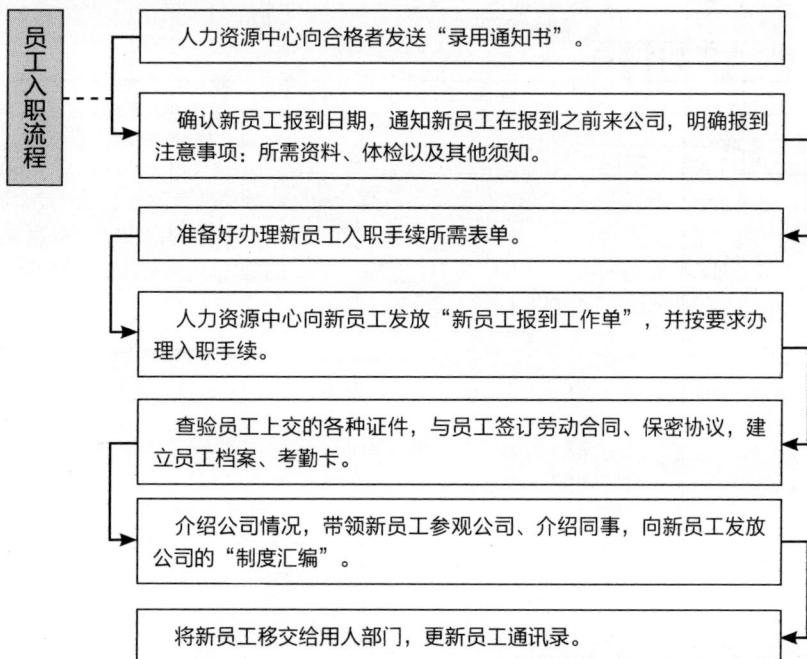

员工入职流程

- 人力资源中心向合格者发送"录用通知书"。
- 确认新员工报到日期，通知新员工在报到之前来公司，明确报到注意事项：所需资料、体检以及其他须知。
- 准备好办理新员工入职手续所需表单。
- 人力资源中心向新员工发放"新员工报到工作单"，并按要求办理入职手续。
- 查验员工上交的各种证件，与员工签订劳动合同、保密协议，建立员工档案、考勤卡。
- 介绍公司情况，带领新员工参观公司、介绍同事，向新员工发放公司的"制度汇编"。
- 将新员工移交给用人部门，更新员工通讯录。

```
┌─────────────────┐
│   员工离职流程    │
└─────────────────┘
```

┌──┐
│   公司审批通过员工离职申请，离职到期之日，由人力资 │
│ 源部通知离职员工办理离职交接手续。   │
└──┘

┌──┐
│   收回离职员工的员工证、考勤卡、饭卡和工作服等物品。 │
└──┘

┌──┐
│   办理退宿手续，计算员工考勤，由经办人及人力资源部 │
│ 负责人签名确认。   │
└──┘

┌──┐
│   辞职人员统一在每月实际发薪日结清所有薪资，辞退和 │
│ 开除人员在离职三日内结清所有薪资，由人力资源部填写 │
│ "离职员工工资发放通知单"，报给财务部，由财务部统   │
│ 一造册发放。   │
└──┘

┌──┐
│   离职员工办理完手续后，由人力资源部开具"行李放行条"。│
└──┘

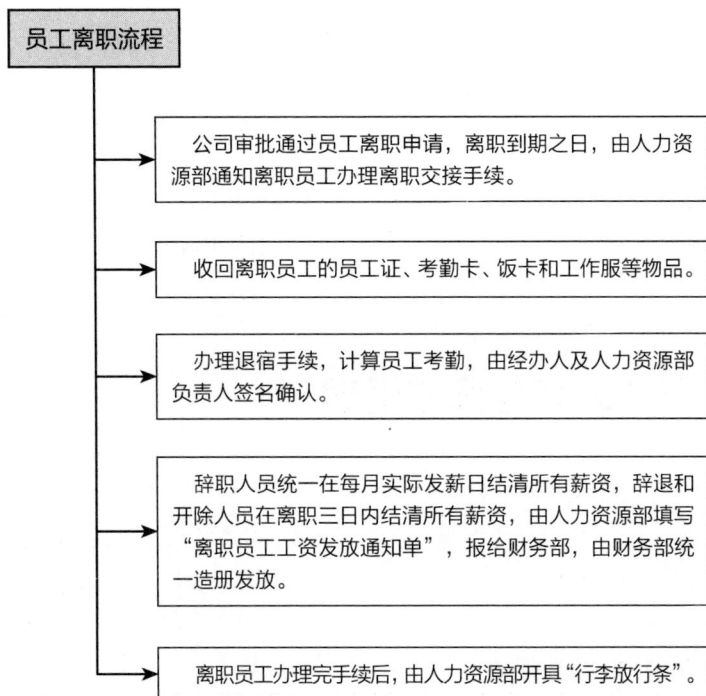

● 入职注意事项有哪些

注意事项	具体内容
详尽入职登记	为了避免来路不明的人员给公司造成损失，人事部在员工入职时一定要主动了解其各种信息，通过设计"入职登记表"，将想要了解的内容全部囊括其中，包括入职者的姓名、年龄、有效身份证件号码、家庭住址、健康状况、学历、工作经验和工作现状等情况
重视各项入职审查	注意对入职者提供的各项材料进行审查，要确认材料的真实性，包括其提供的学历证明、个人从业经历和获得的职业资格等
	注意审核入职者是否处于离职状态，查看其与前单位解除或终止劳动合同的证明，避免承担连带赔偿责任
	注意审查员工的竞业限制义务，要求应聘者承诺其未承担竞业限制义务，HR 也要向原公司核实，以免日后承担诉讼风险

续上表

注意事项	具体内容
履行告知义务	依据《中华人民共和国劳动合同法》第八条，"用人单位招用劳动者时，应当如实告知劳动者工作内容、工作条件、工作地点、职业危害、安全生产状况、劳动报酬，以及劳动者要求了解的其他情况；用人单位有权了解劳动者与劳动合同直接相关的基本情况，劳动者应当如实说明。"
检查员工入职体检报告	为了避免潜藏的用工风险，企业应该重视员工的入职体检，对于不合格的不予录用。而人事部也应该在录用条件中约定员工不得患有精神类疾病或按国家法律法规规定应禁止工作的传染病等

拓展知识 为何要审查聘用者的离职证明

依据《中华人民共和国劳动合同法》第九十一条，"用人单位招用与其他用人单位尚未解除或者终止劳动合同的劳动者，给其他用人单位造成损失的，应当承担连带赔偿责任。"

为避免企业遭受不可预计的损失，聘用劳动者时，应该仔细审查员工的离职证明，如尚未解除劳动合同的，要求其原单位出具同意该员工离职的书面证明。

● 如何降低员工的流失率

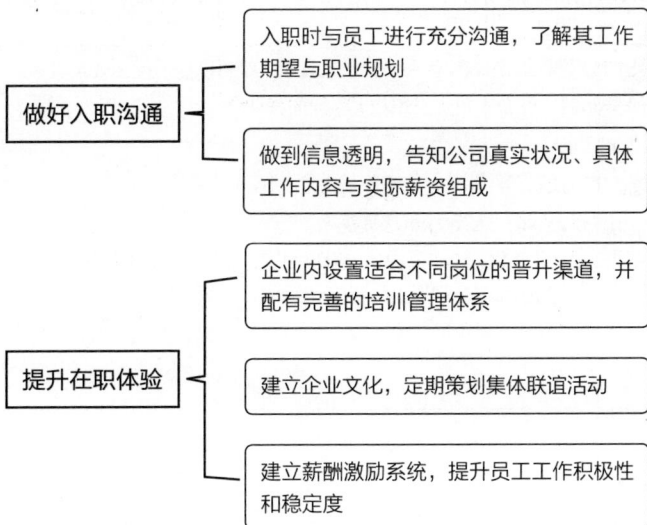

做好入职沟通
- 入职时与员工进行充分沟通，了解其工作期望与职业规划
- 做到信息透明，告知公司真实状况、具体工作内容与实际薪资组成

提升在职体验
- 企业内设置适合不同岗位的晋升渠道，并配有完善的培训管理体系
- 建立企业文化，定期策划集体联谊活动
- 建立薪酬激励系统，提升员工工作积极性和稳定度

定期展开调查
- 定期了解员工工作状态，提供必要的支持与资源
- 了解各部门的人际关系，以防职场霸凌
- 定期编制员工调查问卷，了解员工对公司的满意度

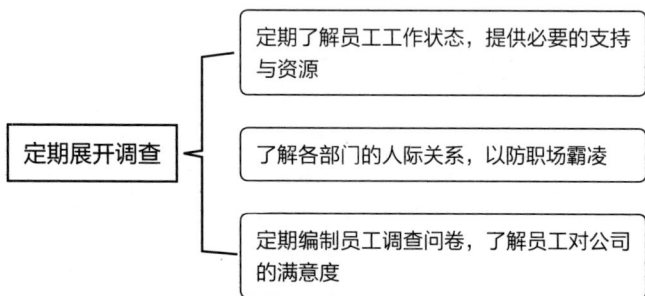

制度 员工转正管理办法

一、总则

1. 目的。

为规范员工试用转正考核流程，确保员工转正考核工作规范、有效，有章可循，特制定本办法。

2. 适用范围。

本制度适用于试用期转正新员工的考核。

二、转正考核管理规定

1. 员工试用期限 [1]。

（1）新员工试用期原则上为 1 ~ 3 个月（有特殊规定的按规定执行），在期限届满前 10 天可以提出转正申请。

（2）员工试用期间工作表现优秀，自己或直接上级可以提前提出转正申请。

提出转正申请后，综合办负责组织相关手续的办理。

2. 试用期转正条件。

（1）符合岗位任职资格要求，能够胜任岗位工作。

（2）通过直接上级的考核，经审核合格。

（3）认同公司企业文化，遵守公司各项管理制度，工作态度、工作任务完成符合要求，试用期间没有严重违纪和损害公司形象的行为。

符合以上条件者方可办理转正手续。

3. 转正考核时间规定。

---

[1]《中华人民共和国劳动合同法》第十九条规定："劳动合同期限三个月以上不满一年的，试用期不得超过一个月；劳动合同期限一年以上不满三年的，试用期不得超过二个月；三年以上固定期限和无固定期限的劳动合同，试用期不得超过六个月。"

一般情况下，员工在试用期间届满前 10 个工作日内可以提出转正申请，由综合办负责组织相关考核。各考核部门和人员应在员工提出转正申请 10 个工作日内（最迟不能超过员工的试用期最后一日）完成所有考核项目，并做出考核决定。

4. 转正考核形式。

采取上级主管考核评价的形式。

5. 转正考核权重划分。

（1）转正考核总成绩满分为 100 分，60 分以上为合格。

（2）基础类人员的总成绩为自评、直接上级评价、专业考试成绩三项。其权重比例为：自评 20%、直接上级评价 70%、专业考试分数 10%。

（3）主管及以上人员总成绩为自评、直接上级评价、管理中心评价三项。其权重比例为：自评 20%、直接上级评价 60%、管理中心评价 20%。

6. 考核成绩结果的运用。

（1）考核分在 85 ~ 100 分（含）的可提前转正，试用期不少于 1 个月。

（2）考核分在 70 ~ 84 分（含）的试用期不少于 2 个月转正。

（3）考核分在 60 ~ 69 分（含）的试用期需延长至 3 个月转正。

（4）考核分在 60 分以下的不再试用，立即辞退。

三、转正考核流程

1. 转正考核通知。

（1）人力资源部于每月 10 日前统计出当月可转正人员名单。

（2）人力资源部通知被考核人所在部门负责人，由部门负责人传达给被考核人员，并安排进行专业考试。此工作须在每月 12 日之前完成。

2. 填写转正相关表格。

（1）被考核人员收到通知后须填写"转正申请表""员工转正考核表""新员工试用期自评表"，交至部门负责人处。

（2）此工作须在每月 14 日之前完成。

3. 被考核人上级进行考核评价。

（1）部门负责人复核员工表格填写的完整情况后，签署相关意见后交至分管领导处审核并签字确认。

（2）此工作须在每月 16 日之前完成。

4. 管理中心负责人进行考核评价。

（1）被考核人部门负责人将"转正申请表""员工转正考核表""新员工试用期自评表"、专业考试试卷及分数一同交予人力资源部。

（2）由管理中心负责人在"员工转正考核表"相关位置填写分数后，根据所交资料及分数的权重，计算出最终考核结果，在"员工转正考核表"及"转正申请表"填写相关意见。按相关审批权限进行审批，得出最终考核结果，最后备案。

（3）此工作须在每月 25 日之前完成。

（4）转正考核结果须在次月6日前报送人力资源部工资核算人员处核算工资。6日以后报送的将延迟在次月工资中补发。

5. 考核结果通知与考核面谈。

正式考核结论形成后，人力资源部通知被考核人所在部门负责人，由部门负责人传达给当事人。人力资源部负责人将在两个工作日内安排与被考核人进行考核结论面谈。

四、操作管理规定

1. 未按时间要求提交转正资料，导致转正延误者，人力资源部不担负任何责任。

2. 人力资源部在办理员工转正考核的过程中，若发现申请人不符合转正要求，将不予办理转正考核手续，并追究部门经理及相关负责人的责任。

3. 各级考核人员应严格把关，对申请人试用期间的表现进行客观评价，如有弄虚作假行为，一经查出，予以降职一级处理。

4. 有权限建议薪资调整（加薪、降薪）的高级管理人员，必须严格按本管理办法的条款进行考核操作。

五、附则

1. 本制度由人力资源部负责制定、解释、修订与实施。

2. 本制度经总裁审批后，自颁发之日起实施。

制度 离职管理制度

一、目的

为规范公司员工的离职管理，明确离职各环节的操作流程及相关权限，确保公司和离职员工的正当权益，制定本制度。

二、范围

公司所有员工，不论何种原因离职，均按照本制度办理。

三、离职类别与定义

1. 辞职是指在任职期间内，员工提出提前终止劳动关系的行为。

2. 辞退是指在任职期间内，按照公司制度，员工符合辞退条件的，公司提前终止与员工的劳动关系，予以辞退的行为。

3. 协商解除劳动关系是指双方均可提出，经协商一致提前解除劳动关系，并签署解除协议。

4. 自动离职是指在任职期间内，员工未经公司批准而擅自离开工作岗位的行为。有下列情况之一者，公司将按员工自动离职处理，并暂时冻结其工资。

（1）连续旷工3个工作日或者1个月内累计旷工达3个工作日，经劝诫无效者。

（2）未按正规手续申请离职而自行离开工作岗位者。

（3）已申请离职但未办妥离职交接手续而自行离开公司者。

四、离职办理程序

1. 协商解除劳动关系程序。

（1）公司提出协商解除的，由所在部门负责人与员工面谈，明确告知其部门意向，行政人事部可提供必要的支持。

（2）员工提出协商解除的，由所在部门负责人与员工面谈，进行充分的沟通，了解其离职的根本原因。

（3）最后由行政人事部与员工进行协商，达成一致意见后签署解除劳动关系协议，员工填写"员工离职交接表"，并办理离职手续。

2. 辞职程序。

（1）辞职申请的提出：员工申请辞职，须填写"员工离职申请表"，已转正员工需提前30日以书面形式通知部门负责人，试用期内的员工辞职，须提前3日通知行政人事部门。

（2）辞职申请的审批权限：员工本人提出书面申请，直接由部门负责人审核，并由部门上报公司分管领导批准，行政人事部门最终审核。

（3）员工辞职申请经公司审批同意后，方可办理相关离职手续。辞职申请由行政人事部保存。

3. 辞退程序。

符合辞退条件的员工，由其所在部门负责人／行政人事部提出申请，公司分管领导同意，行政人事部审核同意，总经理最后确认同意，方可做辞退处理。相关程序按公司提出协商解除劳动关系程序办理。

五、离职手续

确定员工离职后，行政人事部与部门负责人协商安排其他人员接替其工作和职责，由离职员工的部门负责人安排工作交接事项，并安排其到行政人事部领取"员工离职交接单"，并按照顺序依次办理。

1. 工作交接。

（1）将本人经办的各项工作、业务合同（协议）、保管或保存的各类实物或电子版的工作资料、文件、工具和办公用品等交部门负责人指定的人员，并要求交接人和部门负责人在"员工离职交接单"上签字确认。

（2）经部门负责人批准，将经手的各类项目、业务、个人借款等事项移交至指定的人员。

（3）以上各项交接须经部门负责人审核备案后方可认定交接完成。

2. 相关部门签字确认。

（1）相关部门办事人员需要做好本部门与离职员工涉及的工作、物品、文件审核。

（2）员工离职交接，涉及各部门相关交接手续，各部门办事人员需认真负责地检查与审查离职员工与本部门涉及的工作事宜。

（3）离职员工必须亲自办理离职手续，并在双方确定的离职日期办理完交接手续。

  ············

制度 劳动关系管理制度

一、总则

1. 目的

为规范员工的行为，保证员工行为与公司政策、规章制度和程序相一致；改善员工的工作表现，创造和谐、融洽的劳动关系。

2. 适用范围

××有限公司全体员工。

二、职责权限

1. 人事部

劳动关系管理的统筹部门，负责编制、改进劳动关系管理的相关制度。

2. 其他部门

在人事部门指导下，正确开展劳动关系管理工作。

三、劳动关系管理

1. 劳动合同管理

（1）公司按照国家有关规定与公司实际情况，与员工签订劳动合同。

（2）本着平等、自愿、协商一致的原则，由人事部统一组织员工签订劳动合同。具体合同范本由人事部核准。

（3）劳动合同办理时间。

①新入职员工：自用工之日起一个月内双方签订书面劳动合同。

②在职员工：合同期满前30天由人事部知会该员工直属部门，根据该员工的工作表现、工作业绩和公司用人状况并结合该员工的意愿，共同决定是否继续聘用该员工；如果继续聘用，则由人事部通知该员工续签劳动合同；否则合同期满自动终止双方劳动关系。

③人事部将劳动合同信息录入电脑系统，便于集中、规范管理。

④人事部对已解除或者终止的劳动合同文本，至少保存两年备查。

2. 劳动关系证明

人事部应员工本人的要求，经调查核实后为员工开具相关证明，包括工作证明、离职证明和退社保证明。

3. 劳动争议处理

（1）面对劳动争议，各级管理人员要本着沉着、冷静、务实、灵活的原则，规避法律风险，妥善处理。

（2）劳动争议的情形：因职工重大违纪和职工辞职、自动离职发生的争议；因执行国家有关工资、保险、福利、培训、劳动保护的规定发生的争议；因履行劳动合同发生的争议等。

（3）处理劳动争议的原则：着重调解、及时处理、依法处理、积极配合。

4. 员工意见管理

（1）员工是公司最大的财富，加强对员工意见的管理，可集思广益，最大限度地利用和开发人力资源，并可有效化解员工矛盾。

（2）离职面谈：离职面谈可在一定程度上挽留优秀人才，并从侧面找出公司发展中存在的问题，为以后的工作改进提供独特视角。

5. 员工投诉管理规定

（1）员工投诉：规范投诉管理，妥善解决员工的不公正待遇和公司内部违规事件，维护公正，以保证公司整体工作的全面健康运作。

（2）投诉原则：内容客观、真实、具体；处理公正、及时、务实；逐级投诉，不提倡越级投诉；提倡署名投诉。

（3）投诉范围：员工受到的不公正待遇；损害公司利益或不利于公司发展的行为；其他违规、违法行为。

（4）投诉方式：口头投诉；书面投诉。

（5）投诉程序：向直接上级申述协商解决→解决不成的，向间接上级申述→解决不成的，向行政中心申述→解决不成的，由副总裁裁决。

（6）投诉处理。

①投诉受理人是投诉唯一有效调查人员，但调查结果须经投诉受理人签收确认后方为有效。

②所有的投诉事件应在接到申诉申请书的15个工作日内将处理结果明确答复投诉人。

③投诉受理部门对投诉事件及投诉人负有保密责任。

④检举揭发对公司有重大损害的违法违纪行为的个人，根据"奖惩制度"规定，将得到相应奖励；对泄露投诉人资料、打击报复投诉人的行为，将对当事人和相关人员给予相应处分，对性质严重者，公司将保留追究其法律责任的权利。

6. 员工纠纷调解

控制事发现场局面，避免纠纷继续升级。特别在发生打架、斗殴时要首先制止双方，调查事实真相，分清责任。通过听取当事人的陈述、找相关人员了解等方式调查清楚事实真相后，分析纠纷双方的责任，提出合理的解决方案，做好纠纷双方的思想工作，使员工能接受处理结果，对纠纷事件备案并跟踪调解效果，为以后工作提供参考。

7. 健康管理

（1）社会保险：公司按照国家有关规定给员工购买社会保险，员工保险由人事部办理。

（2）身体保健：员工体检、健康宣传、建立员工健康档案。

8. 特殊时期劳动关系管理

（1）特殊时期情况：公司架构变动、人员调整、劳动诉讼、员工伤亡、员工受到严重骚扰事件及天灾（传染病、台风、暴雨等）。

（2）特殊事件处理原则。

①准确判定：当公司内外环境发生变化，足以妨害公司达成基本目标，即可判定为特殊事件。

…………

范表 新员工试用表

基本信息	姓名		应聘职位		基本信息	
	所属部门		甄选方式	□公开招考	□推荐遴选	□内部提升
	年龄		学历			
	工作经验	相关　年，非相关　年，共　年				
试用计划	试用职位					
	试用期限					
	督导人员					
	督导方式	□观察		□培训		
	拟安排工作					
	试用薪酬					
	人事经办		核准		拟定	
试用结果考察	试用时间	年　月　日至　年　月　日				
	安排工作及培训项目					
	工作情况	□满意		□尚可		□差
	出勤情况	迟到　次，早退　次，病假　次，事假　次				
	评语	□正式任用　□拟予辞退				
	正式薪酬					
	人事经办		核准		拟定	

范表 新员工试用申请及核定表

<table>
<tr><td rowspan="8">试用申请</td><td>姓名</td><td></td><td>性别</td><td>□男 □女</td><td rowspan="3">（1）试用部门</td><td colspan="2">_____部拟派任工作：

拟训练计划：</td></tr>
<tr><td>籍贯</td><td colspan="3"></td></tr>
<tr><td>年龄</td><td colspan="3"></td></tr>
<tr><td>地址</td><td colspan="3"></td><td colspan="2" rowspan="2">主管： 经办：</td></tr>
<tr><td>服役</td><td colspan="3"></td></tr>
<tr><td>学历</td><td colspan="3"></td><td rowspan="2" colspan="2">甄选方式：□公开招考
　　　　　□推荐挑选
甄选日期： 年 月 日
办理经过：
评语：</td></tr>
<tr><td>专长</td><td colspan="3"></td></tr>
<tr><td>资历</td><td colspan="3"></td><td rowspan="2" colspan="2">（2）甄选主办部门</td></tr>
<tr><td rowspan="2">试用申请</td><td rowspan="2">直接主管意见</td><td colspan="4" rowspan="2"></td></tr>
<tr><td rowspan="2" colspan="2">（3）人事部门</td><td colspan="2">预定试用日期：自 年 月 日
　　　　　　 至 年 月 日
暂拟工资：自试用日起暂支 元
其他意见：</td></tr>
<tr><td></td><td>董事长意见</td><td colspan="4"></td><td colspan="2">（4）经理意见</td></tr>
<tr><td rowspan="2">人事部门</td><td colspan="5">考勤记录：
意见：
职位：
薪资：
其他：</td><td rowspan="2">试用部门</td><td>试用期间：自 年 月 日
　　　　 至 年 月 日
工作项目：

工作情形：

评语：</td></tr>
<tr><td rowspan="2" colspan="5"></td><td rowspan="2">□拟予任用　　 □拟予辞退
拟给职位：自 月 日起以 任用
拟给工资：自 月 日起支 元
其他：
主管经办：</td></tr>
<tr><td>直接主管意见</td></tr>
<tr><td colspan="2">董事长：</td><td colspan="3">总经理：</td><td colspan="2">经理：</td></tr>
</table>

范表 员工转正申请表

姓名		部门		职务	
职级		入职日期		申请日期	
申请类别		□提前转正	□期满转正	□延期转正	
试用期自评		见"新员工试用期自评表"			
直接上级 考评结果	试用期工作完成情况： 签名／日期：				
分管领导意见	 签名／日期：				
间接领导意见	 签名／日期：				
管理中心意见					
	转正薪资／福利				
	执行日期		签名／日期：		
总经理意见	 签名／日期：				

更多模板

员工试用期管理办法 　　　　　岗位任免管理制度
内部竞聘制度 　　　　　　　　员工离职交接单
人事档案管理制度 　　　　　　员工离职证明书
劳动合同管理制度 　　　　　　员工离职通知书
离职申请表 　　　　　　　　　工作交接明细表
录用决定表 　　　　　　　　　员工转正考核表
内部竞聘申请表

1.3 新员工入职培训管理

为了促使新员工更快融入工作，企业需根据岗位性质开展入职培训。通过岗位要求的培训，新员工能够很快胜任岗位工作，提高工作效率，取得较好的工作业绩，起到事半功倍的效果。通过新员工培训，管理者对新员工更加熟悉，为今后的工作、管理打下了基础。

● **培训管理内容分类**

职业素养	基础知识	职业技能
企业文化 公司规章制度 个人素质礼仪 职场技能工具 职业生涯规划	公司基础信息 公司生产信息 岗位业务知识 行业渠道信息 部门规章制度	岗位实操技能 团队协作能力 职场社交礼仪 职业态度 学习能力

● **遵照培训管理流程工作**

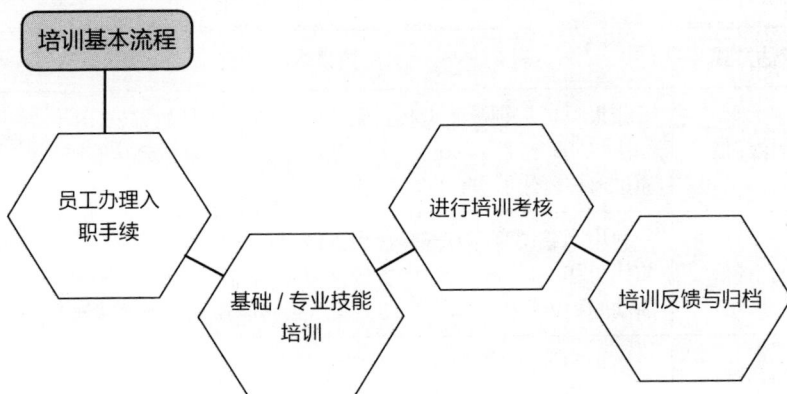

培训基本流程

员工办理入职手续 → 基础/专业技能培训 → 进行培训考核 → 培训反馈与归档

● 制定合适的培训方案

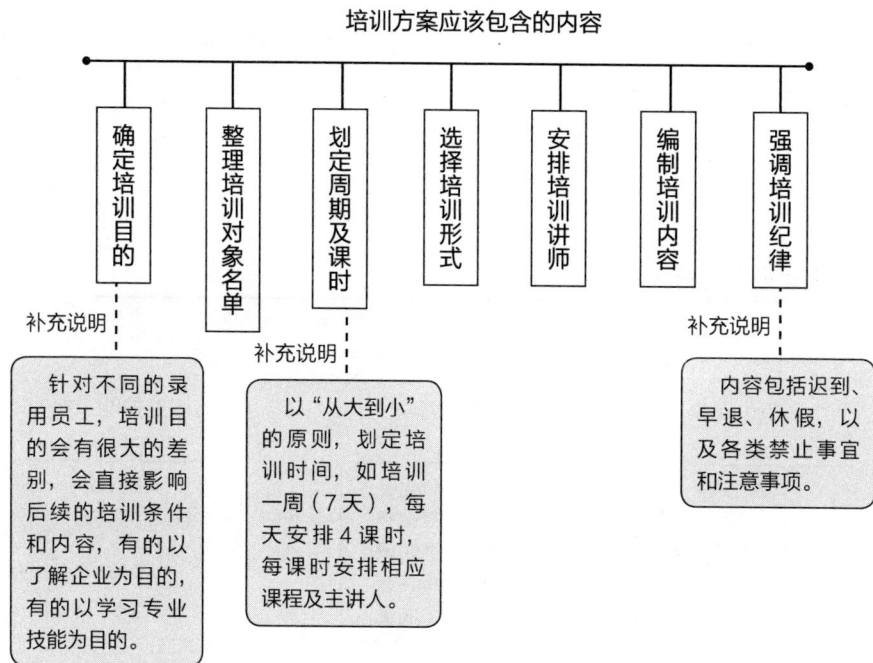

培训方案应该包含的内容

确定培训目的　整理培训对象名单　划定周期及课时　选择培训形式　安排培训讲师　编制培训内容　强调培训纪律

补充说明

针对不同的录用员工，培训目的会有很大的差别，会直接影响后续的培训条件和内容，有的以了解企业为目的，有的以学习专业技能为目的。

补充说明

以"从大到小"的原则，划定培训时间，如培训一周（7天），每天安排4课时，每课时安排相应课程及主讲人。

补充说明

内容包括迟到、早退、休假，以及各类禁止事宜和注意事项。

● 培训效果评估与跟踪

评估方式	具体内容
考核评估	如果只是培训没有考核，会影响整体的培训效果，HR 最好引进淘汰机制，给新入职的员工一些压力，让其重视公司的培训活动，通过考核留住那些有真才实学的人才
自我评估	利用问卷调查等方式，让员工做出自我评估，能够使其明白自己的优势和不足，也能从中发现其对培训项目和讲师的感受，对培训活动的积极程度，从而帮助 HR 改善入职培训的内容和程序
分阶段评估	培训的效果不能等到培训结束再验收，HR 应该分段进行效果评估，对阶段性不合格者还可以进行补充培训

续上表

评估方式	具体内容
全面评估	评估内容不应该是单一的，要从课时价值、讲师级别、内容关联度和工作实用性等几个维度（按照实际需要赋予不同的权重）进行评估
组合评估	HR可用的评估方式有很多，如学习评估、反应评估、行为评估，在不同阶段可以利用不同的评估方式，高效完成评估工作

制度 培训课程设计管理制度

一、目的

为规范培训课程的设计，提高培训课程的设计质量，提高员工培训质量，增强培训效果，特制定本制度。

二、适用范围

本制度适用于公司经理级及以下员工的培训课程设计。

三、课程设计原则

培训课程设计应遵循实用性、针对性、可操作性和系统性的原则。

四、课程设计权责

1. 各部门负责组织开发与本部门专业相关的培训课程。

2. 人力资源部审核各部门的培训课程设计，总体负责培训的日常工作安排。

五、课程设计立项

1. 人力资源部以公司培训课程目录系统为指导，编制课程设计工作计划。

2. 课程设计工作计划列入公司"年度培训建设计划"。

3. 人力资源部列入"年度培训建设计划"的课程设计项目应明确课程名称、培训对象、培训目标、培训课程主要内容、开发周期和项目责任人等，视为课程设计立项。

4. 公司已经拥有课程的教材（讲义）、教学大纲和习题集等完整文档资料的，不属于课程设计范畴，不予立项。

六、项目实施计划

1. 课程设计项目立项后，由人力资源部下达"课程设计项目任务书"，确定课程设计项目负责人。

2. 项目责任人拟订"课程设计项目实施计划表"，该计划应包括项目参与人、教材（讲义）方案、主要教学方式、工作安排、完成时间和项目相关经费预算等，经人力资源部组织审核通过后生效。

3.对于重大课程设计项目，项目责任人可以组建项目小组。

七、培训课程设计过程

1.培训课程内容要求。

（1）培训课程内容选择要与公司生产经营活动相关，能反映公司生产经营的实践要求，并适应公司生产经营的发展趋势。

（2）培训课程既要满足学员的兴趣，又要满足培训需求。

（3）培训课程类型应多样化，将学科课程、活动课程、核心课程以及模块课程有机结合，从而提高学员学习的兴趣和动力，以达到培训效果。

（4）培训课程设计必须包含课程大纲、培训师手册等内容。确定后的课程大纲、培训师手册需交人力资源部审核批准后方可作为培训教材使用。

2.项目难度系数确定。

（1）课程设计项目难度系数从工作量、创新性、开创性、课程内容深浅程度和开发质量等因素进行评估。

（2）课程设计项目难度系数由项目成果评审会评委评估，并填写"课程设计项目难度系数评估表"。

3.培训课程设计方式。

公司根据培训目的和要求组织设计课程。当各部门设计的课程无法达到要求或自主设计的课程成本太高、周期太长时，也可考虑通过人力资源部引进或委托学院进行培训课程设计。

4.培训课程设计流程。

（1）人力资源部在各部门的配合下对培训需求状况进行调查，了解员工的培训需求状况。

（2）人力资源部与各部门根据培训需求调研情况、课程目标、课程对象等内容讨论确定培训课程大纲。

（3）各部门按照培训课程大纲的安排选择相应的培训课程设计方式，完成培训课程设计。

（4）人力资源部审核培训课程大纲、培训师手册等内容。

5.培训课程重新设计规定。

当培训课程设计中出现以下情况时，需对课程进行重新设计。

（1）培训课程内容不适合公司的发展要求。

（2）培训课程内容不符合当前知识的发展趋势。

（3）培训效果评估显示课程内容不能满足提高工作绩效的要求。

八、课程设计成果管理

课程设计成果包括课程设计项目实施完毕后，交人力资源部验收的全部文档资料，具体有教材（讲义）、教学大纲和习题集等内容。

…………

制度 培训经费管理制度

一、目的

为加强员工培训经费管理和监督,提高经费使用效益,保障公司员工培训工作顺利进行,现结合公司实际情况,制定本管理制度。

二、适用范围

本制度适用于公司员工培训经费支出。

三、职责权限

1. 总经办是培训经费的归口管理部门:主要负责编制公司年度培训经费的预算;公司各部门培训经费的审核审批,并指导各部门对培训经费进行管理;负责对外签订或者协商培训协议。

2. 财务部门负责培训经费的支付,并对其使用的合理性进行审核与监督。

3. 各部门负责本部门月度、年度培训经费的预算申报工作,并做好培训经费的合理支出和管理。

四、内容

1. 培训经费的使用范围。

培训经费的使用以"知识、技能培训为重点;技术研发部门的培训优先于服务部门;管理干部、技术技能人才培训重于一般员工培训"的分配原则,确定范围:

(1)内部培训师授课课时费。

(2)教学用品、教材开发、购置及印刷费、资料费和特种作业人员培训证书制作费。

(3)教学设备购置费、设施及场地租赁费(会务费)。

(4)聘请外部教师授课费、食宿费和交通费等。

(5)专业技术人才继续教育学费或考试费,此部分费用根据具体情况,公司给予一定比例报销。

(6)外出培训的学费、资料费和食宿交通费。

(7)劳动竞赛、岗位技能操作等培训活动费。

(8)师带徒培训费。

(9)培训产生的其他费用。

2. 经费管理。

(1)各部门根据本部门提交的部门年度培训计划及月度培训计划编制部门的年度及月度培训经费预算,并提交总经办。

(2)总经办根据各部门提报年度及月度经费预算确定当年培训经费预算,并制定培训经费的使用计划,在年度培训规划中明确培训经费使用。

(3)培训计划内项目,在项目实施前,由总经办落实具体的培训费用交由总经理审批方可执行;在项目实施后,由部门申报,总经办审核,领导审批后报销相关培训费用。

(4)培训计划外项目,由部门填报计划外培训费用审批表,总经办审核,报总经理审批后，由总经办安排费用项目实施。

3. 经费报销。

（1）培训计划内项目在培训项目实施时所发生的费用，走报销流程，具体报销流程详见款项支出与费用报销管理制度（财务发）。

（2）委托外培项目所发生的费用由提报部门申请，经总经理审批，按照款项支出与费用报销管理制度（财务发）具体执行。

（3）员工自行参加的与岗位直接相关的培训项目，应由员工本人先提出申请，部门领导初审后报总经办审核，经总经理审批后方可实施培训，费用报销比例根据实际情况而定。

4. 其他管理规定。

（1）由公司承担费用的培训学习，员工在学习结束后应向本部门、总经办或者有关领导报告学习的相关情况，及时将必要的学习资料、档案材料等送交总经办备案存档；同时还应将所学到的新知识、新技能等与本单位和其他相关单位的员工进行交流与分享。

（2）公司承担培训学习期间各类费用（含报销的学习费用及脱产学习期间的工资等），员工需与公司签订培训协议（详见员工培训管理制度），保证服务年限按照每 2 000 元折算为一年的办法计算（折算结果尾数不足半年的不予计算，满半年的按半年计算），但最长不超过 5 年，保证服务年限从员工培训学习结束之日起计算。按照 2 000 元 / 年的折算方法仅作参考，具体执行时，依据培训内容的重要程度来规定服务年限。

（3）员工违反所签培训协议规定的，在保证服务年限未满前因离职等原因离开公司的，应向公司支付违约赔偿金。赔偿金数额＝总的培训费用 ÷ 约定服务月份 × 未完成服务月份，并在停止工作之日起 5 个工作日内全额支付。

五、附则

1. 本管理制度自发布之日起执行。

2. 本管理制度由总经办负责解释并修订。

制度 内部培训讲师管理制度

一、目的

通过积极开发和有效利用公司内部培训资源，推动和完善公司培训体系建设，改进培训质量，提高全体员工整体素质，增加公司核心竞争力，特制定本制度。

二、适用范围

本制度适用于公司内部兼职讲师的聘用、管理及激励。

三、任职条件

1. 内部讲师来源：各级管理层、业务和技术骨干。

2. 具有专业技术及管理水平，在该领域居于领先地位，在本职工作岗位上表现突出，并愿意与其他同事分享自身知识和技能。

3. 思想进步，有良好的职业道德，遵守公司各项管理制度，认同公司的企业文化和经营理念。

4. 具备良好的书面和口头表达能力，有一定的组织能力。

四、内部讲师职责

1. 积极接受公司综合管理部安排的教学任务，认真编写所授课程的教学方案和培训资料并定期改进，做好教学准备。

2. 及时掌握所在部门本专业的行业动态、新技术、新信息并及时反馈给综合管理部。

3. 协助综合管理部开展培训需求信息的调查与分析工作，积极对培训工作提出合理化建议，共同改进公司的培训质量。

4. 参与对培训学院的课程考试或考察，考后阅、评卷工作，后期培训跟进、答疑等工作。

5. 参与建立公司的培训体系，培训课程结束后需按要求提交相应资料，包括：培训签到表（每课一份）、员工评价表（1/3参培人数随机评议）、培训方案表（每课一份）。

五、内部讲师选拔程序

1. 发布招聘通知，个人报名或部门推荐（填写"内部培训讲师申请表"），由综合管理部初审，总部主管领导审核，总经理办公室通过，总经理批准。

2. 审定通过的内部培训讲师由综合管理部颁发内训师上岗证（有效期一年）。

六、内部讲师评选标准

1. 教案要求。

（1）内容丰富，有深度，针对性强，能够理论联系实际，具有实效。

（2）主题鲜明，具有先进性、超前性。

（3）文笔流畅通顺，精炼，容易理解。

（4）逻辑思路清晰，培训目的明确。

（5）时间安排合理，有弹性。

2. 教学风格要求。

（1）仪容仪表良好，气质好，亲和力强，有感染力。

（2）现场互动、反馈交流积极，讲解透彻。

3. 效果评估。

培训后即时评估授课满意度，跟踪调查培训效果。

4. 培训技术要求。

（1）能够选择适合课程内容的培训方式，并熟练运用各种培训方法，为培训主题服务。

（2）课程方向或内容具有新颖性，促进公司经营取得突破性进展。

七、内部讲师待遇

1. 授课补贴标准：每课时80元（授课时长不少于50分钟），课时费每半年结算一次。

2. 根据每次讲课的"授课满意度调查表"（即所有授课人员打分的平均分）满意度高低

值及授课效果评估，在年底评选出"优秀内部培训讲师"，授予"荣誉证书"记录于个人工作档案，并作为员工晋级、调薪的重要依据。

3. 同等情况下，优先享受带薪参加外部培训、职业培训和认证培训等个人能力提升机会。

八、内部讲师管理

1. 综合管理部负责培训资料的收集及讲课费的汇总、审核、发放和备案。

2. 内部兼职讲师由综合管理部统一管理，安排授课任务（每年至少四次培训任务），其中部门工作指导、业务交流等正常工作不属于授课任务范围，不享受课时费待遇。

3. 内部讲师需提高自身业务素质，总结生产实践中的先进经验和做法，吸收行业最新信息和技术，保证教材的科学性和先进性，热情认真完成培训任务。

4. 根据讲师授课能力，评价两次不合格（低于60分）者，撤销任职资格，自动丧失内训师所享受的一切待遇。

5. 根据讲师授课态度，不积极配合培训工作，影响培训任务，视情节轻重给予警示、撤销资格的处罚。

范表 委托培训实习鉴定表

委托单位		姓名		性别		年龄	
学历		职务		职称		技术等级	
培训部门		岗位		培训时间 月 日起至 月 日止			
培训鉴定							
劳动态度	劳动纪律		职业道德	礼节礼貌	岗位技能操作能力		
岗位专业知识				成绩	口试答辩成绩		
					培训考核员签名		
实习部门意见		签名：　年　月　日					
人力资源经理意见		签名：　年　月　日					

范表 培训课程汇总表

序号	课程名称	培训对象	授课方式	课时	费用／期	每年期数	备注

范表 员工培训签到表

培训时间		培训地点	
培训组织部门		参加对象	
培训负责人		主讲	
培训目的			
培训内容			

参加培训人员签到

序号	部门	姓名	__年__月__日		__年__月__日		__年__月__日	
			上午	下午	上午	下午	上午	下午

旁听人员签到：

范表 年度部门培训需求表

部门					部门员工数			
序号	所需培训内容 （或课程名称）	培训 方式	培训 岗位	培训 时间	培训 人数	培训需求 原因	备注	
合计								

其他培训需求建议：

部门负责人意见：

填写日期： 年 月 日

填表说明
1. 培训方式：内部培训、外部培训。
2. 培训需求原因：持证上岗、新技术培训、岗位职责变动要求、绩效改进，其他（请注明）。
3. 本需求计划表由各部门经理统一填写，交总经理审核后，交到行政部统一汇总制订下一年度培训计划。

更多模板

员工职业生涯规划制度　　　　　员工外派培训管理制度

晋升考核制度　　　　　　　　　员工职前培训管理制度

培训考核管理制度　　　　　　　员工培训考核表

培训记录表　　　　　　　　　　培训效果反馈表

新员工培训跟踪评估表　　　　　培训课程计划表

第**2**章

公司行政办公制度与范表

　　公司的行政结构决定公司的脉络和框架，就像人体的骨架一样对整个公司是有支撑作用的，无论是企业经营者还是员工都必须对行政结构有所了解才能开展一系列的工作，而对于公司的日常行政工作，则更需要规章制度的指引和规范。

● 企业行政组织结构的构建　　　　　　　　　　　　　　P036

制度：组织管理基本制度　　　　　　　范表：行政部组织结构与责权表
制度：组织架构管理制度　　　　　　　范表：行政办公工作一览表
制度：公司岗位设计制度　　　　　　　范表：行政办公职位规范表

● 日常行政办公管理　　　　　　　　　　　　　　　　　P048

制度：办公设备及耗材管理制度　　　　范表：宣传计划安排表
制度：公司假期管理制度　　　　　　　范表：员工宿舍申请表
制度：公司会议费管理办法　　　　　　范表：员工宿舍入住登记表
制度：公司文件管理制度　　　　　　　范表：员工餐费补贴考勤表
制度：公司办公费用报销制度　　　　　范表：在外就餐人员伙食补贴申请表
制度：公司劳动合同管理制度　　　　　范表：办公环境检查表
制度：前台接待管理制度　　　　　　　范表：清洁工作安排表
范表：前台来访客人登记表　　　　　　范表：公务车辆使用申请表
范表：公司宣传信息审批表　　　　　　范表：车辆加油统计表

2.1 企业行政组织结构的构建

企业内部的行政组织结构，是组织内部对工作的正式安排。一般先通过职能划分部门，再对职位进行分级，由各层领导进行管理，这样可以有效实施公司的措施，对员工的表现进行合理奖惩。有一个健全的行政组织结构是企业发展和壮大的基础，那么企业该如何构建属于自己的行政组织结构呢？

● 组织结构设计六大要素

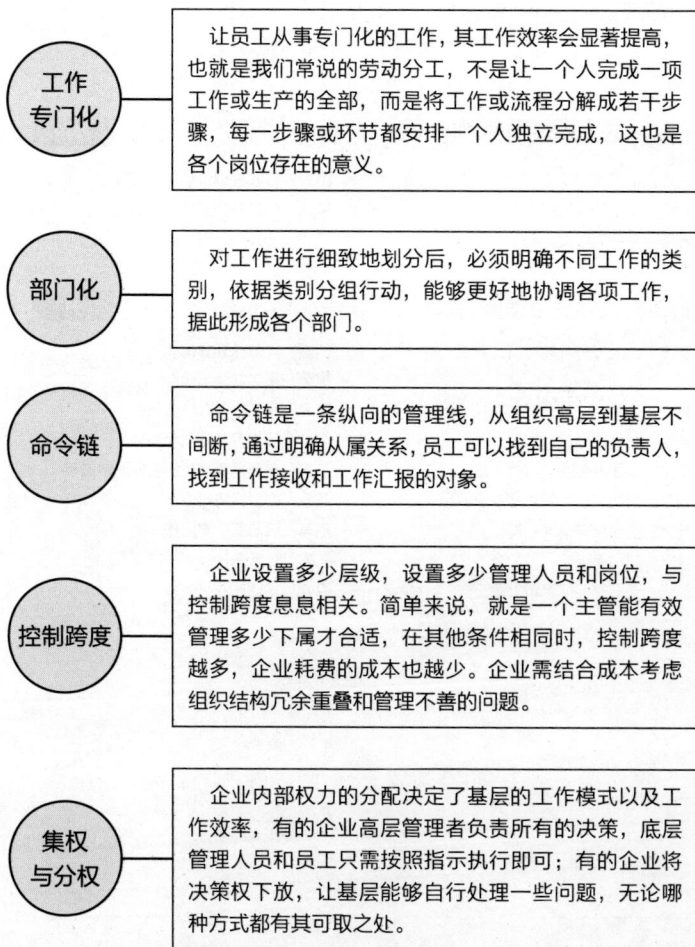

工作专门化　让员工从事专门化的工作，其工作效率会显著提高，也就是我们常说的劳动分工，不是让一个人完成一项工作或生产的全部，而是将工作或流程分解成若干步骤，每一步骤或环节都安排一个人独立完成，这也是各个岗位存在的意义。

部门化　对工作进行细致地划分后，必须明确不同工作的类别，依据类别分组行动，能够更好地协调各项工作，据此形成各个部门。

命令链　命令链是一条纵向的管理线，从组织高层到基层不间断，通过明确从属关系，员工可以找到自己的负责人，找到工作接收和工作汇报的对象。

控制跨度　企业设置多少层级，设置多少管理人员和岗位，与控制跨度息息相关。简单来说，就是一个主管能有效管理多少下属才合适，在其他条件相同时，控制跨度越多，企业耗费的成本也越少。企业需结合成本考虑组织结构冗余重叠和管理不善的问题。

集权与分权　企业内部权力的分配决定了基层的工作模式以及工作效率，有的企业高层管理者负责所有的决策，底层管理人员和员工只需按照指示执行即可；有的企业将决策权下放，让基层能够自行处理一些问题，无论哪种方式都有其可取之处。

正规化

为了保证企业员工能够在岗位上做好各自的工作，需要对企业内的各项工作实行标准化的设置，将一切规范起来，企业才好管理。一般正规化的组织中，会设置明确的工作说明书以及各种规章制度，当然正规化的同时要给员工一定的自主权，不要框定得太古板。

拓展知识 **部门划分形式**

依据工作的职能划分部门，可以将公司分为采购、人事、工程和财务等部门。

依据产品类型和生产线对部门进行划分，能够分开管理不同的生产项目，更能明确不同的生产指标，便于管理。

依据地域划分部门对于大企业来说也非常常见，如分为东、西、南、北四个区域。

对于大型生产公司，将生产过程部门化，能划清责任，便于流程化，如铸造部、锻压部、制管部、成品部、检验部和包装运输部。

还有一些公司由于经营性质不同，会依据销售方式来做部门划分，如零售服务部、批发服务部。

● 行政组织四大结构

职能结构

是指实现组织目标所需的各项业务工作以及比例和关系。其考量维度包括职能交叉（重叠）、职能冗余、职能缺失、职能割裂（或衔接不足）、职能分散、职能分工过细、职能错位和职能弱化等方面。

是指管理层次的构成及管理者所管理的人数（纵向结构）。其考量维度包括管理人员分管职能的相似性、管理幅度、授权范围、决策复杂性、指导与控制的工作量、下属专业分工的相近性。

层次结构

部门结构

是指各管理部门的构成（横向结构），其考量维度主要是一些关键部门是否缺失或优化。从组织总体型态和各部门一、二级结构进行分析。

是指各层次、各部门在权力和责任方面的分工及相互关系，主要考量部门、岗位之间权责关系是否对等。

职权结构

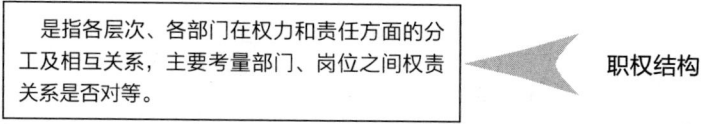

● 行政组织结构常见形态

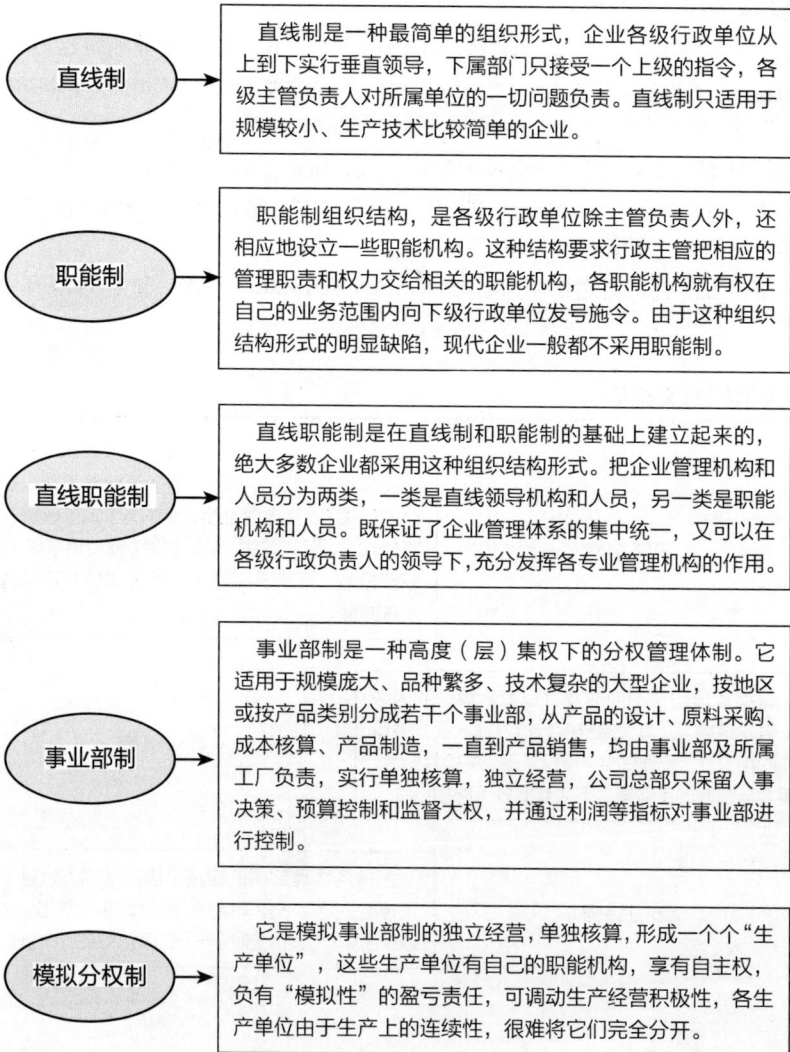

直线制

直线制是一种最简单的组织形式，企业各级行政单位从上到下实行垂直领导，下属部门只接受一个上级的指令，各级主管负责人对所属单位的一切问题负责。直线制只适用于规模较小、生产技术比较简单的企业。

职能制

职能制组织结构，是各级行政单位除主管负责人外，还相应地设立一些职能机构。这种结构要求行政主管把相应的管理职责和权力交给相关的职能机构，各职能机构就有权在自己的业务范围内向下级行政单位发号施令。由于这种组织结构形式的明显缺陷，现代企业一般都不采用职能制。

直线职能制

直线职能制是在直线制和职能制的基础上建立起来的，绝大多数企业都采用这种组织结构形式。把企业管理机构和人员分为两类，一类是直线领导机构和人员，另一类是职能机构和人员。既保证了企业管理体系的集中统一，又可以在各级行政负责人的领导下，充分发挥各专业管理机构的作用。

事业部制

事业部制是一种高度（层）集权下的分权管理体制。它适用于规模庞大、品种繁多、技术复杂的大型企业，按地区或按产品类别分成若干个事业部，从产品的设计、原料采购、成本核算、产品制造，一直到产品销售，均由事业部及所属工厂负责，实行单独核算，独立经营，公司总部只保留人事决策、预算控制和监督大权，并通过利润等指标对事业部进行控制。

模拟分权制

它是模拟事业部制的独立经营，单独核算，形成一个个"生产单位"，这些生产单位有自己的职能机构，享有自主权，负有"模拟性"的盈亏责任，可调动生产经营积极性，各生产单位由于生产上的连续性，很难将它们完全分开。

矩阵制

矩阵制组织是围绕某项专门任务成立跨职能部门的专门机构，例如组成一个专门的产品（项目）小组从事新产品开发工作，由有关部门派人参加，以协调各项活动。适用于一些重大攻关项目。

委员会

委员会是组织结构中的一种特殊类型，它是执行某方面管理职能并以集体活动为主要特征的组织形式。实际工作中的委员会常与其他组织结构相结合，可以起决策、咨询、合作和协调作用。

多维立体

这种组织结构是事业部制与矩阵制组织结构的有机组合，多用于产品种类繁多、跨地区经营的组织。

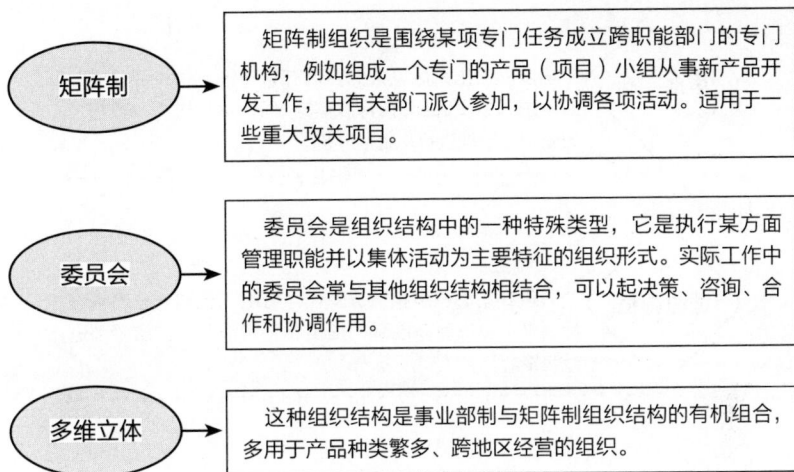

● 岗位说明书编制流程

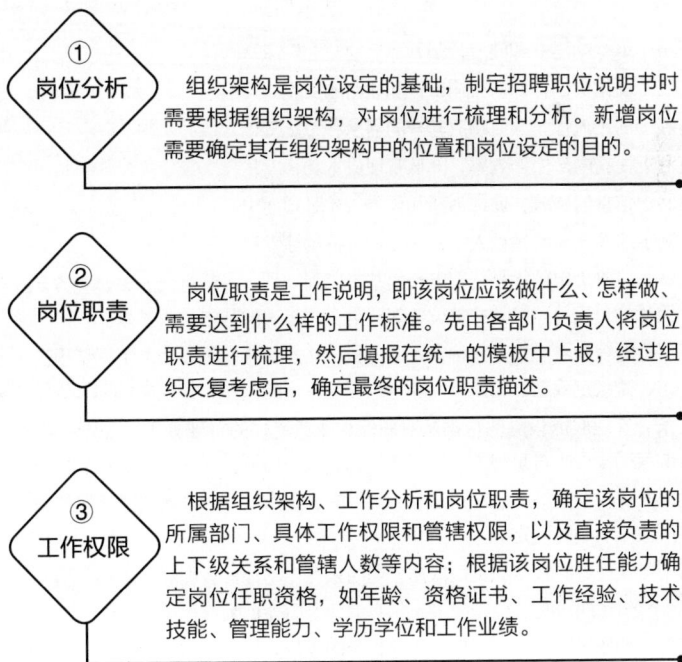

① 岗位分析

组织架构是岗位设定的基础，制定招聘职位说明书时需要根据组织架构，对岗位进行梳理和分析。新增岗位需要确定其在组织架构中的位置和岗位设定的目的。

② 岗位职责

岗位职责是工作说明，即该岗位应该做什么、怎样做、需要达到什么样的工作标准。先由各部门负责人将岗位职责进行梳理，然后填报在统一的模板中上报，经过组织反复考虑后，确定最终的岗位职责描述。

③ 工作权限

根据组织架构、工作分析和岗位职责，确定该岗位的所属部门、具体工作权限和管辖权限，以及直接负责的上下级关系和管辖人数等内容；根据该岗位胜任能力确定岗位任职资格，如年龄、资格证书、工作经验、技术技能、管理能力、学历学位和工作业绩。

④
审批实施 初步框架出来后，人力资源部进行细则讨论和补充，最后由人力资源部进行提炼总结后，填写进统一模板，报公司总经理进行审批后实施。

⑤
适时调整 随着公司的发展和情况变化，可能需要对一些内容进行调整。可由各职能部门提出调整申请，人力资源部进行调整。

制度 组织管理基本制度

第一章 基本原则

第一条 组织的建立和健全，必须：

1. 有利于强化责任，确保公司目标和战略的实现。

2. 有利于简化流程，快速响应客户的需求和市场变化。

3. 有利于提高内部协作效率，降低管理成本。

4. 有利于信息的交流，促进创新和优秀人才脱颖而出。

5. 有利于培养未来的领袖人才，使公司可持续性发展。

第二条 战略决定结构是公司组织的基本原则。具有战略意义的关键业务，应当在组织上有一个明确的负责单位，这些单位 / 部门是公司组织的基本构成要素。

组织结构的演变不应当是一种自发的过程，其发展具有阶段性。组织结构在一定时期内的相对稳定，是稳定政策、稳定团队和提高管理水平的条件，是提高效率和效果的保证。

第三条 管理职务设立的依据是对职能和业务流程的合理分工，并以经常性工作为基础。职务的范围应设立得足够大，以强化责任、减少协调，提高任职的挑战性与成就感。

设立职务的权限应集中。对设立职务的目的、工作范围、隶属关系、职责和职权，以及任职资格应做出明确的规定。

第四条 管理者的基本职责是依据公司的宗旨主动且负责地开展工作。

第五条 组织的成长和经营的多元化必然要求向外扩张。当依靠组织的扩张不能有效提高组织的效率和效果时，公司将放缓对外扩张的步伐，转而致力于组织管理能力的提高。

第二章 组织结构管理

第六条 公司的基本组织结构将是一种二维结果图：按照战略性事业划分的中心、部门和按照地区性划分的地区子公司。中心和部门在公司规定的范围内承担运营管理、技术开发、生产、销售和用户服务的职责；地区子公司在公司规定的区域市场内有效利用公司的资源开展经营。中心、部门和地区子公司均以利润为中心承担实际利润责任。

第七条 职能专业化原则是建立管理部门的基本原则。对于以提高效率和加强控制为主要目标的业务活动领域，一般也应按此原则划分部门。

第八条 对象专业化原则是建立新部门的基本原则。部门的划分原则可以是以下两种原则之一，即产品领域原则和工艺过程原则。按照产品领域原则建立的事业部是扩张型部门，按照工艺过程原则建立的事业部是服务型部门。

扩张型部门是利润中心，实行集中政策、分权经营。应在有效控制的原则下，使之具备开展独立经营所必要的职能，即充分授权又加强监督。

对于具有相对独立的市场、经营已达到一定规模、相对独立运作更有利于扩张和强化最终成果责任的产品或业务领域，应及时选择更有利于它发展的组织形式。

第九条 地区子公司是按照地区划分的全资或由总公司控股的，具有法人资格的子公司。地区子公司在规定的区域市场和事业领域内，充分运用公司分派的资源，尽量调动公司的公共资源寻求发展，对利润承担全部责任。在地区子公司负责的区域市场中，总公司与各事业部不与之进行相同事业的竞争。

第十条 当按职能专业化原则划分的部门与按对象专业化原则划分的部门交叉运作时，就在组织上形成了矩阵结构。

公司组织的矩阵结构，是一个不断适应战略和环境变化，从原有的平衡到不平衡，再到新的平衡的动态演进过程。不打破原有的平衡，就不能抓住机会快速发展；不建立新的平衡，就会给公司组织运作造成长期的不确定性，削弱责任建立的基础。

为了在矩阵结构下维护统一指挥原则和责权对等的原则，减少组织上的不确定性和提高组织的效率，我们必须在以下几个方面加强管理：

1. 建立有效的高层管理组织。

2. 实行充分授权，加强监督。

3. 加强计划的统一性和权威性。

4. 完善考核体系。

5. 培育团队精神。

第十一条 我们要在公司的纵向等级结构中适当引入横向和逆向的网络动作方式，以激活整个组织，最大限度地利用和共享资源。

第十二条 我们的基本方针是减少组织的层次，以提高组织的灵活性。减少组织的层次一方面要减少部门的层次，另一方面要减少职位的层次。

第三章 高层管理组织

第十三条 高层管理组织的基本结构分为三部分：公司执行委员会、高层管理委员会与公司职能部门。公司的高层委员会包括战略规划委员会、人力资源委员会、审计管理委员会。

第十四条 公司执行委员会负责确定公司未来的使命、战略与目标，对公司重大问题进行决策，确保公司可持续性成长。

高层管理委员会是由一些资深人员组成的咨询机构，负责拟定战略规划和基本政策，审议预算和重大投资项目，以及审核规划基本政策和预算的执行结果。审议结果由总裁办公会议批准执行。

公司职能部门代表公司总裁对公司公共资源进行管理，对各部门、子公司、业务部门进行指导和监控。

高层管理任务应以项目形式予以落实。高层管理项目完成后，形成具体工作和制度，并入某职能部门的职责。

第十五条 遵循民主决策、权威管理的原则。

高层重大决策需经高层管理委员会充分讨论。决策的依据是公司的宗旨、目标和基本政策。一经形成决议，就要实行权威管理。

高层委员会集体决策是实行高层民主决策的重要措施。各部门主管隶属于各个专业委员会，这些委员会议事而不管事，对形成的决议有监督权。各部门主管的日常管理决策应遵循部门主管办公会确定的原则，对决策后果承担个人责任。各级主管办公会议的讨论结果，以会议纪要的方式向上级呈报。报告上必须有三分之二以上的正式成员签名，报告中要特别注明讨论过程中的不同意见。

公司总裁有最后决策权，在行使这项权利时，要充分听取意见。

第十六条 高层管理者应做到：

1. 保持强烈的进取心和忧患意识，对公司的未来和重大经营决策承担个人风险。

2. 保持公司利益高于部门利益、个人利益。

3. 倾听不同意见，团结一切可以团结的人。

4. 不断学习，不断创新思维。

制度 组织架构管理制度

第一章 总则

第一条 本制度依据××有限公司（以下简称本公司）章程的相关条款制定，旨在建立健全公司组织机构，以确保公司的正常运作，提高办事效率，促进公司的成熟与发展。

第二章 机构设置

第二条 本公司实行董事会领导下的总经理责任制。公司现阶段采用有限责任公司部门制的组织架构，目前下设五个部门，分别为制造部、研发部、销售部、财务部和人力资源部。

第三条 公司的组织结构形式分为：制造部、销售部、研发部以直线型管理为主；财务部、人力资源部以职能型管理为主。

第三章 职位设置

第四条 本公司的人员编制依据公司的业务发展需要设置，坚持精简、效能、满负荷工作的原则，实行和鼓励一职数兼。

第五条 公司与董事会之下设总经理一人，总经理助理一人，必要时经董事会批准可聘请顾问及特约人员。

第六条 公司所属各部门设经理一名，大部门（员工人数超100人）可同时设副经理一名。

第七条 公司各部以下根据业务、生产需要配置业务员若干；生产车间根据工艺划分设置若干主管职位、班组长职位；生产操作工人、设备维修人员按设备开动规模及工艺要求配置，并配置若干特勤人员（如司机、保安、勤杂）。

第八条 本公司所有员工一律实行聘用合同制。总经理由董事会聘任；部门经理以上人员由总经理签聘；部门经理以下人员由人力资源部招选，报总经理决定聘用或总经理授权部门聘用。一线普工由人力资源部直接聘用。

第九条 总经理在董事会和董事长的监督下全权负责本公司全盘业务及公司发展事务，向董事会和董事长负责。

第十条 总经理助理协助总经理处理本公司一切事务，按照总经理的分工和授权范围履行职责、行使权力，向总经理负责。总经理公出或请假时由总经理助理代行使总经理职权。

第十一条 各部门经理在总经理的领导下，负责处理本部门业务，并考核下属员工的勤惰能劣，呈报其升迁奖惩意见。部门经理向总经理负责。

第十二条 各业务员、车间/部门主管、班组长等在部门经理的领导下工作，向部门经理负责。

第十三条 顾问及特约人员依其专业知识、技术向公司提供治理、发展意见，接受董事长、总经理和各部门的业务咨询，协助总经理处理专门业务或特别业务。

第四章 总经理

第十四条 总经理在董事会和董事长的监督下负责本公司的整体运作和发展的相关事务。

第十五条 总经理的职责规定。

1. 执行国家法律法规和董事会的会议决定。

2. 主持制订公司的经营方针、发展规划、经营目标及实施措施。

3. 指挥、督导全体员工按期保质完成生产、销售任务和年度经营指标。

4. 全面主持行政管理工作，及时决策和处理生产经营中的重大问题和紧急事件。

5. 协调各部关系，仲裁和防止部门间冲突。

6. 决定公司组织机构部和人员编制，负责各项规章制度的建立、发布、实施、修订与废止。

7. 按照财务管理规定负责审批公司费用开支，坚持审批原则。

8. 重视职工教育，提高职工素质，关心职工福利，贯彻公司文化并组织员工活动。

9. 定期向董事会报告工作，及时向下属传达董事会会议决定事项，并认真贯彻执行。

10. 完成董事长交办的其他工作。

第十六条 总经理的职权规定。

1. 对公司的生产经营、产品研发、技术更新、市场开发有决策指挥权。

2. 在规定范围内对公司的人、财、物等资源有调度权，对紧急重大的问题有临时处置权，并于事后及时向董事会报告。

3. 对总经理助理人选有提名报审权，对中层管理干部有任免权，对员工有奖惩权。

4. 有权签发公司内部各种文件和工作报告，有权代表公司对外签订经济合同或协议。

5. 有权调整公司组织结构，建立健全、修改完善各项规章制度，制定具体政策。

第十七条 总经理的责任规定。

1. 对董事长负责，对违背董事会决议和董事长决定造成的后果负责。

2. 对公司资产负保全增值责任，对因决策失误、渎职失职造成的公司资产损失负责。

3. 对因管理无方、工作不力造成的管理失控、纪律松散、效益下滑、完不成经营目标或严重亏损负责。

4. 对发生重大的质量、设备、人身安全及交通、消防事故负责。

5. 对未认真调研，盲目进行项目开发或未经评审签署经济、技术合同造成的公司重大经济损失负责。

第五章 人力资源部职能

第十八条 人力资源部负责本公司人事管理、行政管理、总务管理以及公共关系管理事项。

第十九条 行政职能职责。

1. 负责对各部门执行总经理决定的督促、检查、催办。

2. 收集、分析公司生产经营情况，及时向总经理请示汇报；协助总经理协调各部门关系。

3. 负责公司文秘工作和文书档案管理工作。

4. 负责公司印信管理、文书起草、审核及印制工作。

5. 负责各类文电函件的收发转呈工作。

6. 负责公司各会议的会务安排、会议记录，形成会议纪要上呈领导和下发相关部门。

第二十条 人力资源职能职责。

1. 负责公司人力资源相关制度建立、健全以及完善、执行和修订工作。

2. 负责办理员工招聘、录用、调配、培训、考核、奖惩等事项。

3. 负责员工考勤、请假、工资审核发放。

4. 负责员工劳动合同管理和劳保事务，受理劳动纠纷。

5. 负责人事档案管理。

第二十一条 总务职能职责。

1. 负责生产、办公场所、员工宿舍的分配与调剂。

2. 负责房产修缮、员工食堂和员工宿舍的管理事项。

3. 负责办公设施的购置与管理，负责办公用品的购置、发放。

…………

制度 公司岗位设计制度

第一章 目的

第一条 为合理设置工作岗位,明确各岗位职责,并对各岗位进行有效管理,特制定本制度。

第二条 岗位设置的原则。

1. 因事设岗。

2. 规范化设置。

3. 人事相宜。

4. 最少岗位数。

5. 与公司未来发展相适应。

6. 有利于员工职业生涯的发展。

第二章 岗位设计管理

第三条 本制度适用××有限公司以及各分公司、办事处的所有岗位设计。

第四条 公司人力资源部负责岗位的设计、日常管理和岗位评价。

第五条 公司人力资源部负责岗位说明书、目标责任书、岗位评价结果资料的保管。

第三章 岗位日常管理

第六条 人力资源部经理必须编制每个岗位的岗位说明书,明确岗位的工作职责、工作范围和任职资格要求。当岗位设置出现变动或岗位的工作发生重大变化时相关部门必须及时向人力资源部提出申请,由人力资源部经理及时对岗位说明书进行调整、修正和完善。

第七条 人力资源部经理编制岗位说明书,经相关部门负责人会签后,交总经理/董事长审阅。

第八条 岗位说明书经审批后颁布实施,员工必须认真完成岗位说明书所要求的各项工作任务,公司的招聘、人才选拔等工作必须以岗位说明书的相关要求为依据。

第九条 当岗位发生变动时(如因员工离职出现空缺),所在部门应及时向人力资源部经理说明有关情况,人力资源部经理组织相关工作,采取有效措施确保人员和岗位的一致性。

第十条 员工新任某岗位时,人力资源部经理应及时向员工分发相应的岗位说明书,并详细解释相关工作内容。

第四章 岗位评价

第十一条 人力资源部经理根据公司的实际情况,选择恰当的岗位评价办法,并编制岗位评价方案。

第十二条 岗位评价方案经总经理/董事长审批后由人力资源部经理组织实施。

第十三条 为保证参加评价的人员准确理解岗位评价标准和方法,人力资源部经理必须开展培训,向参评人员详细讲解评价标准的相关内容。

第十四条 评价结束后,人力资源部经理组织人员,完成评价结果的统计核算工作。如果出现评价结果偏差较大,则根据实际需要做出调整或重新组织评价的建议,递交总经理/

董事长审批。

第十五条　评价结果由总经理/董事长审批后,作为工资职级、奖金计发的主要依据之一。

第五章　附录

第十六条　本制度解释权、修订权归总公司总经理办公室,本制度未尽事宜由总公司人力资源部说明。

第十七条　本制度自 × 年 × 月 × 日起施行。

范表 行政部组织结构与责权表

部门	行政部	部门负责人	行政部经理	直属领导	行政总监
行政部组织结构图					部门编制
					经理级__人
					主管级__人
					专员级__人
部门职责					
部门权力					
相关说明					
编制人数		审核人员		批准人员	
编制日期		审核日期		批准日期	

范表 行政办公工作一览表

部门：	人数：	填写日期： 年 月 日
序号	工作内容概述	

范表 行政办公职位规范表

职位名称		直接上级		直接下级	
管辖范围					
直接责任					
主要权力					
职务代理人					
任职条件					

更多模板

薪酬绩效委员会职责规定	组织架构调整管理制度
行政费用申请单	决议事项确认表
行政费用计划表	行政费用使用一览表

2.2 日常行政办公管理

　　行政管理工作一般包括行政事务管理、办公事务管理两个方面，涉及工作类型有相关制度流程的制定、办公事务、办公物品管理、文件管理、会议工作、员工出差事宜等，涉及事项烦杂，尤其需要各部门有关人员按规章制度处理好细节。

● 行政接待工作要点

不同阶段	工作要点
准备阶段	确认客户相关信息，包括客户名单、来访目的、客户性质等
	准备好资料，如往来账目、项目资料
	确定接待规格，来访客户等级不同，接待规格也不同，确定好规格后才能依照级别做相应的车辆、住宿、用餐等安排
	制订接待流程，例如需要带客户参观哪些地方，参观顺序是什么，什么时候用餐
	提前预订有关项目，如接待车辆、酒店房间、用餐场所以及会议室预订
执行阶段	按流程开展自己的工作
	注意接待礼仪，无论乘车还是用餐，以客户为尊
收尾阶段	做好费用结算，按公司规章对接财务进行结算
	保持与客户的联络

● 档案管理要严密

1. 根据企业的规模大小设置档案管理机构，安排有关人员负责档案整理、编号和保管，确保公司的机密信息不会泄露。

2. 随着科技的进步，档案管理人员也要不断更新电子系统，使其方便管理的同时，又能把控查看权限。

3. 档案存储设施完备是档案管理的基础，主要指档案专用库房、消防措施和防盗措施等。

4. 规范化管理能够有效防止档案的遗失，并方便相关人员寻找，对于保管、监督、复查应该有所规定，工作有条理，失误才更少。

5. 对档案进行分级，将其按重要性分为绝密、机密、秘密等类型，可以按照不同的标准存放，更有针对性，保管效果更好。

● 会议管理的基本流程

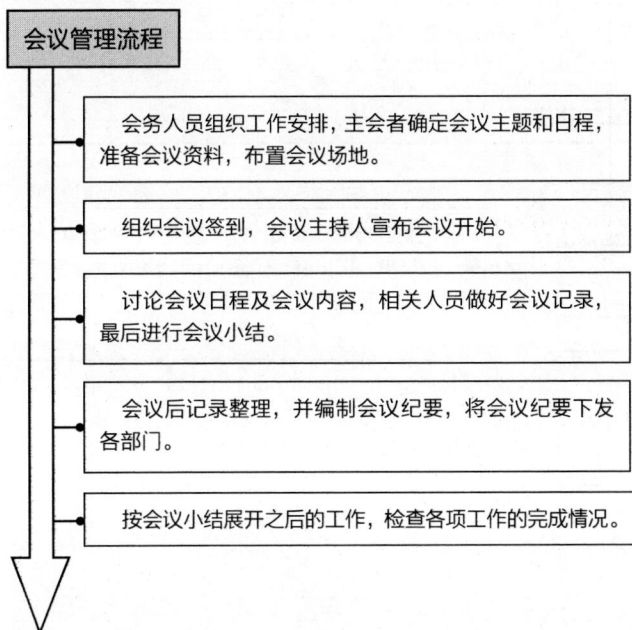

会议管理流程

- 会务人员组织工作安排，主会者确定会议主题和日程，准备会议资料，布置会议场地。

- 组织会议签到，会议主持人宣布会议开始。

- 讨论会议日程及会议内容，相关人员做好会议记录，最后进行会议小结。

- 会议后记录整理，并编制会议纪要，将会议纪要下发各部门。

- 按会议小结展开之后的工作，检查各项工作的完成情况。

● **企业常用合同分类**

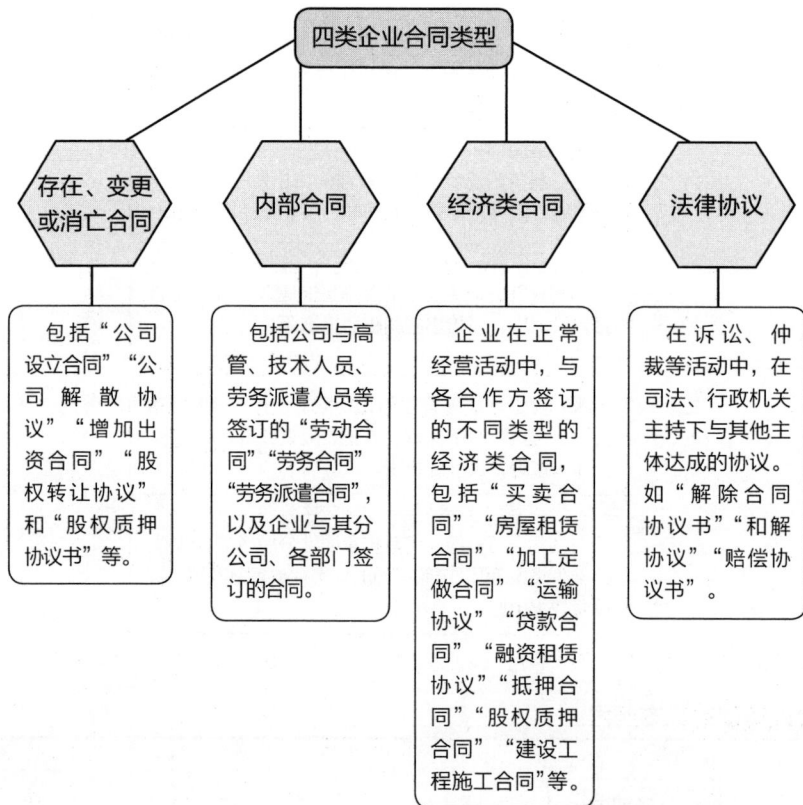

四类企业合同类型

存在、变更或消亡合同

包括"公司设立合同""公司解散协议""增加出资合同""股权转让协议"和"股权质押协议书"等。

内部合同

包括公司与高管、技术人员、劳务派遣人员等签订的"劳动合同""劳务合同""劳务派遣合同",以及企业与其分公司、各部门签订的合同。

经济类合同

企业在正常经营活动中,与各合作方签订的不同类型的经济类合同,包括"买卖合同""房屋租赁合同""加工定做合同""运输协议""贷款合同""融资租赁协议""抵押合同""股权质押合同""建设工程施工合同"等。

法律协议

在诉讼、仲裁等活动中,在司法、行政机关主持下与其他主体达成的协议。如"解除合同协议书""和解协议""赔偿协议书"。

● **常用办公用品分类**

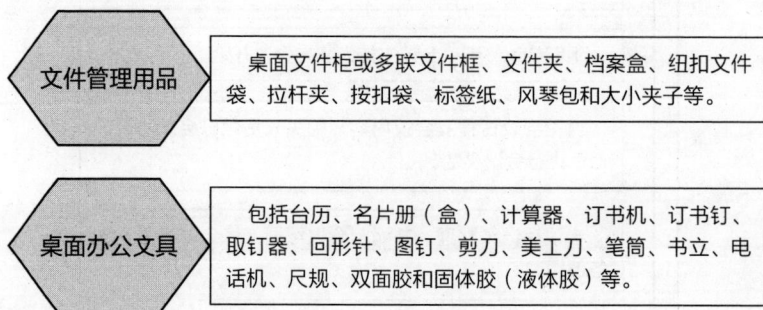

文件管理用品

桌面文件柜或多联文件框、文件夹、档案盒、纽扣文件袋、拉杆夹、按扣袋、标签纸、风琴包和大小夹子等。

桌面办公文具

包括台历、名片册(盒)、计算器、订书机、订书钉、取钉器、回形针、图钉、剪刀、美工刀、笔筒、书立、电话机、尺规、双面胶和固体胶(液体胶)等。

| 书写工具 | 包括圆珠笔、中性笔、中性笔芯、钢笔、白板笔、记号笔、马克笔、毛笔、修正液、橡皮擦、铅笔（绘图笔）、削笔刀和墨水等。 |

| 纸制品 | 包括复（打）印纸、彩色复印纸、复写纸、便笺本和笔记本（软面抄）等。 |

| 金融用品 | 包括点验钞机、印章垫、印泥（油）、账本以及单据（费用报销单）等。 |

| 办公机械 | 包括碎纸机、电脑、打印传真机、扫描复印一体机、器械耗材（墨盒、硒鼓等）和投影机（会议使用）。 |

| 办公生活用品 | 包括垃圾桶、拖把、笤帚、粘钩、烟灰缸、洗手液、纸杯、创可贴、盒装抽取纸和白板（企业通知告示展板）等。 |

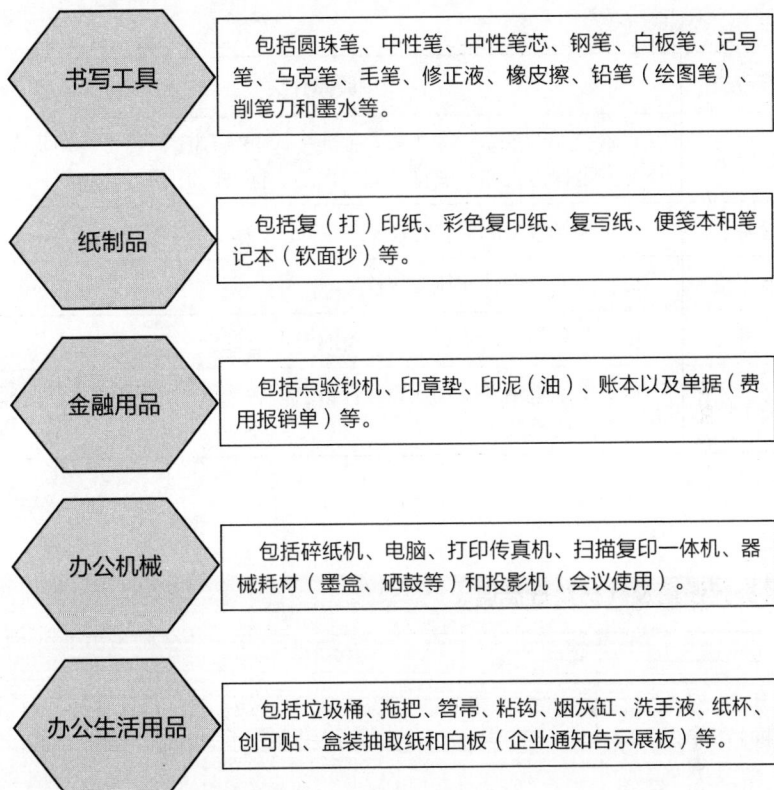

● 行政管理工作有哪些

工作分类	具体介绍
会议、活动组织	负责公司企业文化建设，包括公司内、外部各类公关、宣传、演示、文体等活动的组织、宣传、安排工作；负责公司各类会议的组织、安排、服务工作
物品管理	负责公司办公用品、低值易耗品、办公设备的采购、登记、核查管理工作；制订办公用品计划，报主任审批；做好每月的分发、调配、保管工作，健全登记制度，做到账物相符
环境卫生	负责公司及现场指挥部办公秩序和环境卫生的监督管理工作

续上表

工作分类	具体介绍
安全保卫	负责公司的安全保卫工作。制定安全防火制度，负责公司防火、防盗等安全保卫工作；安排节假日保洁、保安的值班
食堂供餐	负责现场食堂的监督管理工作
证照年检	负责办理公司营业执照年检
设备管理	负责各种工作设备和生产设备的管理及维护
事务工作	负责交纳电话费、物业费，保证公司各部饮用水供应，处理公司与客户之间的相关事务

制度 办公设备及耗材管理制度

第一条　目的

为了加强本公司办公用品管理，有效利用办公资源，避免浪费，明确责任，特制定本制度。本制度适用于公司所有部门办公用品发放、耗材更换及维护、办公设备使用及借用管理。

第二条　职责

行政部办公室负责公司办公用品、耗材等的采购、保管、发放及记录管理工作；各部门负责本部门办公用品、耗材等计划上报、领取工作。

第三条　办公用品、办公耗材定义

一类，固定资产类办公用品，如传真机、复印机、电脑、鼠标、键盘、打印机、切纸刀及打孔器。

二类，非消耗性办公用品，如办公桌、办公椅、计算器、电话机、U盘、剪刀及文件柜。

三类，消耗性办公用品，如笔记本、签字笔、圆珠笔、铅笔、橡皮、胶水、电池、水性笔芯、复印纸、记号笔。

办公耗材是指日常办公时使用的消耗性产品，主要是指硒鼓、粉盒、墨盒、碳带等办公设备上的易损零配件等。

第四条　办公用品、耗材的管理

1.办公用品的采购

（1）一切办公用品的采购由公司行政部办公室统一负责。

（2）采购采用多家比价的方式进行，最终选择价低质优的产品。

（3）办公用品的采购价格由公司财务部进行不定期的市场监督检查，防止不正当的损公肥私的行为发生。

2. 办公用品的保管

（1）办公用品由公司行政部办公室指派专人进行保管。

（2）办公用品存放在行政部办公室内的办公专用贮备柜内。

3. 办公用品的发放

（1）各部门于每月29日（遇节假日提前）把各部门下月办公用品使用计划上报公司行政部办公室，填写"月办公用品领用计划"，经部门领导及主管总监签字确认。

（2）行政部办公室专员依据各部门提交的"月办公用品领用计划"与办公用品台账和库存进行逐项审核，并将审核通过项汇总填写"办公用品请购单"，报行政部办公室主管审批[1]。

（3）消耗性办公用品根据部门实际需要以个人为单位发放。如办公用品领取后发现不适用或未用完部分，由行政部办公室统一调换或回收。耗材性办公用品如有损坏或损耗应以旧换新，如有遗失应由部门或个人赔偿或自购（例如：消耗性办公用品中的水性笔芯，以消耗后的水性笔芯为参考单位，进行等量兑换）。

（4）非消耗性办公用品一般以部门为单位发放，部门内共同使用。个别非消耗性办公用品需经过行政部办公室主任同意后方可发放。

（5）一般情况下，办公用品的发放要按计划进行，不得随意领取。每月3日各部门派人到公司行政部办公室统一领取经批准的上月提交的"月办公用品领用计划"。如遇特殊情况，急需使用办公用品，需填写"办公用品申领单"（A联、B联），并由部门主管签字，行政部办公室主管确认，方可领取办公用品。A联交行政部办公室备案，B联交领用部门留存（如未提前填好，需在发放办公用品后的一个工作日内补交）。

（6）办公设备如产生故障，或者需要更换办公耗材，使用部门须填写"办公耗材维修单"（A联、B联），行政部办公室据此通知供应商进行设备维修和耗材更换。A联交行政部办公室备案，B联交申请部门留存[2]。

（7）公司员工在公司内部调换岗位时，应对本人使用过的固定资产类办公用品进行当面交接；员工离职时，需要经过行政部办公室监督，办理三类办公用品的书面交接手续，在保证完好无缺的情况下方可离职，否则按原价进行赔偿。

4. 记录管理

（1）办公用品、耗材的采购、保管、发放要做好记录，做到账、物基本相符合，领用人与发放人要签名。

（2）如出现账物不符的情况，要及时上报行政部办公室主管，进行检查，并及时上报检查结果。

[1] 各部门采购单位价值500元以上办公用品时，需报总办进行批准。特殊办公用品可经行政部办公室主管批准后方可进行采购。

[2] 如遇紧急情况未提前填好，需在维护或更换办公耗材后的一个工作日内补交。

（3）办公用品的记录保管有效期为两年。对库存进行逐项审核，报行政部办公室主管审批。

5.公共办公设施的使用

固定资产公共设施类，如数据投影机、塑封机、打孔器、数码相机、切纸刀，如需借用，须填写办公设备借用登记表，注明借用时间，并及时归还。

第五条　本制度由行政部办公室制定，解释权归行政部，自颁布之日起生效。

第六条　附件

1.月办公用品请购计划

2.办公用品请购单

…………

制度 公司假期管理制度

第一条　总则

为适应企业发展需要，规范公司员工休假管理，保障员工相关福利待遇，维护正常工作秩序，特制定本制度。

第二条　适用范围

本制度适用于公司全体员工。

第三条　参考法规

《中华人民共和国劳动法》及其相关政策法规。

第四条　假期类别

本公司假期分为法定节假日、婚假、丧假、产假、陪产假、工伤假、事假、病假、年休假。

1.法定节假日

根据国务院办公厅通知，全体员工每年享有以下国家规定的法定节假日：

元旦，放假1天（1月1日）；

春节，放假3天（正月初一、初二、初三）；

清明节，放假1天（农历清明当日）；

劳动节，放假1天（5月1日）；

端午节，放假1天（农历端午当日）；

中秋节，放假1天（农历中秋当日）；

国庆节，放假3天（10月1日、2日、3日）。

2.婚假

婚假是指员工本人结婚时所享有的假期。婚假包括三部分内容：基本婚假、晚婚假、路程假（以工作日来计算）。

（1）基本婚假：公司给予3天的婚假，员工请假时需提供结婚证复印件或在休假结束后3天之内补交。

（2）路程假：若员工结婚时不在公司所在地省份，需回老家或在配偶所在地（外省）结婚的，公司根据路程远近给予1～2天的路程假。

3. 丧假

丧假是指员工在其直系亲属（父母、配偶的父母、配偶和子女）死亡时依法享有的假期。丧假包括两部分内容：丧假和路程假（以工作日来计算）。

（1）丧假：公司给予3天的丧假。

（2）路程假：员工在外地的直系亲属死亡时需要员工本人到外地料理丧事的，公司根据路程远近给予1～2天的路程假。

4. 产假

女员工生育享受产假，需分情形区别对待（按自然日来计算）：

（1）单胎顺产者产假为90天，其中产前休假15天。

（2）难产的，增加产假15天。

（3）多胞胎生育的，每多生育一个婴儿，增加产假15天。

（4）流产假：女员工怀孕不满4个月流产时，可享受15天的假期；怀孕满4个月以上流产者，可享受42天产假。

5. 陪产假

符合法律、法规规定生育子女的男员工可享受5～7天的陪产假（以工作日来计算）。

6. 工伤假

员工应当遵守安全工作的相关规定，预防事故发生。一旦发生事故，应及时采取救治措施。

员工因工作遭受事故伤害或者患职业病需要暂停工作接受工伤医疗的，为停工留薪期，停工留薪期最长为12个月。请工伤假，本人不便的可由部门主管代为申请，伤愈即回工作岗位，如期满未愈仍需继续休养者，应持医院证明办理续假手续，不办理请假手续而自行延假者，按旷工处理。伤势无须住院的，可请零星工伤假就医复诊，康复期间，部门主管可根据其伤势情况安排一些力所能及的工作，员工不得以此为由申请长假。

7. 事假

员工确因个人事宜必须在工作日内处理，可请事假，按审批权限报批。

员工请事假，若可享受年休假或有调休者，可以年休假或调休代替事假，超出天数按事假计算。

8. 病假

病假有两种情况：一种是小病假，另一种是需要长时间治疗休息的医疗期。医疗期是指员工因患病或非因工负伤需停止工作治疗休息，公司不得解除劳动合同的期限。

…………

制度 公司会议费管理办法

第一章 总则

第一条 为规范公司会议费管理，统一会议费开支标准，厉行勤俭节约，严格控制成本，在总结公司会议管理制度执行情况基础上，结合公司管理实际，特制定本办法。

第二条 本办法所指会议费是指公司各部门、所属各单位、各直管项目部因召开和参加会议所发生的费用支出，包括会议期间的食宿费、会场租赁费、会场布置费、设备租赁费、文件资料印刷费等。

第二章 职责分工

第三条 行政部办公室为公司会议费的归口管理部门。主要职责是：

1. 建立、健全公司会议费管理制度和标准；

2. 组织研究、完善、监督、执行会议费的审批和报销程序；

3. 组织定期盘点、分析、通报会议费使用情况。

第四条 公司各部门、各直管项目部为公司会议费的使用部门。主要职责是：

1. 严格执行本办法有关规定，结合实际细化会议费管控措施；

2. 编制、上报、执行会议费年度计划；

3. 定期汇总、分析会议费使用情况；

4. 对公司会议费管控提出合理化建议。

第三章 管理标准与要求

第五条 依据公司下达的会议费指标，公司对会议费实行总额控制。

第六条 公司内部会议分类及会议组织参照会议管理制度进行。

第七条 精简会议数量，控制会议规模。内部会议场所能满足会议要求的，不在外部租赁会议场所；可以合并召开的专业会议，要合并召开；充分利用现代化手段召开电视电话会议和网络视频会议，减少和避免参会人员往来奔波及由此发生的费用支出。

第八条 在公司内部会议场所召开的各类会议，遵照公司会议管理制度有关规定执行；使用公司会议室的，由会议组织部门（或单位、直管项目部）在信息网上履行申请程序。

第九条 公司各部门拟在外部场所租用会场召开会议，须于每年1月底前填写"外部场所会议计划表"，经部门分管领导审核后，提交行政部办公室汇总，再报行政经理审批。

第十条 公司所属各单位、各直管项目部根据公司下达会议费预算指标，结合实际制定具体管控措施，严格控制在外部场所召开会议。

第十一条 纳入公司本部外场所年度会议计划的会议，由会议组织部门提前填写"外部场所召开会议申请表"，经行政部办公室负责人签字后实施；未纳入年度计划，确因工作需要临时申请在外部场所举办会议，费用预算在3万元以内，经部门分管领导同意、行政部办公室负责人签字后实施。费用预算超过3万元的，须经公司总经理审批方可实施。

第十二条 上级有关部门、单位委托公司各部门组织各类会议，会议承办部门须提前填写"承办会议审批表"，附上级有关部门（单位）委托办会通知，报部门分管领导审核、行政部办公室负责人签字、总经理审批后执行。承办会议所收取的会议费应冲减会议费预算。承办会议费用预算超过 5 万元时， 须经公司总经理审批。委托承办会议的书面通知、费用预算、实际费用发生情况等资料要及时归档留存，以便会后向会议委托单位（部门）结算相关费用。

第十三条 公司所属各单位、各部门、各直管项目部召开会议，尤其是在公司外部租赁会议场所召开会议，要严格控制各项费用支出，不得借开会名义变相旅游、发放礼品。

第十四条 严格控制各类庆典活动，特殊原因需要举办的，须事先履行申请审批程序，提交费用预算，经部门分管领导签字后，报公司总经理审批。

第十五条 因公外出参加会议，会议期间会议主办方统一安排食宿的，住宿费、伙食补助费不予报销；不统一安排食宿的，住宿费、伙食补助费按照"公司差旅费管理办法"执行。

第四章 费用管理与监督

第十六条 公司会议费管理严格执行全面预算管理办法，纳入公司年度预算。

第十七条 每年年初，公司行政办公室结合实际，对公司下达的会议费指标进行二次分解，经行政部办公室审定后，对公司所属各单位、各直管项目部下达年度会议费使用指标；每月末，行政部对费用指标执行情况进行统计；每季度末，行政部对费用指标执行情况进行专项分析、通报；每年第 3 季度，结合实际情况对费用指标进行适当调整；每年年底，行政部对费用指标完成情况进行考核。

第十八条 会议费的核算遵循"企业会计准则"和"公司会计核算标准化手册"。

第十九条 会议费报销应符合公司规定程序，总额不能超出年度总预算。

第二十条 公司各部门、所属各单位、各直管项目部不得以任何方式挤占其他费用指标。

第五章 附则

第二十一条 本办法适用于公司所属各单位、各直管项目部参照执行。

第二十二条 本办法由行政部办公室、财务处负责解释。

⋯⋯⋯⋯

制度 公司文件管理制度

一、总则

1. 为规范公司文件的起草、审批、传达、存档工作，充分发挥文件在各项工作中的指导作用，结合公司的实际情况，特制定本制度。

2. 文件管理内容主要包括：上级函、电、来文，公司上报下发的各种文件，同级相关方函、电、来文。其中工程系统与甲方的往来函件按"档案管理制度"执行。

3. 公司文件由行政部办公室统一管理和存档。

二、文件的分类

1. 外收文：公司从外部接收的政府文件。

2. 外发文：以公司名义向外部发送的文件。

3. 内行文：公司内部下发的文件，分为正式文件和临时文件（指时效性较强的文件）。本制度的内行文所指的是正式文件。

三、内行文的管理

1. 内行文的范围。

凡是以公司名义对内发布的制度、办法、通知、决定、决议、会议纪要和会议简报，均属内行文范围。

2. 内行文的编号。

各部门发放文件之前，应交至行政办公室统一编号并留存一份。

3. 格式要求。

（1）每一页页眉右侧注明公司名称并用五号宋体加粗字体。

（2）每一页页脚中心注明页数和总页数，其中总页数用"（ ）"括起来。

（3）在首页正文上方注明文件的编号、生效时间、修订时间、总页数、拟定部门、签发人。

（4）文档标题使用宋体小二号字体居中。

（5）正文使用小四或四号宋体，行间距 1.5 倍。

（6）主题词 / 抄报 / 抄送使用小四或四号宋体。

（7）公司全称：在落款、合同文本等情形必须用全称。

注：主题词即文件内容的关键词。抄报适用于需了解文件内容的公司管理层，以及需要了解文件内容的相关单位、部门及同级部门。

4. 行政办公室负责对各部门起草的文件格式进行审核，对不符合格式要求的有权退回，并按要求格式改正。

5. 内行文发文流程。

（1）起草人→部门负责人（审核）→行政办公室（审核）→分管领导（审核）→总经理（签发）→行政办公室（存档发放）。

（2）说明。

①各部门如需发文，应事先向行政办公室申请编号并填写"内行文审批单"。

②行政办公室负责检查文件格式和起草内容是否与现有制度相冲突等。

③文件由总经理签发。

④文件由行政办公室统一发放并在"文件收发记录"上登记。

⑤办公室负责流转。

⑥办公室负责督办并定期组织评估和修订。

四、外收文的管理

1. 外发文的接收。

（1）凡邮寄到公司的文件（领导亲启的除外）均由行政办公室登记签收。

（2）公司上级主管部门发布的相关信息资料由行政办公室统一整理并发布。

（3）各部门接收的函件一律先交至行政办公室编号并存档。

（4）公司外出人员开会带回的文件应及时送交行政办公室鉴别，对有价值的文件由行政办公室编号并存档。

2. 外收文的管理。

（1）办公室根据文件内容和性质签阅后，登记编号并填写"外收文流转单"，分送承办部门阅办，重要文件应呈送公司领导亲自阅批后分送承办部门阅办。如关系两个以上业务部门，按批示次序依次传阅。

（2）一般函、电等，由行政办公室直接分转处理。

（3）如有领导"批示""拟办意见"，行政办公室负责督办。

3. 外收文的归档按"档案管理制度"执行。

五、外发文的管理

1. 外发文的范围。

（1）公司对外界公共媒体发布的信息。

（2）向政府有关部门提交的说明、请示及报告等。

2. 外发文的程序。

（1）发文程序参照内行文的发文程序。

（2）经总经理审批，行政办公室加盖公章存档后方可对外移交。

六、附则

本管理制度自发布之日起执行。

制度 公司办公费用报销制度

为规范公司财务报销制度，加强资金管理，节约开支，提高资金使用效益。根据公司有关规定，结合公司实际情况制定本规定。

第一条　公司日常费用主要包括电话费、交通费、办公费、低值易耗品及备品备件费、业务招待费、资料费、年检费、差旅费等。

第二条　费用报销的一般规定。

1. 报销人必须取得相应的合法票据，且发票背面有经办人的签名。

2. 填写报销单应注意：根据费用性质填写对应单据；严格按单据要求项目认真填写，注明附件张数；金额大小写须完全一致（不得涂改）；简述费用内容或事由。

3. 报销 5 000 元以上需提前一天通知财务部以便备款。

第三条 费用报销的一般流程：报销人整理报销单据并填写对应费用报销单→总经理审批→到会计处报销。

第四条 具体费用报销制度及流程。

1. 电话费报销制度及流程。

（1）移动通信费：为了兼顾效率与公平的原则，员工的手机费用报销采用与岗位相关制，即依据不同岗位，根据员工工作性质和职位不同设定不同的报销标准，具体标准见相关管理制度。

（2）固定电话费：公司为员工提供工作必需的固定电话，并由公司统一支付话费。但不鼓励员工在上班期间打私人电话。

2. 交通费报销制度及流程。

（1）费用标准。

①员工因公需要用车可根据公司相关规定申请公司派车，在没有车的情况下经总经理同意后可以乘坐出租车；

②市内因公公交车费应保存相应车票报销[1]。

（2）报销流程。

①员工整理交通车票（含因公公交车票），在车票背面签经办人名字，并由行政部派车人员签字确认，按规定填好"交通费报销单"。

②审批：按日常费用审批程序审批。

③员工持审批后的报销单到出纳处办理报销手续。

3. 办公费及办公用品、低值易耗品等报销制度及流程。

办公费指日常办公耗用的电脑耗材（如打印纸、传真纸、墨盒、硒鼓）、办公文具（如笔、计算器、文件夹、便笺）、办公场所的零星维修费用和办公过程中发生的各项杂费等。

（1）管理规定。

为了合理控制费用支出，此类费用由公司行政部统一管理，集中购置，并指定专人负责。公司行政部根据需求及库存情况编制购置预算，实际购置时填写购置申请单。

（2）报销流程。

报销人先填写费用报销单（附明细单），总经理审批后出纳付款或冲抵借支。

4. 招待费、资料费及其他报销制度及流程。

（1）费用标准。

①招待费：为了规范招待费的支出，大额招待费应事前征得总经理的同意。

②资料费等其他费用按实际需要据实支付。

---

[1] 由于现在城市中都是无人售票公交，所以市民可自行在公交车投币处撕取相应数额的公交车票。

（2）报销流程。

①招待费由经办人按日常费用报销一般规定及一般流程办理报销手续。

②资料费在报销前需办理资料登记手续，按审批程序审批后的报销单及申请表到财务处办理报销手续。

③其他费用报销参照日常费用报销制度及流程办理。

5. 差旅费报销制度及流程。

（1）费用标准：视具体情况而定。

（2）费用标准的补充说明。

①住宿费报销时必须提供住宿发票，实际发生额未达到住宿标准金额，不予补偿；超出住宿标准部分由员工自行承担。

②实际出差天数的计算以所乘交通工具出发时间到返回时间为准。

③伙食标准、交通费用标准实行包干制，依据实际出差天数结算，原则上采用额度内据实报销形式，特殊情况无相关票据时可按标准领取补贴。

④宴请客户需由总经理批准后方可报销招待费。

⑤出差时由对方接待单位提供餐饮、住宿及交通工具等将不予报销相关费用。

…………

制度 公司劳动合同管理制度

第一章 总则

第一条 为规范公司劳动合同管理，指导劳动合同的签订工作，根据有关法律法规，并结合公司的实际情况，制定本管理制度。

第二条 在职员工均需与公司签订劳动合同，以明确双方权利和义务，建立起合法劳动关系。

第三条 由公司返聘的人员及聘用的临时工作人员，签订专项劳动协议。

第四条 公司编印的"劳动合同"应符合劳动法有关规定，合同一经双方签字确认即具有法律效力。

第五条 劳动合同由公司法定代表人或法定代表人的委托人与员工签订，人力资源部负责组织劳动合同的签订及存档工作。

第二章 劳动合同的订立

第六条 订立劳动合同必须遵守平等自愿，协商一致，不违反法律、法规的原则。

第七条 劳动合同的内容包括：合同期限、工作内容、劳动报酬、工作时间和休息休假、社会保险和福利待遇、劳动保护和劳动条件、劳动纪律等，本合同的变更、终止、续订、解除，违反本合同的责任，劳动争议处理，双方约定的其他事项等内容。

第八条 初次签订或续签劳动合同均由人力资源部工作人员录入办公平台，并建立劳动合同管理台账。

第九条 签订劳动合同的同时，员工需与公司签订"保密协议"，保障公司需保密事项的安全。

第十条 公司原则上与员工签订有固定期劳动合同，劳动合同首次签订的期限为 1 ~ 3 年（根据岗位实际情况），期满后根据工作业绩、行为表现及双方意向决定是否续签。

第十一条 根据法律法规规定适用于签订无固定期限劳动合同或以完成一定工作为期限的，按照相关规定执行。

第十二条 新聘员工办理完入职手续 3 个工作日内，公司与其签订（试用期）劳动合同。劳动合同（试用期）中约定合同期限及试用期期限，新聘用员工试用期一般为 1 ~ 3 个月，具体根据公司有关招聘与录用管理的有关规定执行。

第三章 劳动合同的变更、解除、终止与续延

第十三条 订立劳动合同时所依据的客观情况或所依据的法律、法规发生了变化，经双方协商一致，可变更劳动合同的部分条款，变更的条款超过百分之五十时，合同需重新订立。

第十四条 经公司与员工双方协商一致，或其中一方出现劳动法规定的符合解除或终止劳动合同的情形，则双方劳动合同可以解除或终止。

第十五条 劳动合同届满不再续签的人员，按终止劳动合同处理，双方应在合同到期前一个月以书面形式通知对方，并协助对方做好工作交接、保险转移等离职善后工作。

合同到期需续签的人员，由人力资源部在合同到期前一个月向员工发出"续签劳动合同意向通知书"。如员工同意续签，则带通知书到人力资源部办理续签手续；如员工本人不愿再续签，则按终止劳动合同处理。

第十六条 公司与员工终止（解除）劳动合同，员工应按公司有关规定办理离职手续，人力资源部可以根据员工要求，为其出具终止（解除）劳动合同证明书。

第十七条 劳动合同签订、变更、续订、终止解除程序按法律法规执行。

第四章 法律责任

第十八条 具体法律责任依据劳动合同及其签订的可以作为劳动合同附件的双方约定的条款和国家法律法规执行。

第五章 劳动合同管理

第十九条 劳动合同的管理工作由人力资源部负责。

第二十条 人力资源部应加强劳动合同管理，设立劳动合同管理台账，建立健全劳动合同管理制度。

第六章 附则

第二十一条 本制度未尽事宜或与国家现行法律、法规不一致的，按现行法律法规执行。

第二十二条 本制度由人力资源部负责解释。

第二十三条 本制度自印发之日起执行。

制度 前台接待管理制度

第一章 总则

第一条 为规范公司前台管理,树立良好的公司形象,特制定本制度。

第二条 适用范围,行政中心前台。

第三条 此制度由行政中心负责草拟、修订和更正,总经理审核,行政中心颁布,各职能中心、直属分公司、行政部门办事处执行实施。

第二章 行政主管岗位职责

第四条 制订前台接待工作年度计划,报行政中心复核。

第五条 协助制定前台接待处的岗位责任、操作规程及各项规章制度,并监督执行。

第六条 对前台接待专员进行有效的培训和指导,提高其业务素质和服务水平。

第七条 协助前台接待专员做好重要客人的接待工作及重要留言的落实情况。

第八条 主持前台人员全面工作,创造和谐的工作气氛,减少工作环境中的摩擦。

第九条 参加行政例会,及时了解员工的思想动态及困难,及时采取解决措施。

第十条 受理直接下级上报的合理化建议,并按照公司相关规定程序处理。

第十一条 与公司各职能部门协调及联系,协助组织公司的文化活动等。

第十二条 督导迎送工作,检查前台接待专员的仪表仪容、劳动纪律、礼仪及工作效率。

第十三条 负责向行政中心提请对前台接待专员绩效考核的建议并协助实施考核。

第十四条 负责前台接待突发事件及公司领导临时交办事件的处理。

第三章 接待员岗位职责

第十五条 服从前台接待主管的领导,按规定的程序与标准向客人提供一流的接待服务。

第十六条 负责访客、来宾的登记、接待、引见,对无关人员应阻挡在外或协助保安处理。

第十七条 熟练掌握公司概况,能够回答客人提出的一般性问题,提供常规的非保密信息。

第十八条 负责电话、邮件、信函的收转发工作,做好工作信息的记录、整理、建档。

第十九条 负责公司文件、通知的分发,做好分发记录并保存。

第二十条 配合接待主管完成部分文件的打印、复印以及文字工作。

第二十一条 负责管理前台办公用品及办公设备的清洁保养。

第二十二条 维护前台区域内的整洁,进行该区域内的报纸杂志、盆景植物的日常维护和保养。

第二十三条 执行公司考勤制度,负责员工的考勤记录汇总、外出登记,监督员工刷卡。

第二十四条 对工作中出现的各种问题及时汇报,提出工作改进意见。

范表 前台来访客人登记表

| 序号 | 日期 | 姓名 | 所在单位 | 来访人数 | 是否预约 | 被访人 | | 事由 | 时间 | | 备注 |
						姓名	部门		到达	离开	
1											
2											
3											
4											
5											
6											
7											
8											
9											
10											
11											
12											
13											
14											

范表 公司宣传信息审批表

报送部门		经手人	
主　题			

内容：

选择宣传平台
对内：□宣传栏
对外：□微信　□微博　□网站　□内刊　□其他

公司／部门意见：

相关部门意见：

行政部意见：

| 经办人（签字）： | | 日期： | |

注：1.本表格用于公司信息宣传审批事宜。
　　2.内部文件，不得外传。

范表 宣传计划安排表

时　间	报道形式	报道范围	费　用
备注			

范表 员工宿舍申请表

姓名		性别		年龄	
入职时间		任职部门		岗位	
籍贯		联系电话			
紧急联系人		联系电话			
身份证号码					
申请原因					
部门领导意见				年　月　日	
办公室意见				年　月　日	
分管领导意见				年　月　日	
主要领导意见				年　月　日	

范表 员工宿舍入住登记表

序号	部门	姓名	性别	房间号	联系电话	入住日期	退宿日期	行政部签名	备注
1									
2									

范表 员工餐费补贴考勤表

"√"表示出差；"×"表示未出差。补贴标准：10元／天

姓　名	日　　期					天　　数	补贴金额
	星期一	星期二	星期三	星期四	星期五		
王某	√	√	√	×	×	2	20
合计							

考勤人：　　　　　　　　　　　　　项目经理：

范表 在外就餐人员伙食补贴申请表

申请日期：

申请人姓名		部　　门		职　　位	
停餐日期	从（　）月份开始，若停餐餐别不变更，此申请有效期自动延续至下个月				
停餐餐别	□早餐　□中餐　□晚餐（每次停整月）				
补贴金额	（　）元／月（由人力资源部主管填写）				
申请返回公司就餐月份				申请人签名确认	
备注栏					

注：1. 每月26号之前填写此表申请次月停餐，交人力资源部备案；
　　2. 如停餐类别变更，须重新填写申请；
　　3. 如申请回公司就餐，请提前到人力资源部在此申请表上登记并签名确认。

人力资源部主管签名确认：　　　　　　　填表：

范表 办公环境检查表

序　号	项　目	检查标准	满　分	实际评分
1	人员	1. 上班时间佩戴胸牌、工作证	5分	
		2. 着正装，仪表干净整洁、态度和蔼、谈吐礼貌	5分	
		3. 工作认真，不串岗、不聚众聊天、不玩游戏、不利用办公网络通过任何形式下载任何与工作无关的视频和软件	10分	
2	清洁	1. 各类合同按要求分类归档，客户资料、合同等保密性文件需存放在指定文件柜，并上锁，不得放置于公共区域，或无人的办公桌上	15分	
		2. 办公桌椅、台柜、壁柜擦拭干净无灰尘、污垢；下班时，桌面清理整齐干净，桌上用品摆放整齐，不可凌乱不堪	5分	
		3. 办公桌面各种资料、工具、文件、配件等放置物品整齐有序，个人物品定置存放	10分	
		4. 电脑、打印机、电话无尘，桌椅、文件柜无积尘，壁柜、储物柜物品摆放整齐、归类放置、无杂物。二次纸不可随便乱扔，需统一整齐放置	10分	
		5. 地面、角落清扫干净无积尘、纸屑	5分	
		6. 玻璃无破损，窗帘、窗台干净无积尘；墙壁无乱涂乱画的图案，悬挂物整齐、端正	5分	
3	安全	1. 电线、线槽紧固，电闸有线路标示，相关电线摆放整齐、无乱接线现象，严禁存放易燃、易爆化学品	5分	
		2. 电器开关下面无堆放物品	5分	
4	更新	办公室文化墙、公告栏张贴应及时更新	20分	
		总　计		

注：此表检查项共12项，满分100分，80分合格。

范表 清洁工作安排表

年　月　日至　年　月　日

姓名	
日期	
清洁项目	
考核	
日期	
清洁项目	
考核	

范表 公务车辆使用申请表

申请日期		申请时间	
申请人员		返回时间	
申请理由			
部门经理意见：		行政经理意见：	

范表 车辆加油统计表

车牌号码			部门			
司机			加油型号、单价			
月初余额			本月起始公里数			
本月充值			本月中止公里数			
本月用油			中止公里数时油箱剩油量			
月末余额			所属期起止			
是否有现金加油	日期	金额	是否有备用卡加油		备用卡卡号	金额

本月车辆特别事项说明：

本月加油小票粘贴处：

更多模板

办公设备使用管理制度	公司票务及住宿预订管理规定
会议费报销制度	大型会议与大型活动管理制度
接待费用管理细则	公司证照管理制度
电子印章管理办法	印章使用管理办法
前台接待礼仪制度	公司宣传管理制度
公关事务管理制度	文件保密管理制度
员工考勤表	出差旅费报销清单
出差申请表	会议议程表
会议签到表	外勤费用报销单

第❸章

公司绩效管理制度与范表

　　企业执行绩效管理能够有效规范员工工作，保证效益，是非常有效的管理方式。绩效管理以绩效考核为主要手段，与员工薪酬挂钩，所以管理者尤其要注意绩效考核设计与薪酬设计的有关内容。

● 绩效考核设计　　　　　　　　　　　　　　　P072

● 薪酬设计管理　　　　　　　　　　　　　　　P090

3.1 绩效考核设计

绩效考核是绩效管理的重要环节，是指考核主体对照工作目标和绩效标准，采用科学的考核方式，评定员工的工作任务完成情况、员工的工作职责履行程度和员工的发展情况，并且将评定结果反馈给员工的过程。

● 绩效管理的各种方式

考核方式	具体介绍
关键事件法	通过对员工的关键行为和行为结果来考核其绩效水平，需要主管人员记录其下属在工作中的重点表现，主要是一些优秀的或是糟糕的特殊事件，然后在考核时点上（每季度或者每半年）与该员工进行一次面谈，根据记录共同讨论对其绩效水平做出考核
目标管理法	目标管理是通过设计一些指标如利润、销售额，使每个员工按照指标行事，对员工的工作进行考核，最后完成情况可作为对员工的评估依据
360度考核法	该考核方式是一种交叉式的考核方式，在考核时，通过同事评价、上级评价、下级评价、客户评价以及个人评价来评定绩效水平。除了对员工进行考核外，更能从中发现问题并进行改进提升
图尺度考核法	是最简单和运用最普遍的绩效考核技术之一，一般采用图尺度表填写打分的形式进行
平衡计分卡	围绕企业的战略目标，利用平衡计分卡（BSC）可以从财务、顾客、内部过程、学习与创新这四个方面对企业进行全面的测评。在使用时对每一个方面建立相应的目标以及衡量该目标是否实现的指标

● **绩效指标的设计原则**

具体的
（specific）
指标要清晰、明确，让考核者与被考核者能够准确理解目标。

可量化的
（measurable）
考核指标要量化，不能出现比较好、还不错这种词，这将导致标准的模糊，所以一定是数字化的。

可实现的
（attainable）
考核指标必须是付出努力能够实现的，既不能过高也不能偏低。指标的目标值设定应是结合个人的情况、岗位的情况和过往历史的情况来设定的。

现实性的
（relevant）
考核指标应该具有实际性和现实性，根据现有资源证明和观察得到的，而不是假设性的。

有时限性的
（time bound）
指标都要有时限性，要在规定的时间内完成，时间一到，就要看结果。

● **如何设计绩效指标**

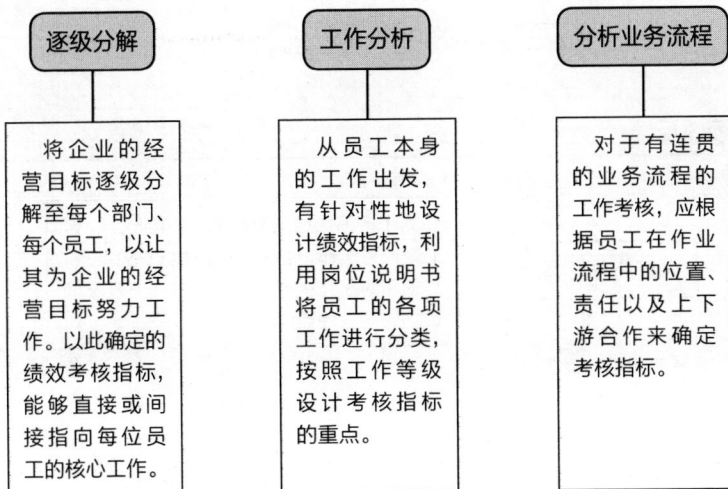

逐级分解
将企业的经营目标逐级分解至每个部门、每个员工，以让其为企业的经营目标努力工作。以此确定的绩效考核指标，能够直接或间接指向每位员工的核心工作。

工作分析
从员工本身的工作出发，有针对性地设计绩效指标，利用岗位说明书将员工的各项工作进行分类，按照工作等级设计考核指标的重点。

分析业务流程
对于有连贯的业务流程的工作考核，应根据员工在作业流程中的位置、责任以及上下游合作来确定考核指标。

● 绩效考核的流程

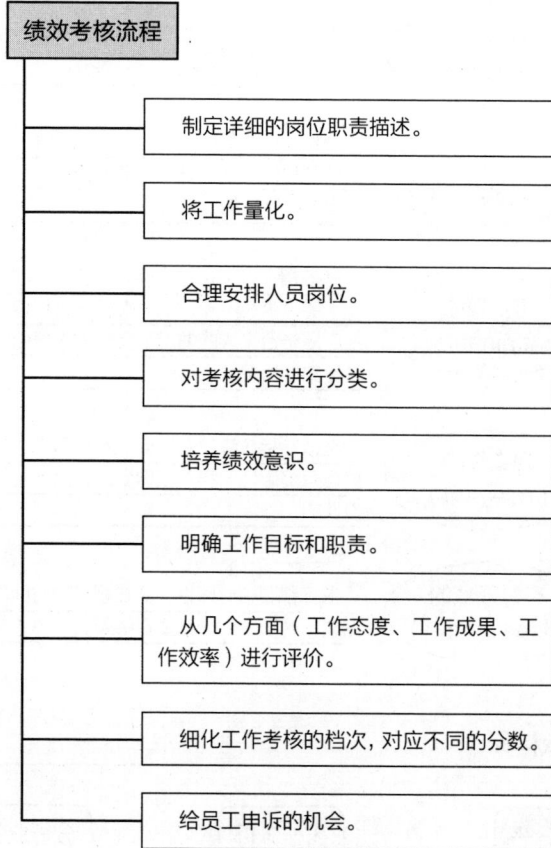

```
┌─────────────┐
│ 绩效考核流程  │
└─────────────┘
    │
    │   ┌──────────────────────────────────────────┐
    ├───│ 制定详细的岗位职责描述。                     │
    │   └──────────────────────────────────────────┘
    │   ┌──────────────────────────────────────────┐
    ├───│ 将工作量化。                               │
    │   └──────────────────────────────────────────┘
    │   ┌──────────────────────────────────────────┐
    ├───│ 合理安排人员岗位。                          │
    │   └──────────────────────────────────────────┘
    │   ┌──────────────────────────────────────────┐
    ├───│ 对考核内容进行分类。                        │
    │   └──────────────────────────────────────────┘
    │   ┌──────────────────────────────────────────┐
    ├───│ 培养绩效意识。                             │
    │   └──────────────────────────────────────────┘
    │   ┌──────────────────────────────────────────┐
    ├───│ 明确工作目标和职责。                        │
    │   └──────────────────────────────────────────┘
    │   ┌──────────────────────────────────────────┐
    ├───│ 从几个方面（工作态度、工作成果、工            │
    │   │ 作效率）进行评价。                          │
    │   └──────────────────────────────────────────┘
    │   ┌──────────────────────────────────────────┐
    ├───│ 细化工作考核的档次，对应不同的分数。          │
    │   └──────────────────────────────────────────┘
    │   ┌──────────────────────────────────────────┐
    └───│ 给员工申诉的机会。                          │
        └──────────────────────────────────────────┘
```

● 做好绩效反馈

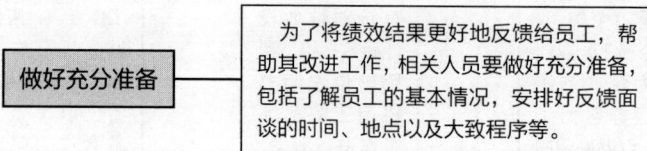

```
┌─────────────┐    ┌──────────────────────────────────────┐
│ 做好充分准备  │────│   为了将绩效结果更好地反馈给员工，帮       │
└─────────────┘    │ 助其改进工作，相关人员要做好充分准备，     │
                   │ 包括了解员工的基本情况，安排好反馈面       │
                   │ 谈的时间、地点以及大致程序等。            │
                   └──────────────────────────────────────┘
```

谈话氛围融洽	不要让员工觉得有压力，比如可以谈谈与反馈内容无关的话题，拉近彼此的距离。
以事实为依据	与员工交谈时不要夹带私人情绪（若有违反，可作为员工申诉的理由），以对事不对人为原则，从事实依据出发，指出员工需要改进的地方，不要伤害员工的人格和尊严。
肯定成绩	为了不打击员工的工作积极性，即使员工的绩效考核成绩不理想，也不要一味打击，首先要肯定员工的成绩，让其对谈话有所期待。
差别化对待	不同类型的员工反馈的重点应该不同，对态度不好的员工应该加强了解，并给予辅导；对工作业绩不好的员工应该帮助制订绩效改善计划；对工作业绩和工作态度都不好的员工则应该重申工作目标，把问题的严重性告知对方。

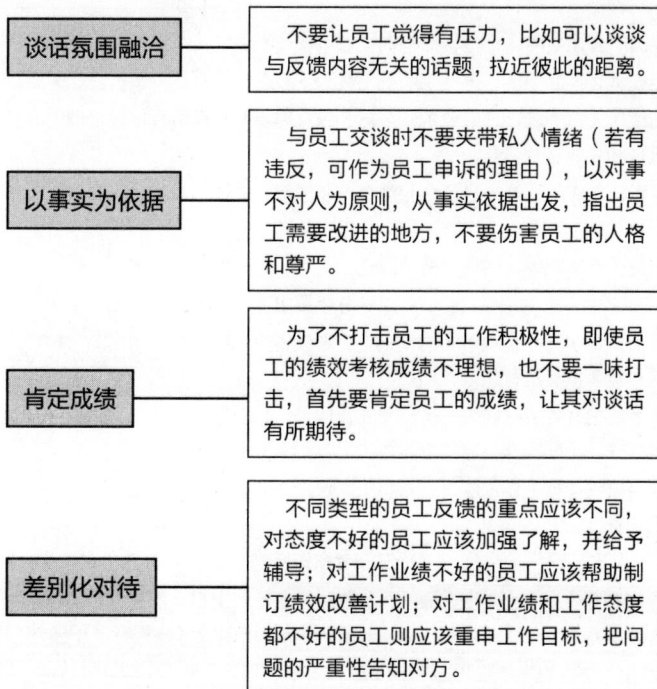

拓展知识 进行反馈要注意哪几点

①具体描述员工存在的不足，描述而不作判断。

②要客观、准确、不指责地描述员工行为所带来的后果，事后指责没有任何作用，反而会僵化彼此的关系，对面谈结果无益。

③站在员工的角度，以聆听的态度听取员工本人的看法。了解员工的想法同样重要，不要总是摆出教导的姿态。

④与员工共同商定未来工作中如何加以改进，并形成书面内容，经双方签字认可。

制度 绩效考核实施细则

为确保公司发展战略的顺利实施，建立和完善公司绩效考核体系，特制定本办法。

一、基本原则

1. 坚持科学、系统、客观、公开、公平、公正的原则。

2. 建立面向公司战略、全过程监控的绩效考核体系。

3. 按照权责对等的要求，进一步明确上级和下级之间的管理关系、责任关系。

4. 按照现代人力资源管理的要求，公司各级管理者要认真履行绩效管理的职责，切实承担起绩效责任和绩效管理责任。

5. 绩效考核工作与评选先进工作相结合，兼顾部门绩效与员工个人绩效，兼顾业务部门与综合部门。

6. 注重持续不断的绩效沟通和绩效改进。

二、总体要求

1. 考核工作要建立在客观事实的基础上，考核者应当根据公司制定的考核评价标准，客观、公正地对被考核者进行绩效评估。

2. 考核者要把绩效考核作为一项重要的管理工作，指导、帮助、激励直接下属更好地工作、更好地成长，不断提升自身的管理能力。

3. 加强对绩效考核工作的监督，对员工反映的问题，要按职责范围及时检查和处理，追究有关人员的责任。

三、考核指标

1. 部门绩效考核：结合年度全面预算工作，在各部门上报、汇总分析的基础上，由公司财务管理部牵头组织，各部门配合，共同制订部门年度绩效考核指标（即各部门经济指标和重点工作）、方法和程序，报公司经理办公会议审定，并以部门工作目标责任书作为部门的绩效合约，在公司年度工作会议上签订。

2. 员工绩效考核：包括中层管理人员的绩效考核和一般员工的绩效考核。

（1）考核指标采取"定量 + 定性"的方式设计，尽可能量化，不能量化的尽量细化。主要考核以关键绩效指标为核心的工作业绩，由关键绩效指标和一般绩效指标组成。

（2）关键绩效指标基于对公司战略目标的分解，是对战略目标的细化和具体化；一般绩效指标基于对工作职责的考核。

（3）公司人力资源部牵头组织制定"公司员工绩效考核指标体系及评价标准"，并对该指标体系及评价标准实行动态管理，每年进行修订、完善，公司分管领导、中层管理人员依据部门年度工作目标责任书确定的考核内容、部门工作计划、员工所承担的岗位职责，在沟通的基础上，分别提出直接下属的具体考核内容，人力资源部汇总后报公司经理办公会议审定。

（4）中层管理人员的关键绩效指标、一般绩效指标权重分别为 60%、40%；一般员工的关键绩效指标、一般绩效指标权重分别为 50%、50%。

四、组织实施

1. 绩效考核实行统一组织、分步实施、分级负责。

2. 公司财务管理部负责部门绩效考核的牵头组织和总体实施工作。

（1）制定年度内部经济指标和重点工作考核及奖励办法。

（2）组织实施对各部门季度、年度的绩效考核工作。

（3）对各部门经济指标完成情况进行核定。

（4）对员工绩效考核工作提供数据支持。

3. 人力资源部负责员工绩效考核的牵头组织和总体实施工作。具体是：

（1）制定员工绩效考核管理制度、流程，改进、完善员工绩效考核体系。

（2）组织实施绩效考核培训，对考核者、被考核者进行绩效考核辅导。

（3）协助公司分管领导，组织实施对中层管理人员的绩效考核工作。

（4）协助部门负责人，组织实施对一般员工的绩效考核工作。

（5）收集考核信息数据，汇总并统计考核结果。

4. 公司各部门负责对本部门员工的绩效考核实施工作。具体是：

（1）提出本部门员工的绩效考核指标及评价标准。

（2）根据工作安排和计划要求，组织实施本部门员工的绩效考核工作。

（3）向本部门员工反馈考核结果，制定绩效考核改进措施。

5. 员工绩效考核工作每年度进行两次，半年考核和年度考核分别结合半年工作总结和年度工作总结实施开展，一般情况下，分别安排在每年 6 月底和 12 月底。

…………

制度 企业高管绩效管理办法

第一章 总则

第一条 为健全公司激励机制，改善经营管理水平，充分调动高层管理人员的积极性，提升公司核心竞争力，确保公司经营目标的实现，落实目标责任管理，制定本办法。

第二条 公司高级管理人员薪酬实行年薪制，在考核基础上核发。

第三条 绩效考核遵循"结果为导向、实事求是"的原则。

第四条 本办法适用于公司总经理、副总经理等经营管理人员。

第二章 考核内容与方法

第五条 本办法主要通过关键业绩指标（KPI[1]）对公司高管人员的业绩进行考核，贯彻落实公司的经营目标与管理重点。

第六条 关键业务指标、指标权重及指标值的确定由董事会薪酬与考核管理委员会根据

---

[1] KPI，关键绩效指标，一般从上层开始层层分解、层层关联、层层支持，对企业高层管理者来说，关键绩效指标法非常实用，有时候可以借用"鱼骨图"对关键绩效指标进行抽丝剥茧，并建立关键绩效指标体系。

董事会下达给公司的年度经营目标及高管人员所分管的业务重点进行分解确定。

第七条　绩效考核以年度为考核周期。年初制订绩效目标和考核要求，年中监测计划完成进度，次年初进行考核并统一发布考核结果。

1. 年初：公司年度经营目标由董事会根据公司发展战略规划及要求制订，在每年1月份下达给经营管理者。考核管理小组根据公司年度经营目标分别确定每位高管人员的关键业绩指标、指标值及权重，在每年年度董事会上由董事会与参加考核的高管人员签订本年度"经营目标责任书"，作为该年度绩效考核和确定收入分配的依据。

2. 年中：在每个会计年度中期结束后，参加考核人员向董事会薪酬与考核管理委员会提交上半年述职报告，汇报指标完成情况，由董事会薪酬与考核管理委员会上报董事会。中期考核结果主要对高管人员目标完成情况进行监督和管理，或在发生重大变化以致影响考核目标的实现时对考核指标进行调整，不作为决定最终分配方案的依据。

3. 次年初：年度结束后，高管人员向董事会提交年度述职报告，述职报告的内容包括对该年度各项考核指标完成情况（特别是对那些无法量化的评价指标）的总结，以及对董事会制定下一年度该管理岗位的战略目标及考核指标、指标值与权重提出的建议。董事会薪酬与考核管理委员会根据述职报告及年度财务决算对高管人员进行年末考核。

第八条　考核程序

1. 年度财务决算后，公司财务部提交相关财务分析报表上报董事会薪酬与考核管理委员会。

2. 高管人员根据本人年度经营工作完成情况向董事会薪酬与考核管理委员会提交述职报告。

3. 董事会薪酬与考核管理委员会按照高管人员年度"经营目标责任书"的考核要求，对高管人员经营完成情况及述职报告进行分析评价，确定考核结果。

4. 董事会薪酬与考核管理委员会根据考核结果，拟订分配方案，提交董事会审批。

5. 财务部根据经审批的分配方案执行。

第九条　考核评分

1. 定量指标，按单项指标计划完成情况评分，100％完成计划的对应分为100分，最高120分封顶。

2. 定性指标，由董事会薪酬与考核管理委员会制定评分细则来评定分值。

3. 单项指标评分加权汇总为绩效考核总分。

4. 考核分数对应的绩效系数为：

总分 > 100分，绩效系数为1。

90分 ≤ 总分 < 100分，绩效系数为0.9。

80分 ≤ 总分 < 90分，绩效系数为0.8。

65分 ≤ 总分 < 80分，绩效系数为0.6。

总分 < 65分，绩效系数为0。

第三章　年薪标准

第十条　高管人员实行年薪制。年薪由基本年薪、绩效年薪、超额年薪三部分构成，其中基本年薪和绩效年薪之和为年薪标准。

1. 基本年薪。基本年薪是年薪标准的 80%，按月发放。

2. 绩效年薪。绩效年薪为绩效系数 × 年薪标准 ×20%。

3. 超额年薪。绩效系数大于 1 的高管人员可以享受超额年薪。

第十一条 对在年度工作中做出突出贡献的高管人员，董事会可根据考核情况酌情给予特别嘉奖。

第十二条 高管人员的年薪标准每年确定一次，由董事会薪酬与考核管理委员会根据高管人员所聘岗位，结合公司上年度经营业绩情况综合确定。

…………

制度 绩效考核分类制度

第一章 总则

第一条 目的

为了保证公司整体目标的实现，建立有效的监督激励机制，加强部门之间的配合协作能力，辅助公司更好地做好绩效考核，特制定本制度。

第二条 原则

遵循公平、公正、公开的原则，形成绩效考核的良性竞争机制。

第三条 适用范围

本制度适用于公司所有员工的分类绩效考核。

第二章 绩效考核分类

第四条 按时间划分

1. 定期考核。企业考核的时间可以是一个月、一个季度、半年或一年。考核时间的选择要根据企业文化和岗位特点进行选择。

2. 不定期考核。不定期考核有两方面的含义，一方面是指组织中对人员的提升所进行的考评，另一方面是指主管对下属的日常行为表现进行记录，发现问题及时解决，同时也为定期考核提供依据。

第五条 按内容划分

1. 特征导向型。考核的重点是员工的个人特质，如诚实度、合作性和沟通能力，即考量员工是一个怎样的人。

2. 行为导向型。考核的重点是员工的工作方式和工作行为，如服务员的微笑和态度，待人接物的方法，即对工作过程的考量。

3. 结果导向型。考核的重点是工作内容和工作质量，如产品的产量、质量和劳动效率，侧重点是员工完成的工作任务和生产的产品。

第六条　按目的划分

绩效考核按目的划分，可分为例行考核、晋升考核、转正考核、评定职称考核、培训考核和对新员工考核等。

第七条　按考核对象划分

绩效考核按考核对象划分，可分为对员工考核、对干部考核。对干部考核，又可分为对领导干部、中层干部和科级人员的考核。

第八条　按考核主体划分

绩效考核按考核主体划分，可分为上级考核、自我考核、同事考核、专家考核和下级考核，以及综合以上各种方法的立体考核。

第九条　按考核形式划分

绩效考核按考核形式划分，可分为口头考核与书面考核、直接考核与间接考核、个别考核与集体考核。

第十条　按考核标准的设计方法划分

绩效考核按考核标准的设计方法划分，可分为绝对标准考核和相对标准考核。所谓绝对标准考核即按同一尺度去衡量相同职务人员，它可以明确地判断员工是否符合职位要求以及符合的程度，如小组内部同类人员相互比较做出评价。它可以确定人员的优劣顺序，但不能准确地把握员工与职位要求之间的符合程度。

第十一条　按主客观划分

1. 客观考核方法。客观考核方法是对可以直接量化的指标体系所进行的考核，如生产指标和个人工作指标。

2. 主观考核方法。主观考核方法是由考核者根据一定标准设计的考核指标体系对被考核者进行主观评价，如工作行为和工作结果。

…………

制度 绩效面谈实施细则

第一章　总则

第一条　目的

1. 充分发挥各部门负责人在绩效管理工作中的指导、支持作用，使绩效管理工作开展得更加规范、高效。

2. 掌握员工工作过程中出现的问题以及员工发展的需要，并制订有针对性的培训计划。

3. 通过向员工反馈工作执行情况和执行结果，为员工创造了解自身优缺点的机会，培养员工以自我认知为基础的自我发展态度。

4. 帮助员工订立自我发展目标，加深员工对工作的关心，培养员工的责任感。

5. 保持公司与员工的良好沟通，从而形成公司良好的协调、沟通氛围。

第二条 适用范围

本细则适用于公司所有员工的绩效反馈与面谈工作。

第三条 各部门的管理职责

1. 人力资源部负责公司绩效面谈的组织、实施与培训指导工作。

2. 被考核者的上级主管在人力资源部的协助、监督下，与被考核者进行绩效面谈。

第四条 绩效面谈的原则

1. 直接、具体的原则。面谈交流要直接而具体，不能做泛泛的、抽象的或一般性的评价。

2. 互动原则。面谈是一种双向的沟通，为了获得对方的真实想法，上级主管应当鼓励员工多说话，让其充分表达自己的观点。

3. 基于工作的原则。绩效面谈中涉及的是工作绩效，是工作的一些事实表现，面谈的内容应该为员工是怎么做的，采取了哪些行动和措施，效果如何，而不应该讨论员工个人的性格。

4. 分析原因原则。绩效面谈需要指出员工的不足之处，但不需要批评。面谈应立足于帮助员工改进不足之处，指出绩效未达成的原因。

5. 互相信任原则。绩效面谈是上级主管与员工进行双向沟通的过程，双方若要达成理解、共识，就必须建立互相信任的关系。

第二章 绩效面谈的内容划分与组织实施

第五条 绩效面谈内容

绩效面谈包括绩效计划面谈、绩效指导面谈和绩效反馈面谈，在不同的面谈类别中，面谈的内容也是不同的。

第六条 面谈人绩效面谈准备

1. 上级主管应提前确定面谈的时间和地点，并告知员工。

2. 上级主管应提前准备好面谈资料，如员工评级表、员工的日常表现记录、岗位说明书、薪金变化情况等资料，并告知员工准备相关的面谈资料。

3. 上级主管应事先了解员工的个性特点，以及自己管理或沟通方面的能力限制。

4. 上级主管应详细阅读员工的绩效自评表，了解员工需要讨论和指导的行为事宜。

5. 上级主管应事先拟定好面谈程序，计划好如何开始、如何结束，面谈过程中先谈什么、后谈什么，以及各阶段的时间分配。

第七条 被考核者绩效面谈准备

1. 员工应提前填写自我评价表。员工要客观地做好自我评价，这样便于与主管考核结果达成一致，有利于面谈的顺利进行以及个人发展目标的切实制订。

2.员工应提前准备好个人的发展计划。面谈时提出个人发展计划，有利于上级主管有针对性地进行下期的工作安排。

3.员工应提前准备好向上级主管提出的问题，这一过程是员工改变上级主管对自己评价和下期计划的关键时刻。

4.员工应提前安排好自己的工作，避免因进行面谈而影响正常的工作。

第八条　绩效面谈的实施

1.面谈人应营造一种和谐的面谈气氛。

2.面谈人应说明面谈的目的、步骤和所用时间。

3.面谈人根据预先设定的绩效指标谈论员工的工作完成情况，并分析其成功与失败的原因。

4.双方讨论员工的行为表现与公司价值观相符的情况，以及员工在工作能力上的强项和有待改进的方面。

5.双方为员工下一阶段的工作设定目标以及绩效指标，并讨论员工需要的资源和帮助。

6.双方经协商达成一致意见后签字确认。

第九条　确定绩效面谈结果

1.上级主管设定员工下阶段工作改进计划及时间表。

2.依公司管理制度，上级主管对员工晋升、调薪或调职提出合理建议。

第十条　绩效面谈的技巧和注意事项

面谈人员在绩效面谈过程中，需要掌握的技巧及需要明确的注意事项。

1.面谈前的准备阶段。

（1）需预先安排合适的时间、场所，给员工一种平等、轻松的感觉。

（2）材料准备充分，并在面谈前熟悉内容，做到心中有数，不至于在面谈时手忙脚乱、尴尬冷场。

2.暖场阶段。

（1）创造轻松、融洽的气氛，让员工心情放松。

（2）设计一个缓冲带，时间不宜太长，可以先谈谈工作以外的其他事情。

3.员工自评阶段。

（1）认真倾听员工的解释，撇开偏见，控制情绪，耐心听取员工讲述。

（2）不时地概括或重复对方的谈话内容，鼓励员工讲下去，帮助分析原因。

4.面谈人员评价阶段。

（1）对业绩进行评价，指出成绩和不足。

（2）对能力进行评价，指出优势和劣势。

第三章　附则

第十一条　本细则由人力资源部制定，其解释权和修订权归人力资源部所有

第十二条　本细则自发布之日起正式实施

范表 个人绩效计划表

员工姓名		职位名称			所属单位	
员工编号		级别			汇报对象	
考核期间		考核日				
业绩指标	工作指标	指标标准	调整标准	权重	完成日期	考核依据
态度指标	纪律					
	协作性					
	责任心					
	积极性					
能力指标	专业知识					
	工作技能					
	执行力					
	创新能力					
	沟通能力					
	表达能力					
	协调能力					

员工签字：

　　　　　年　月　日

主管领导签字：

　　　　　年　月　日

范表 绩效面谈记录表

部门			面谈时间	
被考核者	姓名：		岗位：	
主管	姓名：		岗位：	

1.本人在本评价期内所完成工作的回顾及客观评价（含工作内容、进展与成效、不足与改进、工作成果评价、未完成的工作内容及原因分析等）

2.员工在下一个评价期的工作目标、工作计划／工作安排、工作内容或上级期望

3.为更好地完成本职工作和团队目标，员工在下一阶段需要努力和改善的绩效，直接主管的期望、建议、措施等

4.员工对部门（公司）工作的意见／建议、不满／抱怨、工作／生活／学习中的烦恼和困难以及希望得到的帮助／支持／指导

员工签字：　　　　　　　　　　　　　　主管签字：

范表 员工绩效意见反馈表

被考核部门：	岗位：	姓名：	考核日期：		
您对本月的绩效考核结果是否接受	1. 考核是否按时进行			A 是	B 不是
	2. 考核人员在考核过程中是否存在违规违纪现象			A 是	B 不是
	3. 您对本月工作自我评价怎么样			A 满意	B 不满意
本月目标的完成情况（依据本月计划和总结对员工目标完成情况进行沟通）					
需要改进的地方和具体措施有哪些					
您认为需要接受绩效考核的相关培训吗					
下月工作目标和工作标准是什么					
认为本部门必要的考核有哪些					
对本部门的意见和建议					
是否有员工需要调换岗位					

范表 绩效数据收集通知单

_____：

根据绩效管理需要，现需收集／反馈_____部门_____年_____月有关绩效指标完成情况（详见下表）：

序号	职务／岗位	所在公司或部门	考核指标	需提供考核数据的项目	基本目标值	实际完成值	备注
1							
2							
3							
4							
5							
6							
7							
8							
9							
……							

请及时组织贵部相关员工做好绩效数据收集工作，并于考核月度结束后次月 3 日内填写完毕后反馈使用部门。

特此通知。

绩效数据来源部门签收人：_____　　绩效数据来源部门签名：_____　　绩效数据接收部门签名：_____

时间：_____年_____月_____日　　数据提交时间：_____年_____月_____日　　接收数据时间：_____年_____月_____日

范表 绩效指标库

序　号	指标类别	指标名称	公　式	考核周期	说　明

范表 述职报告评价表

被考核人			所在部门				
述职报告内容		权重	评价				
			评委 A	评委 B	评委 C	评委 D	评委 E
期初绩效目标完成情况		%					
考核期内成功事项分析		%					
考核期内失败事例分析		%					
面临的挑战与机会分析		%					
绩效改进要点与措施		%					
能力提升要点及方法		%					
要求得到的支持与帮助		%					
目标调整及新目标的确定		%					
其他							

考核人签字：　　　　　　　　　　时间：　　　年　　月　　日

范表 员工考核结果部门汇总表

部门：				考核负责人：		
序号	姓名	职位	考核分数	考核等级	考核等级所占比	备注

说明：

部门 负责人		部门分管 领导		人力资源 部负责人		总经理	

审批意见： 总经理签名：

注：请按考核等级的高低予以排列，并统计各考核等级所占的比率。

范表 员工奖惩月报表

受奖惩者			奖惩方式	奖惩原因	发表日期
姓名	部门	职位			

范表 绩效面谈改进计划表

月份：			填表日期：			
姓名		部门			职位	
工作成功的方面						
工作中需要改善的地方	绩效问题		解决方法			
	态度					
	能力					
	知识					
	外部障碍					
需要接受何种内容的培训						
希望得到何种支持（公司支持、激励等）						
绩效改进计划						
应采取的行动				完成时间		
面谈人签名：			日期：			
备注：此面谈表于次月5日前提交人力资源部。						

更多模板

员工提案奖励管理制度	员工绩效记录表
中高层员工绩效管理制度	部门绩效考核表
绩效考核管理制度	员工通用项目考核表
绩效评议与申诉制度	员工自我鉴定表
绩效改进与提升办法	员工考核标准表

3.2 薪酬设计管理

为了在人才市场有足够的竞争力,企业在确定员工薪酬的时候要结合外部薪酬水平、公司发展情况等进行考量,争取让员工满意,同时又不会让公司的人力成本消耗较大,影响公司利润。同时为了让员工更加积极地投入到工作中,很多公司都会利用薪酬 + 绩效对员工进行激励,这样对公司和员工都有益。

● 薪酬设计的基本流程

① 首先要进行职位分析,结合公司经营目标,对公司的主要业务和人员进行分析,明确部门职能和职位关系,然后人力资源部和各部门主管合作编写职位说明书。

② 对企业内的职位进行评价,比较出各个职位的重要性水平,得出职位等级序列,并建立统一的职位评估标准,这样才能更公平地为不同职位划定薪资。

③ 做薪资调查,选择与自己有竞争关系的公司或同行业的类似公司,重点考虑员工的流失去向和招聘来源。收集的薪资调查数据应包括上年度的薪资增长状况、不同薪资结构对比、不同职位和不同级别的职位薪资数据、奖金和福利状况、长期激励措施以及未来薪资走势分析等。

④ 分析收集到的各种薪资调查数据,对薪资进行定位,确定企业内部的不同薪资水平。

⑤ 设计薪资结构要综合考虑三个方面的因素：一是其职位等级，二是个人的技能和资历，三是个人绩效。对应的薪资结构是职位工资、技能工资和绩效工资，一般来说，企业的薪资结构都以这三项为主。

实施并随时修正薪资体系，在调整薪资时要确定合适的比例，并对总体薪资水平做出准确预算。 ⑥

● 薪酬设计的方法

从框架到细节建立企业内部的薪酬结构，一般做法是根据市场薪酬水平和内部考量，划定最低与最高的薪酬水平，然后以此为标准确定其他岗位的薪酬水平。

小改当前薪酬结构或标准。对于企业来说重新设计薪酬结构是非常费时费力的事，最经济的做法是对现有的薪酬水平进行调整，或增设岗位，或加大固定工资比例，或添加绩效工资等。

以薪酬项目（基础工资、岗位工资、工龄工资、各项津贴、绩效工资等）的不同层次为基准确定薪酬水平，每项薪酬项目划定不同的层次和水平，相加便是各岗位的整体薪酬。

以岗位的整体年薪为基准，反推员工的基准薪酬水平，可以控制企业每年的薪酬支出，如企业全年薪酬支出打算控制在 180 万元左右，主管岗位一共 40 万元支出，每位主管年薪标准为 10 万元，该岗位的浮动工资和固定工资比例为 5∶5，所以固定薪酬每年 5 万元，每月可支出 6 000 元。

● 薪酬设计的细节

薪酬结构要合理

薪酬构成一般包括基本薪、职位薪、绩效薪、年资、加班工资、奖金等，尤其是基本薪、职位薪、绩效薪的比例要合理，这些薪酬项目的结合使整体薪酬符合标准水平。

| 薪酬水平应有竞争力 | > | 薪酬水平在市场中若是没有竞争力，就会流失很多人才，所以企业的薪酬水平最好不要低于当地同类型企业和行业市场水准。 |

| 同工同酬 | > | 同工同酬是企业薪酬设计的基本原则，若是连这一点都做不到，员工只会觉得受到不公平待遇，日渐消极怠工。 |

| 薪酬水平差异不宜过大 | > | 管理层与基层员工虽然工作内容不同，技术含量也不一样，但也要注意薪酬水平的差异不应过大，否则员工与管理层的关系难以协调，对日常管理来说是一个隐患。 |

| 调薪有依据 | > | 调薪是企业内部的大事，不能随意也不能频繁，毫无根据地随意调薪，或绩效评估不公正，都会导致员工对企业的薪酬系统产生怀疑。调薪必须有依据，且注重激励。 |

制度 年终奖管理制度

第一条　目的

为建设和完善公司薪酬福利管理系统，让公司员工贡献得到认可，并提高员工的工作绩效和公司的业绩，让员工对自己的付出和回报得到等值效应，也使得公司持续发展，特制定本制度。

第二条　适用范围

1. 本制度适用于截至当年年底（12月31日）在本公司入职满6个月以上的员工。

2. 在当年年终奖发放前，有下列情况之一者，不发放年终奖：

（1）中途离职者；

（2）全年事假累计超过5天者；

（3）因日常工作疏忽造成公司损失或造成客户重大投诉的；

（4）因严重违反公司制度受到处分的。

第三条　职责

1. 行政部：负责本方案的制订、各部门考勤报表的核对、各类考核统计以及工资计算，并负责工资报表的审核；

2. 总经理：负责本制度批准及每年年终奖的审批。

第四条 岗位系数 [1]

1. 职员基数为 1；

2. 业务组长 / 行政主管基数为 1.3；

3. 业务员主管 / 行政部经理基数为 1.5；

4. 业务经理基数为 2。

第五条 考核等级系数

1.A: 得分为 90 分及以上者，系数为 1.5；

2.B: 得分为 80 分至 89 分者，系数为 1.25；

3.C: 得分为 70 分至 79 分者，系数为 1；

4.D: 得分为 60 分至 69 分者，系数为 0.75；

5.E: 得分 60 分以下者，系数为 0。

第六条 工龄系数

1. 入职满 6 个月，工龄系数为 0.5；

2. 入职满 1 年不满 3 年，工龄系数为 1；

3. 入职满 3 年不满 6 年，工龄系数为 1.2；

4. 入职满 6 年以上的，工龄系数为 1.5。

第七条 年终奖计算方法

年终奖 = 全年平均月工资 × 岗位系数 [1] × 考核等级系数 × 工龄系数

第八条 考核细则

1. 考勤满分为 100 分；

2. 迟到或早退一次扣 1 分，累计迟到或早退 20 次，取消年终奖资格；

3. 旷工一次扣 5 分，累计旷工两次，取消年终奖资格。

第九条 考核限制

1. 各级员工在年度内有下列情况之一者，其考核得分系数不得为 1.5。

（1）当年迟到或早退累计达 10 次以上；

（2）旷工 1 日以上。

2. 各级员工在年度内迟到或早退累计达 15 次以上的，其考核得分系数不得为 0.8；

第十条 分数增减

员工于年度内，曾受奖惩者，其年度考核应执行加减分数，按下列规定执行：

---

[1] 公司将全部职位划分成一定的等级（一般为领导等级较高，相应系数也高，以保证管理者的工资要高于员工），可以是好几个职位归到同一个等级里，同一等级岗位工资的岗位系数相同（对于关键岗位其系数可以大于 1、人数较多的岗位系数一般定为 1，再低的可以定为 1 以下 0 以上）。

1. 记大功或大过一次者，加减 5 分；

2. 记小功或小过一次者，加减 3 分。

第十一条　考核程序

1. 年终奖考评每年定为一次，作为年终考核；

2. 农历春节休假前 15 日，由行政部发考核表至各部门，各部门主管须于春节前 10 日考核完毕，递交到行政部汇整，再呈报总经理复核审批；

3. 职员级年终考核由主管考评，行政部复核呈报总经理审批；

4. 主管级年终考核由部门经理考评，行政部复核呈报总经理审批；

5. 经理级年终考核由总经理考评；

6. 春节前 6 日，总经理全部批准完毕，由行政部转发各部门和相关人员知悉；

7. 年终奖金在春节前 3 天全额发放到各级员工的工资账号上。

第十二条　申诉

凡员工对考评分数不满者，可向行政部提出申诉，再呈报总经理。由总经理室裁定进行调查或维持原议。申诉期限于考核管理部门通知个人后两日内，逾期不予受理。

第十三条　附则

1. 本制度由行政部制定，总经理批准，该制度由公司行政部享有解释权和修改权。

2. 该制度于 20×× 年起执行。

制度 薪酬管理规定

一、目的

为规范公司员工薪酬管理，根据工作内容、工作能力、工作表现和对公司所做出的贡献，切实做到外部具有竞争性，内部具有公平性，切实有效发挥分配的激励机制与约束作用，提高员工的积极性，特制定本管理规定。

二、适用范围

本管理规定适用于本公司全体员工。

各部门必须严格按照此管理规定执行，未经总经理同意，任何个人和部门不得更改本规定执行。

三、工资结构

1. 一线员工工资。

月工资 = 计件工资 + 加班工资 + 工龄工资 + 奖金

实习生工资暂定 1 500 元，超出部分计入技术工资。

2. 技术工工资。

月工资 = 基本工资 + 技术津贴 + 加班工资 + 工龄工资 + 奖金（提成）

技术津贴：技术津贴分为 7 级，每提高一级加薪 200 元。技术津贴标准具体如下所示：

（1）技术等级 1 级，技术津贴 100 元，职级 4 级；

（2）技术等级 2 级，技术津贴 300 元，职级 5 级；

（3）技术等级 3 级，技术津贴 500 元，职级 6 级；

（4）技术等级 4 级，技术津贴 700 元，职级 7 级；

（5）技术等级 5 级，技术津贴 900 元，职级 8 级；

（6）技术等级 6 级，技术津贴 1 100 元，职级 9 级；

（7）技术等级 7 级，技术津贴 1 300 元，职级 10 级。

3. 样品工资。

月工资 = 基本工资 + 技术津贴 + 加班工资 + 工龄工资 + 奖金（提成）

技术津贴：技术津贴分 5 级，每提高一级加薪 300 元。技术津贴标准具体如下：

（1）技术等级 1 级，技术津贴 100 元，职级 3 级；

（2）技术等级 2 级，技术津贴 400 元，职级 4 级；

（3）技术等级 3 级，技术津贴 700 元，职级 5 级；

（4）技术等级 4 级，技术津贴 1 000 元，职级 6 级；

（5）技术等级 5 级，技术津贴 1 300 元，职级 7 级。

4. 班组长工资。

月工资 = 基本工资 + 管理津贴 + 加班工资 + 工龄工资 + 奖金（提成）

管理津贴：管理津贴分 3 级，每提高一级加薪 200 元，管理津贴具体标准如下：

（1）岗位等级 1 级，管理津贴 200 元，职级 4 级；

（2）岗位等级 2 级，管理津贴 400 元，职级 5 级；

（3）岗位等级 3 级，管理津贴 600 元，职级 6 级。

5. 主管工资。

月工资 = 基本工资 + 管理津贴 + 加班工资 + 工龄工资 + 奖金（提成）

管理津贴：管理津贴分 3 级，每提高一级加薪 300 元。管理津贴具体标准如下：

（1）岗位等级 1 级，管理津贴 300 元，职级 7 级；

（2）岗位等级 2 级，管理津贴 600 元，职级 8 级；

（3）岗位等级 3 级，管理津贴 900 元，职级 9 级。

6. 部门经理工资。

月工资 = 基本工资 + 管理津贴 + 加班工资 + 工龄工资 + 奖金（提成）

管理津贴：管理津贴分 3 级，每提高一级加薪 500 元。管理津贴具体标准如下：

（1）岗位等级 1 级，管理津贴 500 元，职级 10 级；

（2）岗位等级 2 级，管理津贴 1 000 元，职级 11 级；

（3）岗位等级 3 级，管理津贴 1 500 元，职级 12 级。

7. 总监工资。

月工资 = 基本工资 + 管理津贴 + 加班工资 + 工龄工资 + 奖金（提成）

管理津贴：管理津贴分 3 级，每提高一级加薪 800 元。管理津贴具体标准如下：

（1）岗位等级 1 级，管理津贴 800 元，职级 13 级；

（2）岗位等级 2 级，管理津贴 1 600 元，职级 14 级；

（3）岗位等级 3 级，管理津贴 2 400 元，职级 15 级。

四、工龄工资

1. 新员工入职满一年后的第一个月开始计发工龄工资，正式员工每人每年加薪 200 元。

2. 工龄工资计算以劳动合同期限为准，满一年后在第一个月工资内同时发放。

3. 中途离职，按最近一次入职计算。离职前工作不计算工龄工资。

4. 在发放前离职（包括辞职、辞退）人员，已提出辞职申请或已经审批同意的员工，不享受工龄工资。当月事假超过 7 天不享受工龄工资。

…………

制度 员工提薪管理制度

第一章　总则

第一条　目的

为了规范公司提薪制度，提高员工的工作积极性，充分发挥薪酬的激励作用，特制定本制度。

第二条　适用范围

本制度适用于公司所有员工提薪工作的管理。

第三条　各部门的职责划分

1. 人力资源部主要负责员工提薪的调查、审定以及提薪结果确定后通知到每位被提薪的员工。

2. 各部门负责人主要负责为部门员工提出提薪申请，并配合人力资源部做好提薪调查。

3. 财务部主要负责根据提薪申请审批结果办理提薪手续。

第四条　提薪范围

公司的提薪有一定范围，具体来说，表现好的员工才满足提薪的申请条件，有以下情况者，则不予提薪。

1. 提薪调查时，发现缺勤天数平均每月超过 5 天者。

2. 员工迟到、早退超过 4 次，视为缺勤 1 天。

3. 在提薪调查时员工受到批评超过两次，或者受到降薪、停职处分者。

4. 提薪当月正式办理离职手续者。

第五条 提薪预算

总体来说，公司的提薪预算根据公司具体情况来定，除此之外，还可以综合考虑以下几点：

1. 提薪预算总额由各不同等级岗位的提薪预算额相加得出。

2. 公司可以提取提薪预算额的 3% 作为提薪额外预算。

3. 提薪调查日后提薪人数发生增减，提薪预算也应相应地增减。

第二章 定期提薪

第六条 定期提薪规定

一般来说，公司会根据具体情况，综合考虑市场变化水平、盈利状况等，于每年 3 月对员工的总体薪酬水平进行调整，调整幅度在_____% ~_____%。

第七条 年终考核提薪

1. 提薪时间及对象。

每年 1 月 1 日 ~ 12 月 31 日为年终考核提薪的考核期限，主要考核对象为在公司任职满 6 个月以上（含 6 个月）的员工。

2. 定期提薪审批步骤。

提薪审批时，由人力资源部发出"员工考核评价表"，各相关部门主管或负责人客观地根据被考核者的工作能力与工作表现进行评价，并根据公司制订的年终绩效考核提薪标准提交"员工调薪申请表"，送交人力资源部，由人力资源部汇总提薪申请表，呈报总经理最终核准。

第三章 临时提薪

第八条 员工转正

员工试用期满并考核合格转正后，根据正式员工转正后的待遇执行，并在员工转正的当月予以临时提薪。

第九条 职位晋升

在公司工作期满_____个月以上，对本职工作表现优异者，经部门推荐、员工自荐或考核晋升等途径申请提薪，提薪成功后从次月起享受调整后的工资福利待遇。

第十条 满足其他提薪情况

1. 平调新岗位，但是新岗位工资比原岗位工资高，按新岗位工资执行临时提薪。

2. 取得了更高的学历，临时提薪以满足该学历的初期任职工资。

第十一条 临时提薪审批步骤

符合临时提薪规定者，需经主管副总审批通过；属于预算外的临时提薪，需经总经理审批通过；其他临时提薪由人力资源部调查实际情况后具体处理。

…………

制度 员工核薪及升迁细则

第一条   新进人员的核薪及员工的升迁，悉依本细则办理。

第二条   新进人员除照薪金表核薪外，具有经验者，另加经验薪，但必须缴验证件，规定如下。

1. 相关经验：学历与过去所任职务相关经验足 1 年者，提高一级核薪以 10 年为限。

2. 相似经验：学历与过去所任职务类似经验足两年者，提高一级核薪以 10 年为限。

3. 无关经验：学历与过去所任职务完全无关者不给经验薪。

第三条   新进人员所任职务与学历无关者应照无关科系（薪金表所定）核薪。

第四条   员工部分除检验工、限高工程度并都比照上列规定，计给经验薪。

第五条   其他员工一律不计学历及经验薪。

第六条   具有专技的艺工，如车、钳模具工，原则按薪表规定核薪，但都参照各行业实际工资行市，协调人事单位给给。

第七条   新进人员未具专技资格，虽在专技单位工作，应照一般操作人员核薪。

第八条   员工的加薪，依据物价指数，由人事单位做成专案，统一调整，不得随个别申请加薪。

第九条   新进人员的核薪与核定权责如下。

1. 各单位新进人员到职后，应于每月 10 日及 25 日将试用核薪单连同个人应交的人事资料一并送交人事单位，以凭审查。试用薪按核定薪 9 折计算。

2. 人事资料未依规定随附核薪单送交时，人事单位应拒收核薪单，如因此而未能领得当月薪金时，由该单位自行负责。

3. 试用期满，需转正者，应将转正单送人事单位呈转核定（核薪单第二联）。

4. 科长级以上或重要职位人员的试用及转正薪（核薪单）由人事单位呈转总经理核定生效。

5. 职员级的试用与转正薪由人事单位呈转副总经理核定生效。

6. 员工级的试用与转正薪由人事单位呈转总务经理核定生效。

7. 试用核薪单及转正单经上级核定后，由人事单位移送财务单位凭作发薪的依据。

第十条   为使公司职员有升迁机会，以符合公司选拔干部的宗旨，特订立干部选拔规定如下。

1. 干部选拔但求唯才是用，并使同仁能机会均等，激发同仁的进取心，同时为求选拔公正、避免偏差发生，故组成评审小组。

（1）评审小组委员的人选由总经理圈选。

（2）依据选人名册，选拔最佳人选。

（3）评审小组在候选人评分表评分及评语后以最高分前 3 名为递补人选，送总经理核定。

（4）评审小组的候选人如与出席委员同一单位者，该委员应临时退席。

2. 各部主管或重要职位人员增补缺额经核准后，人事单位依据申请单所列条件，在公司现有人员中初审符合者，造具候选人名册送评审小组评审。

3. 各部如有推荐者，可将名单送人事单位，经人事单位初审符合，并列候选人名册。

4. 评审会议由评审小组主任委员视实际情况召集。

5. 新任主管均以主管级最低薪起叙，如原薪已超过主管级最高时，超过部分并入职务加给。

6. 主管人员被调低一级主管职位，应按被调职位的薪级范围重叙薪金与职务加给。

7. 主管调非主管时，应恢复其原薪，同时停支职务加给。

第十一条　各部推荐职员晋升主管，事后发现晋升人员不适合主管职位时，应及时撤换。

第十二条　员工升任职员规定如下。

各部职员定额出缺或增添人员时以在公司内部选拔为原则，如无适合人员时应办理公开征召，但必须具备下列资格条件。

1. 具备高中以上（含）文化程度。

2. 具备报考职位的专长能力。

3. 须在公司服务满两年以上。

4. 已任领班职务1年以上。

第十三条　上项员工报考，应按公告征召规定呈交履历卡等资料，经人事单位审查资格，不符合时应拒绝其参加报考。

第十四条　员工未经参加选拔或公开考试者一律不得升任职员。

第十五条　员工升任领班，所具资格条件如下。

1. 年龄必须在25岁以上。

2. 在公司服务需两年以上。

3. 设班人数需最少10人以上。

4. 两年内未有过失处分者。

5. 具有领导能力与工作分配能力。

第十六条　员工升任领班应支领职务加给。

第十七条　领班及领有职务加给的人员，如调任无职务加给的职位时，原职务加给应即停止。

第十八条　员工工作调动，其薪金的支付如下。

1. 一般操作工如经短期训练调任为混凝土、锅炉工，应按薪金表等级规定重新核薪。

2. 原系冷作工，因体力或视力等因素不能胜任原职，调任一般操作工时应按薪金表规定等级重新核薪，但应考虑其年资因素，应较新进者略予提高薪级。

制度 福利管理制度

第一章　总则

第一条　为规范公司福利管理制度，使福利管理工作更科学合理化，特制定此制度。

第二条　本制度适用于公司总部和下属各门店所有正式员工及试用员工。

第三条　本制度由行政人事部起草，提请总经理批准执行，行政人事部对本制度有最终解释权。

第二章　福利项目

第四条　公司主要福利项目。

公司主要福利项目有社会保险、年终奖励、有薪假期、年资津贴、通信津贴、出差补贴、文体活动和教育培训。

第五条　社会保险。

凡公司员工均可办理社会保险，主要包括：养老保险、医疗保险、失业保险、生育保险和工伤保险。个人承担部分直接从工资中扣除代缴。

第六条　年终奖励。

凡在当年 12 月 31 日前为公司服务满 3 个月以上（含试用期）正式任用的员工，公司将根据全年综合考核成绩发放一定金额的年终奖励，具体的发放时间和方式等由人力资源部根据总经办会议决定另行文通知。发放标准如下。

年终奖：当年最后一月所在岗位基本工资 $\div 12 \times$ 当年实际工作月

下列人员不得享受该年度的年终奖：

1. 为公司服务不足 3 个月的。

2. 在年终奖发放之日前离职的。

3. 年度有旷工记录或有重大违纪行为的（指单次罚款超过 100 元的）。

4. 当年缺勤 10 天以上（不包括有薪休假时间）或事假超过 3 天及以上的。

5. 停薪留职未上班的（停薪留职后又上班，未上班日期按缺勤计，套用上条办理）。

6. 年终考核不合格的（销售业绩连续 3 个月没有达标且没有明确改善者）。

第七条　有薪假期。

国家法定的有薪假期根据国务院《全国年节及纪念日放假办法》的规定，年法定节假日共 11 天。其中元旦 1 天（1 月 1 日）、春节 3 天（正月初一、初二、初三）、清明节 1 天、劳动节 1 天（5 月 1 日）、端午节 1 天（农历五月五日）、中秋节 1 天（农历八月十五日）和国庆节 3 天（10 月 1 日、2 日、3 日）。

1. 有薪年假（每年的 1 月份统计上年度的员工出勤情况。有薪假为全薪，下同）。

（1）为公司服务一年及以上的员工可享受有薪年假两天。

（2）以后每增加一年加 1 天有薪年假，10 年以内最多可享受有薪年假 5 天。10 ~ 20 年可享受有薪年假 10 天。20 年（含）以上可享受 15 天。

（3）有薪年假可留在业务不繁忙时由公司安排休假，原则上须一年一次性休完，特殊情况须经总部人力资源部批准。

（4）公司确因工作需要不能安排职工休年休假的，经职工本人同意，可以不安排年休假，对职工未休的年休假天数，公司应当按照该员工日工资收入 200% 支付年休假工资报酬。

（5）不得提前休有薪年假（即不得在本年度内休下年度的有薪年假），不能跨年度休有薪年假。

（6）休有薪年假方法：提前一周提出书面申请，按"考勤制度"规定的请假程序办理。

（7）员工有下列情形之一的，不享受当年的年休假。

2. 有薪婚假。

…………

第八条 年资津贴。

凡为公司服务累计满一年及以上的所有员工，公司将根据员工为公司服务的年限，在员工月薪资中，发放20元／年的服务年资津贴，以奖励忠诚于为公司服务的员工。

第九条 通信津贴。

公司根据岗位员工工作沟通的实际需要，按照不同职级和岗位实际需求，按月补助移动通信费用。

第十条 出差补贴。

员工因公司工作需要出差或调驻外地（工作地外，以市级区域为标准，即市外），公司按日计发一定标准的伙食、住宿、交通津贴。具体规定参照"出差管理办法"之相关条款办理。

第十一条 文体活动。

第十二条 教育培训。

第三章 附则

第十三条 本制度自公布之日起执行，公司其他制度与本制度冲突或矛盾的，以本制度规定为准。

第十四条 本制度由人力资源部修订，报总裁批准执行，修改、废止按同程序运作。

范表 薪酬级别调整申请单

姓名		部门	
调整理由			
调整内容	□调高　　个级别；□降低　　个级别 调整起始时间：　　　年　　月		
主管签字			
其他说明			
备注：此申请单由主管人员填写。			

范表 薪资变动申请表

姓名		所属部门	
岗位／职务		入职日期	
工作内容（由本人填写）			
现有职位工资		现有工资总额 （基本工资＋职位工资＋ 工龄工资）	
申请调整后职位工资（由 部门负责人调解）			
调整理由（由本人或部门 负责人填写）			
部门负责人签名			年　　月　　日
人力资源部审核意见			
行政主管审批			
总经理批示			

范表 企业员工福利金申请表

部门名称：　　　　　　　　　　　　　　　　　　年　　月　　日

申请人姓名		职位		
入职时间		薪资等级		
申请事项	申请金额	申请说明		
短期残障				
长期残障				
人寿保险				
死亡补贴				
假期支付				
探亲费用				
退休费用				
职工储蓄计划费用				
员工福利总计				
部门意见				
人力资源部意见				
财务部意见				
主管领导意见				

填表人：　　　　　　　　　　　　审核人：

范表 工资登记表

职别工号	姓 名	核定工资					调整记录
		本薪	技术津贴	年资加给	职务加给	工作补助	
合计							

范表 新员工职务工资核准表

工作部门		职别	
姓名		到公司日期	
学历			
工作经验	相关　年,非相关　年,共　年		
要求待遇		公司标准	
核准薪资		生效日期	
批示	单位主管		人事经办

范表 工资扣缴表

年度：　　　　编号：　　　　字第　　　号

服务单位	职称	所得人姓名	身份证统一编号	户主姓名							
所得人原籍		市县	乡镇（区）	村里	路街	邻	段	巷	弄	号之	号
所得人地址		市县	乡镇（区）	村里	路街	邻	段	巷	弄	号之	号

所得所属	给付明细								所得税	劳动保险费	福利基金	……	给付实额	给付日期			领款盖章
配偶　抚养	工资	工资上期	工资下期	绩效奖金	加班津贴	假日津贴	……	合计						年	月	日	
有　无　人数																	
年　月　日																	

范表 津贴申请表

姓名		性别		出生年月	
学历		入职日期		司龄	
申请理由	签名: 日期:				
部门领导意见	签名: 日期:				
人力资源部意见	签名: 日期:				
总经理审批	签名: 日期:				

范表 员工加班费申请单

姓名:　　　　部门:　　　　岗位:　　　　申请时间:

加班时间	年　月　日至　月　日累计加班　小时,合计　天。
加班内容	
加班费合计	
部门主管意见	
备注	

1. 加班费原则上应在加班之后3个月内进行申请。
2. 该申请单经主管签字后交由行政部,作为发放员工当月工资的依据。

范表 福利发放记录表

日　期	姓　名	物　　品	领取人签字	备　注

范表 住房补贴表

申请人基本信息	姓名		部门		职位	
	参加工作时间			身份证号		
房屋信息	房屋产权号				建筑面积	
	房屋性质	□购买公房　　□参加集资建房　　□租住公房				
住房补贴领取方式	□一次性领取　　□按月领取　　□离退休后领取					
其他相关情况说明						
申请人部门领导审批意见 部门领导签字： 日期：　年　月　日			单位负责人审批意见 单位负责人签字： 日期：　年　月　日			
填表说明：本表格用于员工住房补贴申请，由部门领导与单位负责人共同审批。						

范表 员工保险缴纳费统计表

工号	姓名	缴费基数	养老保险			医疗保险			失业保险			工伤保险	生育保险	合计
			合计 24%	单位 16%	个人 8%	合计 11%	单位 9%	个人 2%	合计 3%	单位 2%	个人 1%	单位 1%	单位 0.8%	
合计														
制表人：							制表日期：							

更多模板

薪资调整申请表　　　　　　　　绩效奖金管理规定

薪酬与激励管理制度　　　　　　绩效奖金考核表

员工奖金管理制度　　　　　　　工资分析表

员工津贴管理制度　　　　　　　工资预支申请表

社会保险管理制度　　　　　　　抚恤金（丧葬费）申请表

第**4**章

公司采购管理制度与范表

为了保证企业正常的生产经营，采购工作承担着很重要的责任，无论是联系供应商、管理供应商、做好采购计划，还是按流程完成采购工作，涉及很多方面，采购人员既要把握流程，又要与内外部各方保持联络，其间所用的制度规定能有效帮助采购人员理顺自己的工作，本章一起来认识一下吧。

● 制订采购预算和计划　　　　　　　　　　　　　P110

制度：采购计划与预算管理制度　　　　制度：采购谈判议价管理制度
制度：采购付款管理制度　　　　　　　范表：办公设备采购申请表
制度：采购作业控制管理制度　　　　　范表：办公用品订购审批单
制度：大宗物资和设备采购管理制度　　范表：物料需求计划表
制度：采购合同管理办法　　　　　　　范表：催货通知单
制度：采购计划申报制度　　　　　　　范表：物料采购不合格通知单
制度：备品配件采购管理制度

● 供应商开发与管理　　　　　　　　　　　　　　P130

制度：供应商信息管理制度　　　　　　范表：供应商基本信息调查表
制度：供应商评定制度　　　　　　　　范表：纠正和预防措施报告表
制度：供应商日常管理制度　　　　　　范表：供应商整体实力调查表
制度：供应商考核与奖惩实施细则

4.1 制订采购预算和计划

公司生产与销售的环节充满变数，所以给采购工作带来了很多不确定性，为了保证公司生产与销售的顺利进行，采购工作需有计划性，不能出现原料紧缺的情况，也不能购置过多积压在仓库，这需要采购人员对采购工作和方式有充分的了解，而做好采购工作的第一步就是制订采购计划。

● 制订采购计划时要考虑的要素

采购要素	具体内容
年度销售计划	企业的销售计划是生产的源头，根据销售计划可以确定企业的经营计划，根据经营计划可以确定企业的采购计划，所以采购人员一定要参考销售部的年度销售计划，给自己的工作一个大的方向
年度生产计划	在实际销售中，市场的变化不是所有人都能预测到的，所以采购部还要参考随时变化的生产计划,这样采购计划可以尽快调整修正，让物料供需处于平衡状态
物料清单	物料清单是指企业生产所需原料的数量、规格的汇总，采购计划的准确与否和物料清单准确性有着直接关系，所以采购部要与生产部紧密联系，务必确保物料能够用于最新的生产中，以免出现规格不符的情况，让企业增加生产成本
库存管理卡	采购数量与库存数量息息相关,所以库存管理卡的记载是否正确，会影响采购计划的准确性。库存管理卡要料账一致，并保证库存物料的质量
物料标准成本的设定	为了提高采购预算的准确性，采购部一般会设置标准成本，以过去的采购资料为依据，通过内部人员精确地计算，对生产原料、人工及制造费用等组合或生产的总成本有一个大概的估计。而标准成本与实际采购价格之间的差额，即是采购预算准确性的评估指标
生产效率	生产效率的高低直接影响物料耗用量，生产效率降低，物料耗用缓慢，容易积存；生产效率提高，物料耗用量过大，可能使采购计划中的数量不够生产所需

续上表

采购要素	具体内容
价格预期	在编制采购预算时，常对物料价格涨跌幅度、市场景气与否乃至汇率变动等多加预测，甚至列为调整预算的因素。不过，因为个人主观的判定与实际情况常有差距，也可能会造成采购预算的偏差

● 采购预算编制步骤

审查企业及部门的战略目标 ➤ 制订明确的工作计划 ➤ 确定所需的资源

⬇

提交采购预算 ◀ 汇总 ◀ 提出准确的预算数字

● 如何从公司内部降低采购成本

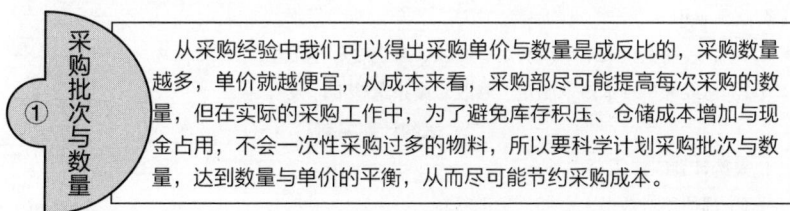

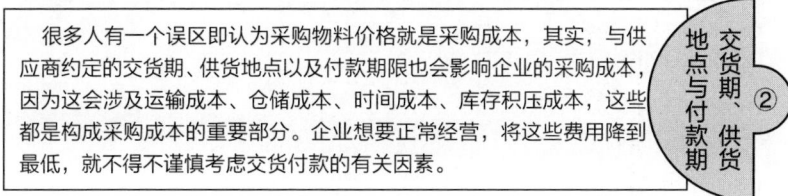

① 采购批次与数量

从采购经验中我们可以得出采购单价与数量是成反比的，采购数量越多，单价就越便宜，从成本来看，采购部尽可能提高每次采购的数量，但在实际的采购工作中，为了避免库存积压、仓储成本增加与现金占用，不会一次性采购过多的物料，所以要科学计划采购批次与数量，达到数量与单价的平衡，从而尽可能节约采购成本。

很多人有一个误区即认为采购物料价格就是采购成本，其实，与供应商约定的交货期、供货地点以及付款期限也会影响企业的采购成本，因为这会涉及运输成本、仓储成本、时间成本、库存积压成本，这些都是构成采购成本的重要部分。企业想要正常经营，将这些费用降到最低，就不得不谨慎考虑交货付款的有关因素。

② 交货期、供货地点与付款期

③ 部门沟通

　　采购工作涉及的部门包括采购部、生产部、销售部等部门，所以需要企业各部门互相沟通、协作，若是生产需求预测不准，生产计划变更频繁，会导致更多临时采购，加重采购成本。为了避免类似的情形发生，公司可通过召开采购会议，建立规章制度，来维持各部门的联系，保证采购环节的连贯，不做无用功。

　　采购部一定要对物料市场有足够的敏感性，才能针对不同供应商做出选择，且有足够的底气与供应商展开谈判，在保证质量的前提下取得更低的采购价格。可以通过设置具体的岗位来确保采购部人员对各种物料的了解以及价格趋势。

④ 价格分析与谈判能力

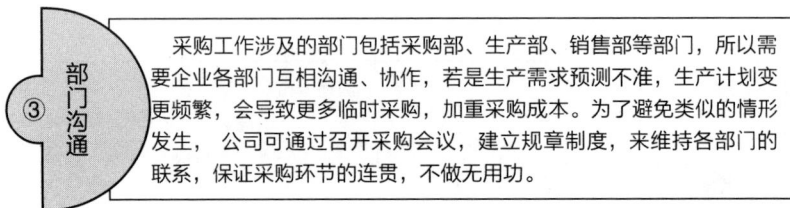

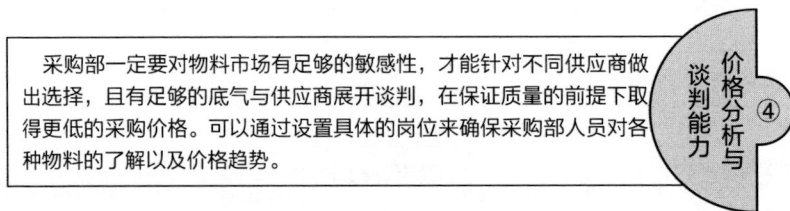

制度 采购计划与预算管理制度

一、总则

1. 制订目的

为制订采购计划与预算编制流程，配合公司预算制度的推行，特制定本规章。

2. 适用范围

本公司每年度的采购数量计划与资金预算，除另有规定外，悉依本规章处理。

3. 权责单位

（1）总经理室负责本规章制定、修改、废止之起草工作。

（2）总经理负责本规章制定、修改、废止之核准。

二、采购计划编制

1. 采购计划的作用

（1）预估用料数量、交期，防止断料。

（2）避免库存过多、资金积压、空间浪费。

（3）配合生产、销售计划的达成。

（4）配合公司资金运用、周转。

（5）指导采购工作。

2. 采购计划的编制

（1）销售计划。

①公司于每年底制订次年度营业目标。

②业务部根据年度目标、客户订单意向、市场预测等资料，作销售预测，并制订次年度销售计划。

（2）生产计划。

①生管部根据销售预测计划、本年度年底预计库存及次年度年底预计库存，制订次年度的预测生产计划。

②物控人员根据生产预测计划、BOM[1]、库存状况，制订次年度的物料需求计划。

③各单位根据年度目标、生产计划预估次年度各种消耗物品的需求量，做成预估计划。

（3）采购计划。

①采购部汇总各种物料、物品的需求计划。

②采购部编制次年度采购计划。

（4）采购计划编制注意事项。

采购计划要避免过于乐观或保守，应注意的事项有：

①公司年度目标达成的可能性。

②销售计划、生产计划的可行性和预见问题。

③物料需求资讯与 BOM、库存状况的确定性。

④物料标准成本的影响。

⑤保障生产与降低库存的平衡。

⑥物料采购价格和市场供需的可能变化。

三、采购预算编制

1. 一般原则

（1）采购预算分为用料预算和购料预算。

（2）财务部负责提供上年度材料单价、次年度汇率、利率等各项预算基准。

（3）本年度末预计库存中的可用材料应计入次年度的用料预算，但不列入购料预算；次年度预计库存不列入用料预算，但应列入购料预算。

（4）购料单价除特殊物料外，应以年度成本降低目标预估（如以上年度平均采购单价95% 计算）。

2. 用料预算

（1）物控人员负责次年度生产用料的各月预算明细的编列。

（2）用料单位负责低值易耗品、间接物料和资本支出预算明细的编列。

（3）同类物料不必细分（如不同颜色的塑料管），而以总用量预算。

---

[1] BOM，物料清单，能够说明产品是由什么组成、各需要多少的一种技术文件，无论是生产部还是采购部，利用好物料清单都能够对产品结构、制造信息、制造流程和销售市场等有更深层次的认识，无论是设计产品、制造产品还是计划采购产品，都能从中得到启示和依据，很多规模化的企业都会利用物料清单这一技术。

（4）物料的损耗率应计入用料预算，但应以年度损耗率目标制订，一般可略高于标准损耗率而低于上年度平均损耗率，低于或等于年度损耗率目标。

（5）财务部负责汇总工作。

3. 购料预算

（1）采购部负责次年度各购料预算明细的编列。

（2）购料预算应考虑采购前置期、付款方式、库存装饰品。

（3）购料预算应以付款月份编列依据。

（4）购料预算应考虑安全库存与最大库存，符合年度库存周转率的目标。

（5）购料预算应考虑分批采购、一次采购的优劣和市场单价趋势。

制度 采购付款管理制度

一、目的

规范公司的采购与付款业务，提高付款工作的及时性和准确性，加强内部管理，防范经营风险、堵塞漏洞、消除隐患，防止并及时发现和纠正各种失职、欺诈、舞弊行为，保护财产的安全完整。

二、范围

本制度适用于采购部采购原材料、机物料、车间内使用的易耗品（暂不包括机器设备）的付款行为的规范及管理。

三、原则

1. 单证齐全原则：包括"付款申请单"在内及相关支撑附件单据必须齐全，包括但不限于"入库单""发票""采购合同"等。

2. 先计划后支付原则：除紧急采购以外，付款必须在月初先计划报批，后办理付款手续。

四、内容描述

1. 付款计划。

（1）每月1日前采购部合同台账与财务部应付款表单核对完毕。

（2）每月3日前采购部根据核对后的应付款（前期）及本月采购计划，制订采购付款计划，每月5日前采购付款计划需审批完毕。

（3）财务部根据审批后的付款计划安排资金，准备付款。

（4）账期付款日为每月15日，其他时间原则上不予安排付款。

2. 付款申请。

（1）采购部根据付款计划，填写"采购付款申请单"，申请单内容填写完整，字迹清晰。

（2）按合同条款付款，分预付款支付 [1] 和账期内支付 [2]。

3. 处罚。

（1）如发现付款申请单填写错误（主要包括金额填错、重复填单等），将给予经办人处罚（警告、罚款）。

（2）如款项错误支付，给公司造成损失，公司将根据情况给予责任人罚款。

（3）如公司发现恶意支付行为，公司将依法追究相关人员法律责任。

五、解释权限

本规定由××部负责解释并监督。

六、生效日期

本规定自签发之日起生效，原有相关规定废止。

制度 采购作业控制管理制度

第一条 为明确控制和监督具体采购作业环节的程序、方法和参与人员，规范采购作业的控制流程。

第二条 适用于采购范围内所有（除大宗物资采购）的采购作业。

第三条 询价、比价、议价。

按采购申请流程，领导批准后交采购人员组织采购；采购员应本着质优价廉的基本原则，经过多方询价、比价后上报"请购单"。

1. 采购员进行询价，财务人员参与比价，采购人员在重质量、遵合同、守信用、售后服务好的前提下，以低价原则选择供应商。

2. 存在多种进货渠道时，在保证供货厂商资信、商品质量、销售服务同等可靠的基础上，比较分析及综合平衡厂商供货保障能力、供货价格优惠、结算条件优惠后优化选定进货渠道。

3. 询比价要求。

单项采购金额200元以下，采购员自行比价报部门负责人、财务部审计确认签字可采购；单项采购金额200元以上至2 000元以下的，采购员电话咨询供应商做好比价工作，由综合管理部、财务部负责人、财务总监签字报分管副总签字方可采购；单项采购金额达2 000元以上的采购作业，要求实施询比价程序。

---

[1] 预付款支付需在"采购付款申请单"上注明预付款，申请单附件必须有采购合同原件。

[2] 账期内支付指按财务部收到发票和入库单的最晚时间开始计算，且需在"采购付款申请单"上注明账期付款，申请单附件必须有"入库单"、采购付款联的原件。

4.需经询比价程序的采购业务，采购员要向至少3家供应商发"采购询价单"，收集供应商报价单并填制"采购议价表"报领导审批。

5.询价、比价审批流程。

（1）采购计划单批准后，采购员进行询比价，完成"采购询价单"（不少于3家）。

（2）采购询比价后，采购人员进行议价，填制"采购议价表"。

（3）采购实施前，做好采购议价审批。（按照规定流程及权限进行审批）

①申请部门：财务部。

②分管领导：财务总监。

③采购金额：

2 000元＜采购金额≤20 000元，由部分负责人审批。

20 000元＜采购金额≤40 000元，由分管副总审批。

40 000元＜采购金额，由总经理审批。

第四条 "请购单"报批。

1.询、比、议价程序结束，采购人员根据领导审批后的"采购议价表"填写"请购单"。财务部对经过采购部门负责人审核的"请购单"进行审计，无异议的签字通过，如对报价有疑问，继续询比价。2 000元以内的经分管副总同意直接进行采购；2 000~20 000元的采购经总经理同意后可直接采购。

2."请购单"经采购部门负责人审核后，需要使用部门确认的交使用部门确认，不需要使用部门确认的，由采购人员按批准的"请购单"实施采购，完成入库手续。

3."请购单"审批流程。

（1）采购人员根据审批后的"采购议价表"，填制"请购单"。

（2）采购实施前，做好"请购单"审批。（按照规定流程及权限进行审批）

①申请部门：财务部。

②分管领导：财务总监。

③采购金额：

2 000元＜采购金额≤20 000元，由部分负责人审批。

20 000元＜采购金额≤40 000元，由分管副总审批。

40 000元＜采购金额，由总经理审批。

第五条 采购合同报批。

1.采购员根据审批后的"请购单"，填制"经济合同审批表"，经领导批准后，方可与供应商签订合同。

2.合同审批流程。

（1）合同签订之前，采购人员根据审批后的"请购单"，填制"经济合同审批表"。

（2）合同签订之前，做好"经济合同审批表"的审批。

（3）合同签订之前，采购人员上报拟订好的合同文本，由公司法律顾问进行审核。

（4）采购实施之前，采购人员根据审批后的"经济合同审批表"及合同到印章人员处盖章，完成合同签订。

第六条　采购物品入库详见"采购验收入库管理制度"。

第七条　在常规物资采购过程中，如因特殊情况，采购员无法找到3家以上供应商时，由采购员出具书面情况说明并经部门负责人、财务负责人、财务总监、分管领导、主要领导审批同意后方可实施采购。

第八条　续购物资是指在一年内再次购买以前经批准确定的同一供货商的且确认该物品价格基本不变或稍有下浮的同一物品。需续购部门应先书面申请经部门负责人、财务负责人、财务总监、分管领导、主要领导审批同意后，由采购部门负责采购。

制度 大宗物资和设备采购管理制度

第一条　大宗物资和设备采购是指单项采购金额在4万元以上（不含4万元）且不超过20万元的物资和设备采购，超过20万元（含）按照公司"招投标管理办法"执行。

第二条　大宗物资和设备采购主要包括采购部负责采购的物资和设备以及由相关部门具体负责经办采购的需要安装的设备。

第三条　采购程序。

大宗物资和设备采购，应根据集团领导会议讨论同意的"采购计划审批单"，由采购评审小组组织现场比价招标，采购评审小组会签后由采购员负责采购。具体规定如下：

1. 由申购部门及采购员共同确定不得少于3家供应商参与询价比价，并附有供应商盖章确认的报价单、营业执照、资质证明、经营许可证、业绩证明及样品等详细资料和实物。

2. 在常规大宗物资和设备采购过程中，如因特殊情况，采购员无法找到3家以上供应商时，由采购员出具书面情况说明并经采购评审小组会签同意后，方可实施采购。

3. 特定物资和设备采购。

使用部门需采购独家经营的特定物品时，应将产品的品牌、质量、价格和信誉等市场调研咨询情况向采购评审小组汇报，经采购评审小组会签同意后，由采购部门负责采购。

4. 续购物资和设备。

续购物资和设备是指在一年内再次购买以前经批准确定的同一供货商的且确认该物品价格基本不变或稍有下浮的同一物品。需续购部门应先书面申请并经采购评审小组会签，报主要领导同意后，由采购部门负责采购。

第四条　评审机构。

1. 公司设立采购评审小组，其主要职责是对4万元以上的大宗物资和设备招投标管理和评审。采购评审成员由分管领导、专家、财务审计人员、总经理室人员以及有必要参加的相关人员（包括外聘专家）等组成。

2. 采购评审小组在评审中应对采购项目进行综合评估，具体包括价格、付款条件、交付时间、制造工艺、技术服务、履约能力及合作经历等评估条件。

3. 采购员负责召集采购评审小组开展评审工作，并由采购员负责做好评审记录和评审文件会签工作。

4. 采购部门应在会前准备好充足的资料，如项目方案介绍、供应商询价记录或招投标情况、各供应商优惠办法、性价比意见书、其他相关资料。

第五条 相关要求。

1. 大宗物资和设备的采购必须集中进行，不得化整为零。

2. 采购评审小组成员及采购员必须坚持公平、公正、秉公办事的原则。不得接受供应商宴请，不得收受供应商赠送的礼品、礼金和回扣。

3. 实行采购工作回避制。采购评审小组成员凡与供应商有亲戚关系的应主动回避。

4. 采购评审小组成员要严格遵守保密制度，不得直接或间接向供应商泄露有关采购信息。

5. 各部门在采购大宗物资和设备时未按本办法的程序进行的，财务部不予报销。

制度 采购合同管理办法

第1章 总则

第1条 为规范工厂对采购合同的管理事宜，做好采购合同的编制、签订、执行、修改等工作，使其符合采购管理的要求及工厂的利益，特制定本制度。

第2条 本制度适用于对采购合同管理的相关事宜。

第2章 采购合同的编写

第3条 采购部是采购合同的对口管理单位，负责采购合同的编制、签订、执行、控制等管理事项。

第4条 采购合同的编写程序。

1. 调查供应商。在编写合同前，采购部应组织专人对初选供应商名单中的供应商展开调查，主要调查的内容包括供应商的经营范围、银行资金、履约能力、技术水平、管理水平、产品质量、法人资格、信用等级等方面，以确定可进行谈判的供应商。

2. 进行谈判。采购部应与合适的供应商展开谈判，谈判内容包括采购物料的价格、数量、质量、供货方式、货款支付等方面，并根据谈判所形成的方案选择对工厂最有利的供应商。

3. 拟定草案并评审。采购部应根据谈判所形成的方案拟定采购合同草案，并交各部门进行评审，同时报送法律顾问审核及总经理进行审批。

4. 拟写正式的采购合同。采购部应根据各相关部门、法律顾问及总经理的意见对采购合同草案进行修订，并据此形成正式的采购合同。

第5条 正式的采购合同必须包括以下几个方面的主要内容。

1. 合同签订双方的姓名、住所和联系方式。

2. 标的的全称与价格或报酬。

3. 标的的数量与规格型号。

4. 标的的品质和技术要求。

5. 标的的履约方式、期限、地点。

6. 标的的验收标准和方式。

7. 付款方式和期限。

8. 售后服务和其他优惠条件。

9. 违约责任和解决争议的方法。

第6条 采购合同的条款内容必须齐备、明确、具体,表达必须严谨。

第3章 采购合同的签订

第7条 工厂采购合同的签订原则上由总经理进行签订,但金额在5 000元以下的经总经理的授权委托可由采购部经理代表工厂进行合同的签订。

第8条 与工厂签订采购合同的供应商必须具有法人资格,并以其自己的名义签订采购合同,如果委托别人代签,采购部应审验其委托证明。

第9条 工厂与供应商签订的合同必须采用书面形式,其他任何形式的合同视为无效合同。

第10条 对于金额在10万元以下的采购合同,可以采用传真的方式进行签订,即工厂将合同拟订好后传送给供应商,供应商进行盖章签字后回传,工厂盖章签字后发给供应商回执,视为合同成立。

第11条 签订后的合同由财务部保管采购合同的原件并复印3份,分别交行政部、采购部及法律顾问处进行保管。

第4章 采购合同的执行与控制

第12条 合同签订后即具有了法律约束力,采购部应及时向供应商发送订货单,使供应商及时准备工厂所需的物料。

第13条 采购部应配合质量管理部做好采购物料的进厂验收工作,当所采购的物料不符合合同约定的质量要求时,采购部应积极联系供应商进行处理。

第14条 采购的所有物料都必须附带由供应商提供的验收报告,验收报告中应有供应商相关负责人的签字及公司章。

第15条 采购部应建立合同履约的管理台账,对双方的履约进程逐次、详细地进行书面登记,并保存好能够证明合同履约的原始凭证。

第16条 对于供应商需要按照样品或图纸加工的物料,如果存在加工过程周期长、变数多、监控过程比较复杂的现象,要求供应商提供进度安排,采购部根据进度安排与供应商进行联络和积极的协商,确保物料能够及时运送到工厂。如果供应商提供的物料将延缓工厂的生产,采购部应减少在供应商处的采购数量并与其他供应商联系,增加采购数量。

第 17 条　在合同的执行过程中采购部要处理好与供应商的关系，将供应商视为工厂的战略发展伙伴，便于在生产旺季加大物料采购时能够及时供应，在生产淡季时能够缩减或取消物料采购的数量。

第 18 条　采购部应本着经济型的原则做好物料的采购进度控制工作，既保证仓库中的采购物料库存最低，同时还能保证采购物料满足生产的需求。

第 5 章　采购合同的修改与终止

第 19 条　在合同执行过程中，因供应商的原因造成无法按量供应的采购物料，采购部经调查核实，可与供应商签订新的采购物料的数量规定，作为采购合同的附件执行。

第 20 条　在合同执行过程中，若外部市场环境发生变化（例如原材料价格或工资出现上涨，供应商无法按合同规定的价格交货），采购部可与供应商进行协商，签订新的供货价格的条款，作为采购合同的附件执行。

第 21 条　在合同执行过程中，若因不可抗力导致供应商无法按时交货，采购部经过核实后，可与供应商进行协商签订双方的延期交货规定，作为采购合同的附件执行。

第 22 条　有下列情形之一者，视为合同终止。

1. 因不可抗力导致合同无法继续执行，双方同意取消合同。

2. 因市场环境或需求的变化一方提出取消合同，由双方协商解决赔偿事宜。

3. 出现违背合同条款的状况。

4. 逾期没有履行合同约定的。

5. 发生符合合同条款中合约解除的事项。

…………

制度 采购计划申报制度

第一条　采购计划分类

采购计划按上报的采购时间分为临时计划、月计划和较长期计划。

1. 临时计划。因生产急需、突发事故造成的物资短缺，由使用单位临时申报的采购计划。

2. 月计划。根据每月的点检结果和消耗情况，由生产厂、需求单位或起草采购计划的责任单位按月定期申报的计划。

3. 较长期计划。是指为保证生产所需设备或备件的按时采购，考虑到生产制作该设备或备件需用的时间而提前较长时期申报的计划。申报制作期较长的设备或备件，要提前做出长期计划，既保证制作周期，又不影响生产使用。

第二条　采购计划申报

1. 采购计划申报流程。

生产厂、需求单位→起草申报采购计划录入 K3 系统→申报单位负责人审批（一审）→有关职能处审核（二审）→物资供应处计划员审核（三审）。

2. 采购计划的制订。生产厂、需求单位计划员（材料员、备件员或计划责任人）根据本单位生产需求，按照采购计划分类标准，考虑库存并参照前 6 个月的历史资料及物料合理储备数量，同时将计划与生产工艺消耗、设备正常运行维护消耗分开，在计划中注明（区分），并按各相关部门制定的定额执行，科学合理地制订物资需求计划并录入 K3 系统 [1]。

3. 单位负责人审批。各单位一级主管审批（一审）本部门起草制订的采购计划，对计划的合理性和准确性负责，审核未批准则返回本单位计划员重新修订，审批后录入 K3 系统上报有关职能处进行审核（二审）。

4. 职能处审批。物资供应处、设备工程处等有关部门分别按对口负责的权限，进行审核（二审）。

5. 采购计划评审。审核（二审）后的采购计划，每月27日前由物资供应处组织召开评审会，对月采购计划进行评审。公司有关领导、各单位一级主管或主管责任人（材料员、备件员、计划起草人）、物资供应处、设备工程处等有关人员参加。评审会对采购计划的准确性、合理性、可行性进行审核，物资供应处计划员负责评审会议材料的准备并记录。

6. 采购计划的上报。经评审通过的采购计划，由物资供应处总计划员（三审）经办整理，并经物资供应处处长审核通过后，转入采购系统组织实施采购。

第三条 采购计划申报要求

1. 采购计划中物资名称、规格型号、计量单位、采购数量、到货日期、库存数量、在线数量、用途以及前 6 个月消耗量等数据，必须根据实际情况填写准确、清楚、规范，规格型号必须符合国家标准、行业标准或企业标准。在月采购计划中库存数量、在线数量以及前 6 个月消耗量等数据，没有按要求录入完整、准确的，扣罚责任人 100 元。

2. 采购计划必须注明所申报物资的购入时间节点，急用未购入的，可以催办，但绝不可以重复申报计划，避免造成重复购入或闲置积压。出现重复计划，扣罚（应催办而重复申报计划）责任人 100 元 / 次，造成重大闲置积压追究当事人责任。

3. 采购计划以 K3 系统进行传递，手工申报不予受理。

第四条 采购计划审核

1. 采购计划名称、规格型号、计量单位是否准确、规范。

2. 采购计划数据是否准确、依据充分，是否需要采购。

3. 采购计划的数量是否合理。

第五条 申报采购计划的考核

1. 上报月采购计划的考核。月采购计划上报截止时间为每月 20 日，每延迟 1 天扣罚本单位 1 分（每分奖金含量为月奖金额标准的 1%），扣罚责任人 100 元。

---

[1] 录入的名称、规格型号、计量单位、数量必须标准、准确无误。

2. 各单位不得将临时采购计划列入月采购计划，否则发现一次扣罚 1 分（每分奖金含量为月奖金额标准的 1%）。

3. 对申报计划数量合理性和准确性的考核。各生产厂申报采购计划表中每一项要按要求填写齐全、准确，如物品名称、规格型号、历史资料、在线数量、提供所需相关图纸等。如发现一项不符，物资供应处总计划员有权拒收采购计划，由申报单位 3 天内完成重新修改，影响采购计划制订和执行，后果自负，并给予扣罚 1 分（每分奖金含量为月奖金额标准的 1%）。需要申请编码的，必须在当月 15 日前完成。

4. 计划不合理或计划申报有误等情况造成库存积压由审计监察处核实，经调查属实对责任人进行 200 ～ 500 元罚款，对责任单位按物资积压价值的 20% 计入责任部门的成本。

5. 各单位计划员将一审前的月计划录入 K3 系统时，必须把需要到货时间改为下月日期，并对采购物资需要到货时间分 A、B、C 三类。

6. 如因材料计划申报单位时间延迟，造成评审时间顺延的，迟延一天扣罚责任单位 1 分（每分奖金含量为月奖金额标准的 1%）。

7. 物资供应处计划员每月 30 日前对月采购计划核实、修改、上报完毕，迟一天扣罚 1 分（每分奖金含量为月奖金额标准的 1%）。

8. 由于采购物品申报错误，造成的采购计划的变更，每次扣罚责任单位 1 分（每分奖金含量为月奖金额标准的 1%）。

制度 备品配件采购管理制度

第一章 总则

备品配件的采购工作是采购供应部的主要工作之一，承担着公司所属生产企业所需国内外备品配件的采购、供应工作，包括申购计划的整理、归类，采购任务的安排，供求信息的收集、整理以及向申报单位、部门经理及分管副总反馈、汇报相关信息，与供应商谈判、签订合同，收货、验货跟踪监督，建立反馈档案等。

第二章 岗位设定

采购岗位负责集团公司生产所需的备品配件的采购工作，安排特定采购人员负责备品配件申购单的汇总、分类及整理，做好备品配件申购的台账登记，按时编制备品配件采购月、季及年度报表。

第三章 工作任务

1. 负责备品配件的采购供应工作，及时了解市场行情，多方收集、整理相关供应商信息，不断拓宽供应渠道，有选择地收集、建立供应商档案以备后用。

2. 加强熟悉公司各种型号的生产设备，掌握各种型号的备品配件在相关生产设备中的功能、物性指标、性能、质量等，采购适价、适质及符合设备技术要求的备品配件。

3. 认真审核、汇总、分类各公司递交的申购单，核对各种备品配件的存货情况，严格按备品配件采购程序对所申购的备品配件的型号、货期、价格等内容进行查询，及时向各申购公司、部门经理及分管总裁反馈查询结果，合理选择合格的承包方。

4. 严格执行备品配件的采购审批及备案程序，备品配件的型号及到货期限必须由各申购单位确认，备品配件的价格必须由部门经理及分管总裁审批，签订的购货合同由经办人员自行建档并送财务部备案。

5. 根据备品配件的使用功能、设备要求、价格参考等因素确定由国内采购还是国外采购，需从国外采购的将签订的合同移交进出口岗位，按国外采购工作程序进行采购；需在国内采购的按备品配件采购程序进行采购。

6. 全程跟踪已签合同或已开证的备品配件的生产、发货情况。

（1）对已到货的备品配件，配合仓库清点数量，配合质检进行验货。

（2）对不合格的备品配件，负责人按合同规定和客户协商，进行退货、索赔等处理。

（3）对合格的备品配件，负责人向财务部申请对外付款。

7. 及时整理、归纳业务档案以备部门经理、分管总裁及相关领导的检查，按时按质地编制采购报表。

8. 协调处理与相关部门的工作联系，主动向部门经理及分管副总汇报工作、递交资料，遇重大问题应请示部门经理及分管副总核决。

制度 采购谈判议价管理制度

第1章　总则

第1条　目的。

为加强公司采购谈判议价管理，规范采购谈判议价的相关事项，节约采购费用，降低采购成本，特制定本制度。

第2条　适用范围。

本制度适用于公司采购过程中所有需要进行谈判议价的采购项目。

第3条　在采购谈判议价的整个过程中，相关人员的职责分工具体如下。

1. 公司采购部是采购谈判议价的归口管理部门和具体执行部门，其他部门负责协助。

2. 采购谈判小组负责执行采购谈判议价工作。

3. 总经理、采购总监必要时参与、协助采购谈判议价活动。

第2章　谈判议价准备

第4条　在财务部审批通过采购资金预算后，采购部方可着手准备采购项目的谈判议价。

第 5 条　采购部负责谈判议价的人员应根据采购项目的特点设计谈判计划和方案，经采购经理与采购总监审批同意后执行。

第 6 条　采购部应按审批同意的谈判计划和方案安排谈判议价工作，成立采购谈判小组，相关计划与资料应提前发放到参与谈判的人员手中，由其进行准备。

第 7 条　公司参与采购谈判议价的人员包括采购经理，采购合同主管、专员，请购部门的代表等。

第 8 条　采购项目谈判小组的组长一般由采购经理担任，但当谈判议价项目的金额超过规定权限时，则由采购总监担任。

第 9 条　采购部在邀请参与谈判的供应商时，应从公司"合格供应商列表"中选取，并必须选取 3 家以上。

第 10 条　采购部应按既定的采购计划和采购谈判议价方案，列明所采购产品的名称、数量、技术规格、邀请及预算等相关资料，供谈判小组成员熟悉。

第 11 条　在谈判之前，谈判小组组长应掌握成员对所采购产品的性能、参数、型号及市场价格的了解情况，并可视情况召开谈判预备会议，确定谈判的有关事宜。

第 3 章　谈判议价规定

第 12 条　谈判小组成员代表公司形象，在谈判过程中应遵守公司员工行为规范。

第 13 条　谈判议价中，谈判小组成员应与供应商方面有决定权的人员进行谈判，以免浪费时间，同时避免透露本公司的立场。

第 14 条　采购谈判应在公司会议室中进行，以提高工作效率，不得在饭店等营业性娱乐场所进行。

第 15 条　采购谈判负责人在谈判议价过程中须掌控全局，避免草率地做出决定。

第 16 条　在议价过程中，谈判人员应灵活使用各种议价、还价技巧，将采购价格降低至对本公司有利的位置，减少采购成本。

第 17 条　采购谈判人员应注意商务礼仪，不得使用侮辱性的动作和语言，同时注意掌握谈判进度和谈判氛围，必要时可以转移话题、缓和气氛，防止谈判破裂。

第 18 条　谈判过程应当保密，无关人员未经许可不得进入谈判会场。参与谈判的人员和工作人员不得泄露与谈判有关的内容。谈判结果未经最后审定不得予以公布。

第 19 条　在采购谈判期间，公司参与谈判的任何人员都不得接受对方的宴请、送礼、贿赂等，否则按公司相关规定处理。

第 20 条　参与谈判的任何人员不得以任何方式泄露公司的谈判底线，否则对公司造成的损失由当事人承担。

第 4 章　谈判资料管理

第 21 条　公司的谈判资料包括谈判计划、方案，供应商的报价，谈判过程中各方提出的各种意见、达成的协议等。

第 22 条　采购谈判记录人员须详细记录谈判过程中各方的要求，作为谈判的原始资料进行保存。

第23条 谈判资料由指定人员进行保存与管理,作为公司的机密资料,未经授权不得阅览。

第24条 所有接触公司谈判资料的人员在公司要求的时间内不得泄露其中的内容,否则以泄露公司机密行为论处。

第25条 谈判资料的其他管理要求可参照公司文档资料的相关管理规定执行。

第5章 附则

第26条 本制度由采购部制定,其修改、解释权归采购部所有。

第27条 本制度经总经理审批通过后,自颁布之日起实施。

拓展知识 采购谈判的答复技巧

谈判总是一来一回,你回答的每一句话,都会被对方理解为是一种承诺,都负有责任,所以答复时应该慎重,富有技巧:

①不要彻底答复对方的提问。

②针对提问者的真实心理答复。

③不要确切答复对方的提问。

④降低提问者追问的兴趣。

⑤让自己获得充分的思考时间。

⑥礼貌地拒绝不值得回答的问题。

⑦找借口拖延答复。

范表 办公设备采购申请表

申请部门:　　　　　　申请人:　　　　　　申请日期:

办公用品名称	数量	单位	单价	总价	购买地	备注
总计						

部门经理审批:　　　　　　　　　　总经理审批:

范表 办公用品订购审批单

部门		使用人		填表时间		
序号	物品名称	规格	数量	单位	特殊要求	需求时间

订购原因：

部门主管审批意见：

行政部门审批意见：

签字：
年　月　　日

如果金额超过审批权限请行政总监签批

意见：

签字：
年　月　　日

范表 物料需求计划表

类别：　　　　　　　　　　　　　　　　　　　　填写日期：　年　月　日

物料名称						
规格						
物料编号						
各月份需求量	1 月					
	2 月					
	3 月					
	4 月					
	5 月					
	6 月					
	7 月					
	8 月					
	9 月					
	10 月					
	11 月					
	12 月					
合计						
已有库存量						
安全库存量						
进料计划	1 月					
	2 月					
	3 月					
	4 月					
	5 月					
	6 月					
	7 月					
	8 月					
	9 月					
	10 月					
	11 月					
	12 月					
交货期（天）						

范表 催货通知单

制单人：					日期： 年 月 日	

_____：

贵公司与本公司签订的下列合同已到期，至今尚未交货，请于收到本通知一周内办理为荷！

此致

敬礼！

_____公司

<table>
<tr><td colspan="7" align="center">到期未交货的物料一览表</td></tr>
<tr><td>订约日期</td><td>合同编号</td><td>物料名称与规范</td><td>数量</td><td>单位</td><td>约定交货日期</td><td>备注</td></tr>
<tr><td></td><td></td><td></td><td></td><td></td><td></td><td></td></tr>
<tr><td></td><td></td><td></td><td></td><td></td><td></td><td></td></tr>
<tr><td></td><td></td><td></td><td></td><td></td><td></td><td></td></tr>
<tr><td></td><td></td><td></td><td></td><td></td><td></td><td></td></tr>
<tr><td></td><td></td><td></td><td></td><td></td><td></td><td></td></tr>
<tr><td></td><td></td><td></td><td></td><td></td><td></td><td></td></tr>
<tr><td></td><td></td><td></td><td></td><td></td><td></td><td></td></tr>
<tr><td></td><td></td><td></td><td></td><td></td><td></td><td></td></tr>
<tr><td></td><td></td><td></td><td></td><td></td><td></td><td></td></tr>
<tr><td></td><td></td><td></td><td></td><td></td><td></td><td></td></tr>
<tr><td></td><td></td><td></td><td></td><td></td><td></td><td></td></tr>
<tr><td></td><td></td><td></td><td></td><td></td><td></td><td></td></tr>
<tr><td></td><td></td><td></td><td></td><td></td><td></td><td></td></tr>
<tr><td></td><td></td><td></td><td></td><td></td><td></td><td></td></tr>
<tr><td></td><td></td><td></td><td></td><td></td><td></td><td></td></tr>
<tr><td colspan="7">注：本单一式三联，一联送生产部门，一联送仓储部转请购部门，一联存查。</td></tr>
</table>

范表 物料采购不合格通知单

编号：　　　　　　　　　　　　　　　　　　填表日期：　年　月　日

供应商		交验日期	
物料名称		料号	
交验数量		检验日期	
抽样数量		检验结果	
不良情形及简图			
处理意见			
呈核	主管：		
重检流程及不良统计			
改善对策			
品管确认	主管：		

更多模板

月度采购计划表	损失索赔通知书
季度采购计划表	来料检验日报表
年度采购计划表	交期控制表
采购记录登记表	采购追踪记录表

4.2 供应商开发与管理

采购部不仅与公司内部的生产、销售部门有密切关联，与外部的供应商也要时刻保持联系，充当桥梁的作用。而对于供应商的开发、监督、评估、管理工作，是采购人员日常工作中一项重要的工作，如此，才能优化企业的供应商队伍，保证生产如期进行。

● 供应商开发几大渠道

互联网　通过各类采购网、B2B 网站，企业采购人员可以像日常网购一样，在网络中搜寻有条件的供应商，并在网上沟通物料的详细信息，进行招标，讨价还价，大大节省了采购工作的时间。不过在互联网中，要尤为注意一些虚假信息带来的风险，以免财货两空。

不少企业的采购人员都有参加国内外产品展览会的经验，这是企业开发供应商的标准渠道，规范、选择范围大、目标精准（一般产品展览会都会确定行业主题），采购人员可以充分了解，确定适合的供应商。　**产品展览会**

行业协会　每个城市的行业协会都掌握了大量的行业企业名录以及产业公报资料，采购人员由此可获得相关供应商的经营状况、主营业务、市场规模和联系方式等信息。

不少行业杂志专门介绍业内各种资讯，包括行业发展、行业科普、商业模式，还会提供很多企业的推荐信息，采购人员可以定期订阅，获得最新的行业信息。　**杂志媒体**

● 供应商开发流程

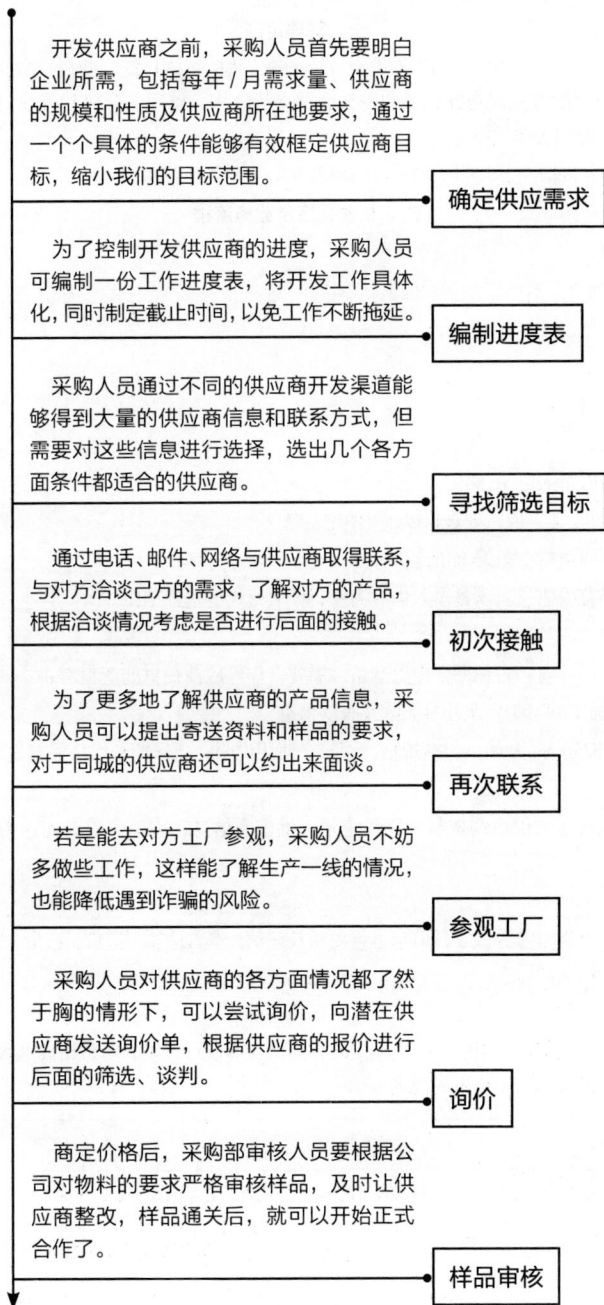

开发供应商之前，采购人员首先要明白企业所需，包括每年／月需求量、供应商的规模和性质及供应商所在地要求，通过一个个具体的条件能够有效框定供应商目标，缩小我们的目标范围。

确定供应需求

为了控制开发供应商的进度，采购人员可编制一份工作进度表，将开发工作具体化，同时制定截止时间，以免工作不断拖延。

编制进度表

采购人员通过不同的供应商开发渠道能够得到大量的供应商信息和联系方式，但需要对这些信息进行选择，选出几个各方面条件都适合的供应商。

寻找筛选目标

通过电话、邮件、网络与供应商取得联系，与对方洽谈己方的需求，了解对方的产品，根据洽谈情况考虑是否进行后面的接触。

初次接触

为了更多地了解供应商的产品信息，采购人员可以提出寄送资料和样品的要求，对于同城的供应商还可以约出来面谈。

再次联系

若是能去对方工厂参观，采购人员不妨多做些工作，这样能了解生产一线的情况，也能降低遇到诈骗的风险。

参观工厂

采购人员对供应商的各方面情况都了然于胸的情形下，可以尝试询价，向潜在供应商发送询价单，根据供应商的报价进行后面的筛选、谈判。

询价

商定价格后，采购部审核人员要根据公司对物料的要求严格审核样品，及时让供应商整改，样品通关后，就可以开始正式合作了。

样品审核

制度 供应商信息管理制度

一、管理范围

采购工作面对的是销售商品、提供服务、承建工程的范围广泛、数量众多的供应商，因此需要科学规范的方式对与此相关的资料数据进行收集、整理、分析和管理应用，以提高采购部门的管理和工作效率。

采购人员将随时更新的供应商详细资料及时添加到供应商库。

二、相关程序及业务流程

1. 采购前

（1）采购员要求供应商必须提供以下资料[1]：

①五证合一营业执照。

②资质证书。

③实际经营地址。

④联系人。

⑤法人、联系人电话。

（2）资料收集完成，要进行以下工作：

①参考不同资料，做好询价比价。

②整理好有用信息，以备录入供应商库，扩大公司的选择范围。

2. 采购中

确定合作供应商，为长期合作做准备。需要合作供应商提供的资料有：

（1）合同（需写明发票开具条款及收款信息）。

（2）详细的产品介绍，包括规格、型号、使用说明、质保期和维修保养说明等。

3. 采购后

根据前期收集的供应商资料，详尽地录入供应商信息，完善供应商库，为后期评估做准备。

4. 日常

定期对供应商库内的供应商信息进行更新及评估，本着适质、适价、适量、适地的原则，筛除不合格的供应商。

三、供应商评审[2]

每年年初，由审计部组织，对上年度的各类供应商进行评审，对价格高、服务差的供应商进行淘汰替换。列出合格供应商名录。

---

[1] 另外还有一些补充资料也可要求供应商提供，如①信用贷码证；②生产许可证；③卫生许可证；④所获荣誉；⑤电子邮箱。

[2] 供应商评审委员会的组成：行政部负责人、售后服务部负责人、财务负责人、审计总监以及总经理共五人组成。

制度 供应商评定制度

一、目的

规范集团公司设计类、行政类、营销类、物业类、咨询服务类、工程施工、设备采购类等各类采购业务的供应商的管理，通过对供应商库的建立、评估、管理，为公司的招标采购提供支持，提高集团的招标采购质量和效率，降低采购成本。

二、适用范围

适用于地产各类工程及非工程采购业务，此制度中供应商含义包括但不限于各类材料设备供应商、各类工程承包商和各类咨询、营销、设计等服务的提供商。集团成本管理中心负责组织供应商库的建立、评估、维护；同时负责组织地产的战略采购供应商、集中采购供应商的建立、评估、维护体系。

成本管理中心招标采购部门负责在集团招采系统中录入招标项目供应商信息并组织考察，组织对中标供应商的履约评估，并及时将考察评估资料保存至供应商管理系统中。

三、供应商评估分类

1. 潜在供应商：通过资格审核的供应商由招采部门录入到供应商库，但未经考察和评估的供应商均为潜在供应商。

2. 合格供应商：通过由招标采购部门组织的资格预审和考察，综合评定得分高于60分的潜在供应商，即可成为合格供应商，成为地产合格的供应商或承包商，可在两年内免考察参加集团该评定类别的招标采购部工作，每两年由招采部门组织全部供应商的总评与定级，刷新该供应商的综合等级，综合等级合格可续期两年。

3. 不合格供应商：未通过由招标采购部门组织的资格预审和考察，综合评定得分低于60分，即确定该公司为不合格供应商，不合格供应商在两年内不得参与我司的所有该评定类别的招标采购项目的投标；合作中的供应商经过标准程序的履约评估或售后评估低于60分，也将被划入不合格供应商名单。

4. 合作黑名单：在招标过程中存在围标、串标、行贿等行为，一经发现并经审计部确认，将被列入合作黑名单中；在合同履约过程中出现恶意违反合同条款，造成重大损失和严重后果的供应商，将被列入合作黑名单中。被列入合作黑名单的供应商将被禁止参与公司所有项目招标及合作。

5. 集中采购供应商：由招采部门组织的联合多区域、多项目的招标采购工作，通过资格预审和考察，通过招标并中标成为集中采购供应商，可在招标范围内与各个项目按照集采的中标价格签订供货合同。

6. 战略合作供应商：由集团组织的战略招标采购工作，通过资格预审和考察，并通过招标或议标谈判程序中标即可成为战略采购供应商；战略合作协议的合作期限一般签订两年，两年内涉及该项招标内容的所有约定区域内所有约定采购项目，均应遵守该战略合作协议，与该战略合作供应商直接依据协议价格及原则签订具体单项合同。

7. 其他方式确定为战略合作供应商的公司，可依据公司确认的事项审批，将该司列入战略合作供应商名单，并签订相关的战略合作协议。

四、供应商库的建立

1. 所有供应商均可以通过集团成本管理中心审核后进入供应商库，成为潜在供应商。所有供应商均应提供完整信息资料，统一交集团成本管理中心，经审核后由招采部门录入到供应商库，成为潜在供应商。潜在供应商通过招标采购部门组织的资格预审和考察，确定其综合评定等级。未取得综合评定等级的潜在供应商在招标采购系统中将不能被选做招标项目的入围供应商。

2. 成本管理中心招标采购部门可以通过各种渠道收集符合招标要求的承包商、供应商的信息，需要通知这些供应商提交资格审核资料，并通过资格审核成为潜在供应商，进而通过考察获得综合评定等级，综合评定等级高于 D 级（60 分）的供应商为合格供应商，综合评定等级为 D 级的供应商为不合格供应商。

3. 根据招标采购工作制度的操作流程办理了各项入围资格预审和考察，并经入围评定合格的供应商经过招标采购部门审核并考察评级通过后，可直接成为合格供应商，资审资料包括但不限于投标资格预审材料、企业宣传册、产品图册等。

4. 资格预审和考察入围程序参照集团下发的招标采购工作制度中的内容和表单执行，各项招标应首选供应商库中综合评定等级高于 C 级的供应商参加投标。已通过资审参加集中采购和战略采购招标的供应商可直接进入供应商库成为合格供应商。

5. 以往通过入围的供应商未进行考察评级，可暂时录入到供应商库中，成为潜在供应商。参与新项目投标时，需重新进行考察，给出综合评定等级。

五、供应商库的维护和更新

1. 成本管理中心招采部门是供应商库系统的维护责任部门，负责供应商资料审核及日常维护。

2. 成本管理中心招采部门负责供应商注册的资料审核工作，审核和考察通过后即可成为合格供应商；供应商信息的完善及更新由该注册的公司提交审核后，由招采部门负责更新。

3. 供应商信息发生重大变更时，招标采购部门应组织对该供应商进行再次核实，审核通过后，该公司才可以继续成为合格供应商参与投标。重大变更事项包括法人变更、经营范围调整、资质等级变更、投标联系人发生变化等核心信息。

4. 每月新增的合格供应商均必须完成资质评估，招采部门负责汇总及审核。

5. 每年维护更新发布一次合格供应商库。

六、供应商的评估

1. 供应商的评估分为资质评估、履约评估两部分。

2. 供应商的资质评估分为供应商资料审核、考察综合评定和投标入围审查。招标采购部门将安排对通过资料审核的注册供应商进行考察评分，考察评分大于 60 分的供应商才有资格入围招标项目。

3. 供应商招标入围阶段的评估参照 ×× 招标采购管理制度中的评定表格和操作办法进行打分评价，参与评估人不少于两部门三人。其资质评估等级由招标采购部门根据定级原则将潜在等级调整为评估后的等级，在招采系统中发起审批并上传评定资料。选择入围供应商之前必须先确认该供应商的资料信息已更新为最新。

4.履约阶段的评估应包括合同履约、售后维保两个阶段进行，合同履约阶段的评估由招标采购部门组织，评估时间可依据项目进展情况进行确定，原则上每季度应对所有正在履约供应商进行一次履约评估，所有合同支付结算款之前都应对拟付款的合作供应商的履约评估进行评审，合同履约评估的参与部门应包括工程、成本、招采、设计等相关人员，参与评估人不少于三人，售后评估应包括物业公司人员评价；采用评估打分的形式进行加权打分评定。每次履约评估的成绩及资料由招采部落实签字并扫描提交给总部招采中心，由招采中心核准最终评估成绩，在供应商管理系统中上传资料和发起审批。

5.甲供材料的供应商履约评估以招标采购部门为主，项目部、成本管理部门参与，参考表单为"材料类供应商履约评估表"；总包及分包的供应商履约评估以项目部为主，招标采购部门、成本管理部门参与；参考表单为"工程类供应商履约评估表"。造价咨询、设计、营销类合同的履约评估以对应负责的成本、设计、营销部门为主，相关配合的部门参与评估，参考表单为"咨询类供应商履约评估表"。任何一个阶段的不合格评定均可判定该供应商为不合格供应商。附表供评估时参考，评估表具体内容可以依据实际履约情况，本着公平公正合理的原则调整评估项内容及分值。

…………

制度 供应商日常管理制度

一、目的

为了加强对供应商的管理，建立 ×× 有限公司规范化的、独具特色的、有市场竞争力的采购体系和供应商管理模式，不断提升公司供应链的整体层次和管理水平，特制定本管理办法。

二、适用范围

适用于 ×× 有限公司 ×× 市分公司所有的供应商管理。

三、定义

1. 短缺交货：实际供货数量或因为质量检验不通过同意让步接受的部分数量低于供货计划数量的情况。

2. 超计划交货：检验合格 的数量大于供货计划数量。

3. 暂停供货：发生较大的供货和质量问题，对涉嫌的责任单位，采购部可以在没有收到责任认定前，为了防止问题的扩大化，自行决定停止涉嫌供应商供货并改为其他供应商供应，并出示暂停供货通知。

4. 份额调整：采购部结合供应商的综合评价和产品价格，就供应份额在每月计划中体现。如果供应商在供货管理和质量方面出现较大问题和频繁出现质量问题，采购部将降低该供应商的份额。如果供应商的供货和质量方面有较好业绩，采购部将提高供应商供货份额。

5. 供应商等级调整：集团采购部结合供应商实力和业绩对供应商进行等级划分，拥有高等级的资格的供应商在供货检验、付款方式、供货份额上拥有较多的优势，同时也有机会成为产品免检供应商。如果供应商在供货管理和质量方面出现较大问题或频繁出现小问题，采购部将提请降低该供应商的等级，从而丧失资格优势直至筛除供应商资格。

6. 采购纳入不良品率 [1]：供应商的零部件从交付到公司，公司在进货检验、加工、装配等环节发现并退回供应商的不良品件数，与交付的指定范围零部件的总件数的比率。

7. 直接损失：指不合格品本身和由其引起的相关产品报废的损失。

8. 附加损失：指不合格品流入需方生产过程中到被发现所造成的连带损失。即质量损失中除直接损失以外的损失。

四、职责

1. 采购部每月 10 日前负责向集团确认次月非单一厂家供货比例。建立供应商体系并组织加强对供应商的管理及考核，优化采购流程。

2. 集团和 ×× 工厂质量部负责供应商的质量管理及质量考评、质量赔偿。

3. 技术部负责供应商正式供货后技术工艺更改和装备、工艺监督。

4. 生产部负责组织编制"月度生产计划"作为调货单依据，并加强对供应商现场服务方面管理、考核。

5. 仓储部负责对各供应商的物料包装方式、到货方式、交货方式、现场配合等进行管理、考评。

6. 经营管理部负责对各项制度、办法进行规范，并对合理性、可行性负责审查。

五、现有供应商管理

1. ×× 公司将建立完备的供应商档案，要求各现有供应商根据 ×× 公司的"供应商情况调查表"提供详细资料。

2. 供应商供货。

（1）供应商供货控制。

①采购部根据生产部编制的"生产计划"、进口件资源，编制公司月度采购计划。根据月度采购计划向供应商下发采购计划。

②供应商依据采购部所发计划要求的数量、日期，准量、准时将零部件配送到公司指定的地点，仓储部依据计划收货，供应商短缺交货、超计划交货、逾期交货都均纳入 ×× 集团的考核范围。

③直接配送到仓库的经质量部检验判定为不合格的零部件，厂家立即自行清理出厂，超过 15 日不清理出厂的不合格零部件，×× 公司有权利自行处理。

④供应商应积极配合 ×× 企业仓储部、采购部、物流部关于到货产品的外包装形式、到货方式、运输方式、零件标识等项目的整改工作。

⑤仓储部、采购部所需关于产品的各种物流信息（关于产品的包装、运输等方面），供

---

[1] 计算公式：采购纳入不良品率 = 不良品件数 ÷ 本月入库件数 ×1 000 000ppm。

应商应及时、准确提供。

⑥供应商交付产品包装不规范 [1]，仓储部有权拒收此类产品。

⑦供应商驻厂人员或技术人员，需经仓储部批准或在××工作人员陪同下进入仓库，并做好详细出入库登记。

（2）供货管理问题索赔。

①因供应商无故不能交货，逾期交货或货物不合格，造成××停产的，供应商应按人民币5 000元／时向××赔偿，如所造成损失高于上述计算标准的，按照实际损失计算；供应商部分履行造成××减少产量的，按该批货款额数乘以未履行部分占该批货物的比例数额赔偿××集团损失；供应商由于迟延交货造成××集团没有来得及验收，由此造成的损失由供应商负责。

②供应商如果预计会出现短缺交货情况，提前5天书面形式通知××集团，采购部根据实际情况进行调整。对因不可抗力而发生供货延迟，供应商及时通知××集团。采购部对申请调整供应商登记，每月出现两次调整或在连续两月出现调整情况，采购部进行份额调整或者暂停供货，并降低其等级。

③供应商依据××公司计划要求的数量、日期，准量、准时将零部件配送到公司指定的地点，仓储部依据计划收货，供应商短缺交货、超计划交货、逾期交货每发生一次考核200元。

六、供应商质量管理

××集团对供应商按所供产品的重要性、产品质量和整车（主机）质量的影响程度、产品的技术含量和质量风险等因素对零部件按A、B、C分成三类，对A、B、C三类零部件分别提出建立质量保证体系的要求（具体分类及让步接收标准参照公司具体管理办法执行）。

1. 供应商质量保证。

供应商在与××签订正式的零部件供货协议时必须与公司签订"质量协议"。协议书应明确产品质量控制、产品质量保证、质量索赔要求等内容。

（1）供应商应建立有效的质量管理体系，至少应通过GB/T19001-2000（idt ISO 9001: 2000）质量管理体系第三方认证。A类零部件供应商必须通过TS16949[2]认证。

（2）国家要求3C认证产品的供应商必须通过3C认证。

（3）供应商应根据图纸和"技术协议"的要求，对产品进行永久性标识，以保持同批产品的可追溯性，无标识的，按不合格品进行处理。

（4）每批供货时，必须提供证明产品质量合格的自检报告（除了正常的检验记录外，还应有型号、规格、批号、生产顺序号等）。

…………

---

[1] 不规范的包装指到货包装：A. 未按整改要求更换周转箱或工装；B. 破损、严重变形、零件裸露、收容数混乱；C. 无零件标识、标识不清楚不规范。

[2] "质量管理体系 汽车生产件及相关维修零件组织应用 ISO 9001:2000 的特别要求"。

制度 供应商考核与奖惩实施细则

一、目的

为准确统计、掌握合格供应商以质量、交期、价格、配合度为主的整体绩效，有效鼓励和鞭策供应商提升综合竞争力，与公司同步发展、长期合作。

二、适用范围

凡供应本公司产品所用原材料、零组件、委外加工品的厂商。

三、职责

1. VQA 组：IQC 课下供应商品质保证小组（vendor quality assurance），负责供应商质量（含质量改善配合度）评分，奖惩提报。

2. 采购：负责供应商价格、配合度评分。

3. 仓库：负责供应商配合度评分。

4. 财务部：负责执行扣款。

5. 总经室：稽核采购单（P/O）分配执行的合理性。

四、内容

1. 新供应商评鉴及管理依据"新供应商评鉴作业细则"执行。

2. 现有供应商考评 [1] 分为月份考评和年度考评，月份考评项目及考评级别如下。

（1）考评项目：品质（40%）、价格（30%）、交期（20%）、配合度（10%），总分100分。

（2）考评级别。（单位：分）

甲（$x \geqslant 90$）、乙（$80 \leqslant x < 90$）、丙（$70 \leqslant x < 80$）、丁（$x < 70$）。

3. 各项考评标准。

（1）品质。（40分）

①进料抽检不良率（25分）：不良率在2%以内为满分，每上升2个百分点扣一分，扣完为止。

②制程使用不良率（10分）：不良率在2%以内为满分，每上升2个百分点扣一分，扣完为止。

③客户抱怨（5分）：无客户抱怨为满分，每增加一件扣2.5分。

（2）价格。（30分）

①同类产品各供应商之间的竞争力。（25分）

A. 价格竞争力很强，在同类产品中平均价格最低且与最高价差异10%（含）以上，25分。

B. 价格竞争力强，在同类产品中平均价格最低且与最高价差异6%～10%(不含)，20～24分。

C. 价格竞争力较强，在同类产品中平均价格最低且与最高价差异5%，15～19分。

D. 价格竞争力一般，在同类产品中平均价格处于中等水平，9～14分。

E. 价格竞争力弱，在同类产品中平均价格最高，0～8分。

---

[1] 由品质、PMC、采购、仓库分别对供应商的质量、交期、价格、配合度所做的月度评分、年度评分称为考评。

②降价主动性及支持力度。（5分）

A. 根据市场情况主动提出降低价格，且价格始终最低并保持10%以上的成本优势，5分。

B. 根据市场情况主动提出降低价格，4～5分。

C. 在特殊时期或特殊项目上能够降低价格配合，2～3分。

D. 其他情况，0～2分。

（3）交期。（20分）

交期分数 = 20 × [（交货批数 − 误期批数）÷ 交货批数] × 100%

（4）配合度。（10分）

①配合度分数由 VQA、采购、仓库3个单位负责考评，VQA、采购、仓库与供应商处理公务时，若有供应商表现出密切配合或拒绝配合的事例，则由负责人员提报，经部门主管核准后执行相应的加减分（每件事例加 / 扣2分）。

②最高分为10分，最低分为0分，如果无特别加（减）事项配合度为6分。

③配合度分数 = 配合度基准分（6分）+ 该项目应加分 − 该项目应减分。

4. 月份考评与结果处理。

（1）由考评部门依考评项目分别评分，于每月底将评分结果汇总于 VQA。VQA 依据"供应商交货抽检不良率统计月报表""来料制程不良统计汇总"以及 PMC 提供考评结果，最后统计出当月"供应商综合评分表"，经相关部门主管会审后分发至采购，作为下采购 P/0 单的参考。

①月考评被评为"甲"级，增加订单量，新开发机种优先考虑。

②月考评被评为"乙"级，正常交易但订单量不能超过"甲"级。

③月考评被评为"丙"级，货款延期14天，下个月订单量不能超过同类产品的20%。

④月考评被评为"丁"级，针对当月出现"重缺点"之物料停止下单，连续3个月评为"丁"级时取消供货资格，开发新供应商。

（2）VQA 每月依据供应商本月的考评成绩制订出下月"供应商辅导 / 复评鉴计划"。

①月份考评为"丁"级时。

②连续两个月考评为"丙"级时。

③出现重大质量异常时。

（3）执行辅导。

VQA 须依据辅导计划执行辅导，辅导方式包括：A. 质量检讨会议（厂商前来公司）；B. 供应商现场质量确认（出差厂商）；C. 改善方案及改善证据索取、确认（电话处理）。

（4）辅导报告。

供应商辅导结果记录于"供应商质量异常改善和确认报告"上。

5. 年度考评与颁奖表扬。

（1）每年至少8个月（含）参与月份考评的供应商，方可进行年度考评。

…………

范表 供应商基本信息调查表

供应商名称（户头）		税号	
注册国家		注册地区（省/市）	
联系人及职务		联系电话1	
传真		联系电话2	
邮政编码		电子信箱	
网址		企业地址	
企业性质		企业规模	
企业创立日期		母公司名称	
母公司注册国家		母公司是否为500强	□是　□否
厂房面积		产品线品牌	
关联企业		生产基地	
以下为财务信息			
注册资金（万元）		企业固定资产（万元）	
流动资金（万元）		去年销售总额（万元）	
去年年产量（万元）		结算币种	
开户行		银行账户	
付款条件		付款方式	
股权构成			
投资方		出资额	
出资比例		出资方式	
注意：1. 此表请用正楷字认真填写。 2. 书写务必清晰准确，不得漏项。 3. 联系电话1为供应商厂家电话（必带区号）。 4. 财务信息须与发票一致，其他信息不得错、漏、添字。 5. 若因填写不清晰出现财务等问题由填写方负责。			

范表 纠正和预防措施报告表

不合格事实来源		责任单位	
不合格严重度分极		□致命 □严重 □一般	

不合格事实描述：

以下内容由报告接收部门填写

不合格原因分析：

不合格纠正方案：

责任单位		责任人		完成时间	

以下内容由报告发出部门填写

原因分析是否准确	□是 □否	指出不准确处	
纠正是否有效	□是 □否	□现场验证	验证人签字：
纠正措施是否有效	□是 □否	□提交证据验证	年 月 日
报告发出单位		部门负责人		发出时间	
报告接收单位		接收人签名		接收时间	

备注：

范表 供应商整体实力调查表

国际排名		□国内／□省内／□地区／□县内排名	
请列出国际上同行业前几位	1.	请列出□国内／□省内／□地区／县□内前几位	1.
	2.		2.
	3.		3.

开发能力：□能／□否参与客户设计

客户	时间	成功案例说明	备注

□是 □否为国外知名企业在中国的分公司或设立的独资、合资企业。

见证性资料：
1.
2.
3.
…………

企业认证情况：（□是 □否属强制执行有关质量或安全认证行业）

认证名称		认证编号		到期时间	

附见证性资料：（以上请务必认真填写，将影响对贵司供货资格的确认，见证性资料必须是行业协会排名、政府部门统计年鉴、第三方权威机构排序或新闻媒体公布）

更多模板

供应商考评表	供应商产品情况调查表
供应商人员构成调查表	供应商仓库环境调查表
供应商设备情况调查表	供应商访谈记录表
供应商业绩定期评审表	供应商跟踪记录表

第**5**章

公司仓储管理制度与范表

企业仓库就像物资中转站，是企业的血液，为企业提供营养。为了保证供应，对仓库的管理应该体现科学性和制度化，才能更加精准地掌握物资数据，并安排物资储存、出库等工作，通过本章一起来认识有关制度和范表吧。

● 入库管理 P144

制度：验收入库制度   范表：入库单
制度：危险物品入库验收制度   范表：成品入库日报表
制度：原材料入库管理制度
制度：库管人员工作要求与纪律

● 仓储搬运和保管工作 P155

制度：仓库规划管理制度   范表：仓库内审表
制度：仓库安全管理制度   范表：仓库管理员考核表
制度：呆废料管理制度   范表：6个月无异动滞料明细表
制度：物资储存保管制度
制度：仓库人员进出管理规定

● 物料盘点与出库管理 P170

制度：仓库抽查盘点考核办法   范表：发货清单
制度：商品出库管理制度   范表：出入库登记表
制度：仓库领料管理制度   范表：仓库盘点总结报告表
制度：退料管理制度

5.1 入库管理

供应商依照订单信息将商品从厂家运抵至仓库时，仓库管理员必须按照公司规定严格核检，保证商品的品质。而对于商品入库工作，除了要按公司章程办事，其间还有很多细节和要点需要有关工作人员注意。

● 如何对物料进行编号

编号方法		具体阐述
阿拉伯数字法	连续数字编码法	先将所有物料依某种方式大致排列，然后自 1 号起依顺序编排流水号。这种物料编码方法可做到一料一号，只是顺序编码除显示编码时间的先后，往往与所代表项目的属性并无关联，新购物料无法插入原有排列顺序的料号内，这样不利于管理同属性的物料
	分级式数字编码法	先将物料主要属性分为大类并编定其号码，其次再将各大类根据次要属性细分为较次级的类别并编定其号码，如此继续进行下去。如一件镂空铜项链编号为 90 051 801，90 指代工艺美术品，05 指代首饰，18 指代铜首饰。 这种编码方式简单且逻辑性较强，信息容量大，能明确地反映出分类编码对象的属性或特征及其相互关系，便于计算机汇总数据；而缺点是弹性较差，往往要用延长代码长度的办法，预先留出相当数量的备用号，从而出现号码的冗余。所以，这种编码方法适用于编码对象变化不大的情况
	区段数字编码法	以国际十进制分类法为代表，将所有物料分为十大类，分别以 0 至 9 的数字代表，然后每大类物料再划分为 10 个中类，再以 0 至 9 的数字为代表，如此进行下去
英文字母法		是以英文字母作为物料编码工具的方法，英文字母中 I、O、Q、Z 等字母与阿拉伯数字 1、0、9、2 等容易混淆，故多废弃不用，除此之外，尚有 23 个字母可利用。如以 A 代表金属材料，B 代表非木材，C 代表玻璃；以 AA 代表铁金属，以 AB 代表铜金属等

续上表

编号方法		具体阐述
暗示法	英文字母暗示法	从物料的英文字母当中选取重要且有代表性的一个或数个英文字母（通常取物料英文名称的第一个字母）作为编码的号码，使阅读物料编码者可以从中想象到英文含义，进而从暗示中得知该物料为何物
	数字暗示法	直接以物料的数字作为物料编码的号码，或将物料的数字依一固定规则而转换成物料编码的号码，物料编码的阅读者可从物料编码数字的暗示中获悉该物料为何物
混合法		混合法是指将英文字母和阿拉伯数字结合起来使用的方法，例如 DF 510 036

● 物料接收流程

1 　仓管员对到货物料进行分类，并分别放置；对照装箱单清点外包装数量，查看有无破损；根据订单及装箱单核对物料实际数量。

2 　仓管员将清点结果记录在接收报告中，若数量有差异，及时通知采购部。

3 　仓管员开出验收入库单送至品保部以备进料检验；依据入库单进行收料的系统输入；将接收报告上报至仓库主管，核准后送采购部确认存档。

4 　品保部按进料检验工作流程做好进料检验。

5 　检验合格部分，仓管员在物料单位包装上贴上日期标签（进厂日期）；按规定的仓储位置放置物料，并计入系统程序。

6 　将不合格物料移至回收区，报告采购部以便其做出相应处理。

制度 验收入库制度

第一章 总则

第一条 目的

为了确保入库物资的质量都符合企业要求，防止不合格物资入库、投入使用或流向市场，特制定本制度。

第二条 适用范围

本制度适用于进入本企业仓库的物资的验收工作。

第三条 职责划分

1. 物资验收主管负责统筹安排物资验收工作、制订验收入库计划、处理验收异常情况等。

2. 物资验收专员负责验收所有物资的数量、重量、规格，并检查物资包装和外观情况。

3. 对较为特殊的物资或设备，公司应组织质量部门、技术部门和采购部门等相关部门一同参与检验。

第二章 验收、入库规划

第一条 确定验收入库的内容

1. 核对采购订单与供货商发货单是否相符，依据单据对物资数量进行点收。

2. 检查物资外观，包括包装是否牢固、包装标志标签是否符合要求，开包检查物资有无损坏，物资的气味、颜色、手感等是否正常。

3. 仔细检查物资质量，主要检查其关键质量指标。

4. 记录物资验收信息。

第二条 确定入库验收的方式

1. 入库验收有全检和抽验两种方式，大批量到货一般只进行抽验。

2. 若采用抽验的方式，则需要根据物资的特点、价值、物流环境等综合考虑，确定合理的抽验比例 [1]。

第三条 选择入库验收的方法

入库验收专员应根据物资的特性选择合适的验收方法。具体方法如下。

1. 视觉检验：在充足的光线下，利用视力观察物资的颜色、状态等表面状况，检验物资是否发生了变形、破损、脱落、变色、结块等情况，进而对质量加以判断。

2. 听觉检验：通过摇动、轻度敲击等操作听取声音，以判断物资的质量。

3. 触觉检验：利用手感鉴定物资的光滑度、细度、黏度和柔软度等，判定物资的质量。

4. 嗅觉、味觉检验：通过物资特有的气味、滋味，测定、判定物资的质量。

5. 运行检验：对某些特殊物资，如车辆、电器进行运行检验，确保其能够正常运行。

---

[1] 确定抽验的比例时，一般会考虑七项因素：商品价值、商品的性质、气候条件、运输方式和工具、厂商信誉、生产技术、储存时间。

第四条 确定入库验收的时间

不同数量、种类的物资由于其检验复杂程度、工作量不同，应有不同的验收时间要求。

1. 对外观等易识别的物资，物资验收专员应于收到物资后一天内完成检验。

2. 属用化学或物理手段检验的材料，物资验收专员应于收到物资样件后3天内完成检验。

3. 必须试用才能实施检验者，物资验收主管应在"物资验收报告表"中注明预计完成日期，一般不超过7天。

4. 超过7天未入库的，物资验收主管应及时反馈，定期跟进处理。

第五条 规范物资验收要求

1. 物资验收专员应在物资验收前制定好物资验收要求。

2. 一般情况下，验收普通物资时均需严格执行"凭证手续不全不收、品种规格不符不收、品质不符合要求不收、无计划不收、逾期不收"五项规定。

第三章 物资验收的实施管理

第一条 做好验收准备

1. 收集、整理并熟悉各项验收凭证、资料和相关验收要求。

2. 准备验收所需的计量器具和检测仪器仪表等，确保其准确可靠。

3. 落实入库物资的存放地点，选择合理的堆码垛形和保管方法。

4. 准备所需堆码物料、装卸机械和负责验收作业的人力。如为特殊物资，还须配备相应的防护用品，采取必要的应急防范措施，以防万一。

5. 进口物资或存货单位要求对物资进行质量检验时，要预先通知商检部门或检验部门到库进行检验或质量检测。

第二条 核对单据

1. 审核验收依据，包括业务主管部门或采购部门提供的入库通知单(订货合同、订货协议书)。

2. 核对供货方提供的验收凭证，包括发票、质检报告、发货明细表、装箱单、说明书、保修卡和合格证等是否齐全。

第三条 数量点收

1. 物资验收专员核对供货方所交物料与订单所列物料、品种、规格是否相符。

2. 物资验收专员清点物资数量，确定数量是否相符，是否有超量或少量的现象。

（1）如果数量齐全，物资检验专员进行外观检验。

（2）如果数量不符，上报采购部，由采购部决定如何处理。

第四条 外观检验

1. 物资验收专员对有包装的物资，检验物资包装表面状况；对无外包装的物资，检验物资表面状况。

2. 检查物资和包装容器上是否贴有标签，标签上是否注明了物资品名、物资编码、生产日期、生产厂家和物资数量等内容。

3. 若发现物资有倾覆、破损、变质和受潮等异常现象时，应先初步计算损失。不同程度的损失需要区别对待，具体要求如下所示。

（1）损失超过限定：物资验收专员应及时通知采购人员或供应商前来处理，并尽可能维持异常状态以利于处理作业。

（2）损失未超限定：依实际数量办理验收，并于"物资入库检验报告单"上注明损失数量和实际情况。

第五条　质量检验

1. 物资验收专员选择合适的检验方法，对数量准确、表面完好的物资进行质量检验。

2. 物资验收专员应对检验合格的物资做合格标记，为物资入库做好准备；对检验不合格的物资做不合格标记，由相关人员做进一步处理。

3. 检验完毕，应按照检验结果填制"物资入库检验报告单"。

第四章　物资验收结果处理

第一条　入库验收结果处理

物资验收人员应根据不同的检验结果对物资做出相应处理，具体检验结果及其相应的处理方式如下。

1. 合格：及时入库，若无法及时入库，应贴上"合格"标签待入库。

2. 不合格。

…………

制度 危险物品入库验收制度

第1章　总则

第1条　目的

为了规范危险品的验收工作，确保物资验收人员和仓库的安全，特制定本制度。

第2条　适用范围

所有危险品的入库验收工作均需按照本制度执行。

第3条　责任划分

1. 物资验收主管统筹安排危险品的入库验收作业。

2. 物资验收专员负责执行危险品验收作业。

3. 仓储部相关人员应确保验收区域的安全，协助验收人员开展验收工作。

第4条　相关定义

危险品，是指易燃、易爆、有强烈腐蚀性等物品的总称。

第2章　危险品验收准备

第5条　了解危险品

1. 在进行危险品验收之前，物资验收管理人员必须学习了解常见危险品及其特性。

2. 一般情况下，危险化学品按照其危险性可以分为八大类，具体介绍如下所示。

（1）爆炸品。

在外界作用下（如受热、撞击）能发生剧烈的化学反应，瞬时产生大量的气体和热量，使周围压力急骤上升发生爆炸，对周围环境造成破坏的物品。

（2）压缩气体和液化气体。

①压缩、液化或加压溶解的气体。

②易燃气体、不燃气体和有毒气体。

（3）易燃液体。

①易燃的液体、液体混合物或含有固体物质的液体。

②低闪点液体、中闪点液体和高闪点液体。

（4）易燃固体、易燃物品和遇湿易燃物品。

①易燃固体指燃点低，对热、撞击、摩擦敏感，易被外部火源点燃，燃烧迅速，并可能散发出有毒烟雾或有毒气体的固体，但不包括已列入爆炸品的物质。

②自燃物品指自燃点低，在空气中易发生氧化反应，放出热量而自行燃烧的物品。

③遇湿易燃物品指遇水或受潮会发生剧烈化学反应，放出大量的易燃气体和热量的物品。

（5）氧化剂和有机过氧化物。

①氧化剂指处于高氧化态，具有强氧化性，易分解并放出氧和热量的物质。

②有机过氧化物指分子组成中含有过氧基的有机物，其本身易燃易爆，极易分解，对热、震动或摩擦极为敏感。

（6）毒害品和感染性物品。

①毒害品指能与体液和组织发生生物化学作用或生物物理学变化，扰乱或破坏肌体的正常生理功能，导致生物出现暂时性或持久性的病理状态甚至危及生命的物品。

②感染性物品指含有致病的微生物，能导致生物出现病态甚至死亡的物品。

（7）放射线物质。

有放射性的物品。

（8）腐蚀品。

①能灼伤人体组织并对金属等物品造成损坏的固体或液体。

②酸性腐蚀品、碱性腐蚀品和其他腐蚀品。

第6条 危险品储运保护

由于其特殊性质，在储运、检验危险品的过程中，应注意以下四点。

1. 爆炸品在储运时避免摩擦、撞击、颠簸、震荡，严禁与氧化剂、酸、碱、盐类、金属粉末和钢材料器具等混储混运。

2. 易燃液体在储运时应严禁烟火，远离火种、热源；禁止使用易发生火花的铁制工具及穿带铁钉的鞋。

3. 储运易燃固体时应特别注意粉尘爆炸。

4. 遇湿易燃物质起火时，严禁用水、酸碱泡沫、化学泡沫扑救。

第 7 条　验收准备

1. 物资验收专员熟悉了解即将到库的危险品，做好个人防护准备。

2. 物资验收专员根据危险品性质，做好到库验收场地、器材等方面的准备。

第 3 章　危险品验收实施管理

第 8 条　审核凭证

物资验收专员审核"装箱单""采购单"等入库凭证与来库物资的品种、数量、规格等是否一致。

第 9 条　检验在途运输情况

不论是经由铁路、公路还是水路运输，工作人员都应检查危险品是否按分类运输，以免不同性质的商品混装混运、相互沾染，造成不同性质商品的相互反应，发生燃烧或爆炸等事故。

第 10 条　检验包装整洁性

1. 检验危险品外包装上是否沾有异物。

2. 危险品外包装必须坚固、耐压、耐火、耐腐蚀。

第 11 条　检验包装严密性

1. 检验危险品的包装、封口、衬垫物等必须符合要求。

2. 危险品包装不应有液体或气体渗漏和挥发。

第 12 条　检验危险品本身质量

针对危险品的特有属性，物资验收专员选择适合的工具对其进行质量检验。

第 13 条　验收结果处理

如果在验收过程中发现问题，验收专员应及时采取相应措施予以妥善处理。

第 4 章　附则

第 14 条　本制度由仓储部制定，其修改、解释权归仓储部所有

第 15 条　本制度经总经理审核确认后，自颁布之日起执行

:::

制度 原材料入库管理制度

第一章　总则

第一条　目的

为规范原材料入库管理，使各项作业有序进行，特制定本制度。

第二条　适用范围

本制度适用于公司所有原材料的入库管理。

第二章 原材料入库规定

第三条 暂收作业流程

1. 供应商送交原材料时，仓库人员必须填写"入库单"一式三联，详细填写订购单号码、日期、品名、料号、数量，并将"入库单"送到点收处。

2. 仓储人员将"入库单"与本公司"订购单"核对。点收人员对供应商所送的物料进行点收，核对物料质量与"入库单"无误后，再核对订单数量与所交数量是否相符，是否有超交现象。

3. 超交的原材料以退回为原则，但可以考虑让厂商寄存，而不做进料验收的处理。

4. 点收人员核对无误后，在入库单上签字，并将其内容转记于原材料暂收日报表。

5. 点收人员若在核对送交物料时，发现数量不符，或混有其他物料，以及其他特殊情况时，应要求供应商的送货人员立即修改送货单或予以拒收。

第四条 验收检查

1. 原材料的验收检查，由品管部进料检验人员依进料检验规定实施检验。

2. 进料检验结果有三种，即合格（或允收）、不合格（或拒收）与特采（或让步接受）。

3. 判定合格时，需将良品总数填入"进料检验单"第一至三联的合格栏并签字，经权责主管核准后，第三联交品管部留存，第一、二联转交仓管人员，以便办理入库手续。

4. 判定不合格时，必须在进料检验单的第一至三联上注明并签字，同时填写不合格处理单一式两联，经权责主管审核后，留存进料检验单第三联及不合格处理单第二联，将进料检验单第一、二联转仓储人员，将不合格处理单第一联转采购人员，以利于办理退货手续。

5. 判定不合格而暂收的原材料应予以办理退货手续，但因实际需要，需对暂收中的原材料的一部分或全部进行特采使用时，可依进料检验规定中有关特采的流程办理特采。

第五条 暂收退货

如果仓储人员判定不合格，暂收中的原材料须办理退货，按下列规定办理。

1. 采购人员接获不合格处理单后，应立即联络厂商办理退货手续。

2. 仓储人员核对退货物品与进料检验单记录是否一致，并留存第二联，第一联送交财务部。

3. 仓储人员与厂商核对清点物料数量、品名一致时，进行物料交接，并在原材料暂收日报表上注明，同时请厂商签字。

4. 仓储人员依公司物品出厂管理相关规定，协助厂商办理退货物料出厂手续。

第六条 入库作业

如果仓储人员判定原材料合格，应办理入库手续。

1. 仓储人员核对物料数量与合格总数量是否相符，在安排物料进入仓库后，在入库单实收入库数栏内填上实收数量，经权责主管审核后，留存第二联，将第一联转财务部。

2. 仓储人员依入库单与原材料暂收日报表，将物料登记在库存账卡及账册内。

3. 仓储人员需在隔天9点前将供应商"送货单""入库单"及"进料检验单"订在一起交予财务人员，将入库单采购联交采购人员。

第七条　特采处理

判定特采的物料，应办理入库手续。

1. 特采的原材料数量由品管部主管确认，并提出必要的处理方式或比例，填写在特采申请单的对策栏内。

2. 进料检验单上应注明特采，并标注扣款金额。

3. 仓储人员参照合格原材料流程办理入库手续。

第三章　附则

第八条　本制度由公司总部仓储管理部负责制定、解释并检查、考核

第九条　本制度报总经理批准后施行，修改时亦同

制度 库管人员工作要求与纪律

第一条　严格履行出入库手续，对无效凭单或审批手续不健全的出、入库作业请求有权拒绝办理，并及时向上级反映。

第二条　妥善保管出入库凭单和有关报表、账簿，不可丢失。

第三条　做好保密工作。

第四条　库管员调动工作时，一定要办理交接手续，由上级监交，只有当交接手续办妥之后，才能离开工作岗位。移交中的未了事宜及有关凭单，要列出清单三份，写明情况，双方与上级签字，各保留一份。

第五条　监督做好文明安全装卸、搬运工作，保证物资完整无损。

第六条　做好仓库的安全、防火和卫生工作，确保仓库和物资安全完整，库容整洁。

第七条　做好仓库所使用的工具、设备设施的维护与管理工作。

第八条　做到四"检查"。

（一）上班必须检查仓库门锁有无异常，物品有无丢失。

（二）下班检查是否已锁门、拉闸、断电及是否存在其他不安全隐患。

（三）经常检查库内温度、湿度，保持通风。

（四）检查易燃、易爆物品或其他特殊物资是否单独存储、妥善保管。

第九条　严格遵守仓库工作纪律。

（一）严禁在仓库内吸烟、动用明火。

（二）严禁酒后值班。

（三）严禁无关人员进入仓库。

（四）严禁未经财务总监同意涂改账目、抽换账纸。

（五）严禁在仓库堆放杂物。

（六）严禁在仓库内存放私人物品。

（七）严禁私领、私分仓库物品。

（八）严禁在仓库内谈笑、打闹。

（九）严禁随意动用仓库的消防器材。

（十）严禁在仓库内私拉乱接电源、电线。

第十条 未按本规定办理物资入、出库手续而造成物资短缺、规格或质量不合要求的和账实不符，库管员要承担由此引起的经济损失，其上级负领导责任，并视情节严重程度按公司"员工奖惩制度"相应条款进行处罚。

拓展知识 出入库扫码管理系统

仓管人员都知道产品或物料入库常常伴随着大量的信息登记工作，如今二维码和条形码的广泛使用，让很多企业都将出入库扫码管理系统纳入公司整个管理系统，使企业入库登记越来越简单化、智能化、高效化，且库内物料的名称、图片、价格和数量也一目了然。

想要做好入库管理工作，除了制度的制定，更要试着接受科学的技术和系统，这是管理者和岗位工作者的基本素养。常见的出入库扫码平台有很多，如简道云、微信的云库存表小程序等。

范表 入库单

No.××××××

部门：　　　　　　　订单号：　　　　　　　日期：　年　月　日

序号	物料编号	品名	规格	单位	入库数量	实收数量	备注
1							
2							
3							
4							
5							
6							
7							
8							

一式三联（白联仓库·红联财务·黄联生产）

核准：　　　　审核：　　　　仓库：　　　　入库人：

范表 成品入库日报表

入库单位：

日期： 年 月 日

NO.	制令号	批量	检验单号	品名	规格	区分 A/B	入库类别 A1	入库类别 A2	入库类别 A3	入库数	实收数	收料
1												
2												
3												
4												
5												
6												
7												
8												
9												
10												

备注 入库类别说明：A1，成品；A2，半成品；A3，退修品。
区分说明：A，本厂供料；B，他厂供料。

资料部		制造部	
登账	主管	组长	组长	承办

更多模板

办公用品入库登记表   仓库管理员岗位职责

仓库收货员岗位职责   仓库经理岗位职责

物资储存保管规定   库存控制与分析管理规定

5.2 仓储搬运和保管工作

仓储是通过仓库对商品与物品进行储存与保管，是集中反映工厂物资活动状况的综合场所，是连接生产、供应、销售的中转站，对促进生产、提高效率起着重要的辅助作用。仓储活动中有两项重要的工作是搬运和保管，各有其工作要点，有关工作人员应该做好相应准备。

● 利用好各种搬运工具

搬运工具		具体介绍
装卸堆垛设备	桥式起重机	桥式起重机是横架于车间、仓库和料场上空进行物料吊运的起重设备。由于其桥架沿铺设在两侧高架上的轨道纵向运行，可以充分利用桥架下面的空间吊运物料，不受地面设备的阻碍。它是使用范围最广、数量最多的一种起重机械
	轮胎式起重机	轮胎式起重机俗称轮胎吊，是指利用轮胎式底盘行走的动臂旋转起重机。采用专用底盘，其优点是轮距较宽、稳定性好、车身短、转弯半径小，可在 360° 范围内工作，作业移动灵活。但其行驶时对路面要求较高，行驶速度较慢，不适合在松软泥泞的地面上工作
	门式起重机	门式起重机是桥式起重机的一种变形，又叫龙门吊。主要用于室外的货场、料场货、散货的装卸作业。门式起重机具有场地利用率高、作业范围大、适应面广、通用性强等特点，在港口货场得到广泛使用

续上表

搬运工具		具体介绍
装卸堆垛设备	叉车	叉车是工业搬运车辆，是指对成件托盘货物进行装卸、堆垛和短距离运输作业的各种轮式搬运车辆。它具有适用性强、机动灵活、效率高的优点。常用于仓储大型物件的运输，通常使用燃油机或者电池驱动
	堆垛起重机	堆垛起重机是指采用货叉或串杆作为取物装置，在仓库、车间等处攫取、搬运和堆垛，或从高层货架上取放单元货物的专用起重机。可在立体仓库的通道内来回运行，将位于巷道口的货物存入货架的货格，或者取出货格内的货物送到巷道口。车身结构灵巧轻便，转弯半径小，操作舒适
搬运传送设备	电动搬运车	即起搬运货物作用的物流搬运设备。由于该车的行走与起升都是采用电动，驾驶方式为站驾式，转向操作为舵把式转向，所以它具有省力、效率高、货物运行平稳、操作简单、安全可靠、噪音小、无污染等特点。该车采用 24 伏大容量电瓶，大大延长了一次充电后使用的时间
	皮带输送机	皮带输送机具有输送量大、输送距离远、结构简单、维修方便、部件标准化等优点，并可以上下坡传送。广泛应用于家电、电子、电器、机械、烟草、注塑、邮电、印刷、食品等各行各业，方便物件的组装、检测、调试、包装及运输等
	手推车	手推车是以人力推、拉的搬运车辆，虽然物料搬运技术不断发展，但手推车仍作为不可缺少的搬运工具被沿用。其优点有造价低廉、维护简单、操作方便、自重轻，能在机动车辆不便使用的地方工作，在短距离搬运较轻的物品时十分方便
成组搬运工具	托盘	托盘是使静态货物转变为动态货物的媒介物，一种载货平台，而且是活动的平台，或者说是可移动的地面。即使放在地面上失去灵活性的货物，一经装上托盘便立即获得了活动性，成为灵活的流动货物，装在托盘上的货物在任何时候都处于可以转入运动的准备状态中。这种以托盘为基本工具组成的动态装卸方法，就叫作托盘作业

拓展知识 认识各种运输标志

运输标志又称唛头（shipping mark），它通常是由一个简单的几何图形和一些英文字母、数字及简单的文字组成，其作用在于使货物在装卸、运输、保管过程中容易被有关人员识别，以防错发错运。

● 储存保管的基本业务

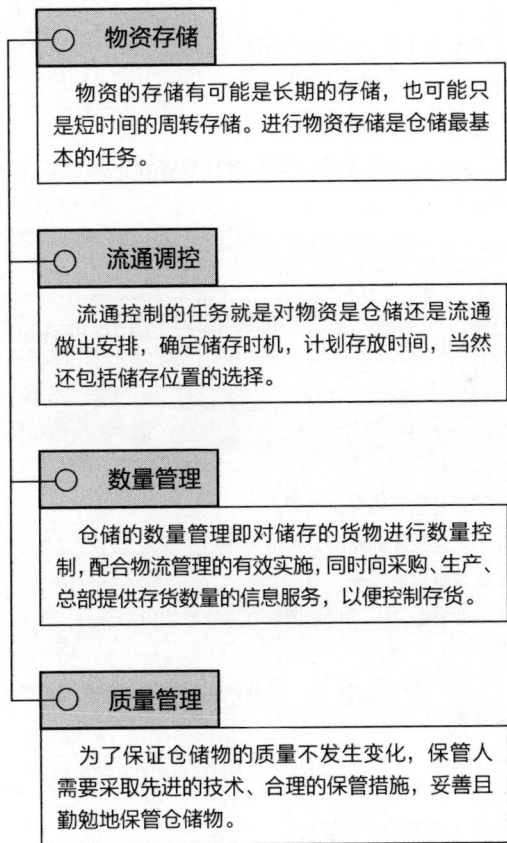

○ **物资存储**

物资的存储有可能是长期的存储，也可能只是短时间的周转存储。进行物资存储是仓储最基本的任务。

○ **流通调控**

流通控制的任务就是对物资是仓储还是流通做出安排，确定储存时机，计划存放时间，当然还包括储存位置的选择。

○ **数量管理**

仓储的数量管理即对储存的货物进行数量控制，配合物流管理的有效实施，同时向采购、生产、总部提供存货数量的信息服务，以便控制存货。

○ **质量管理**

为了保证仓储物的质量不发生变化，保管人需要采取先进的技术、合理的保管措施，妥善且勤勉地保管仓储物。

制度 仓库规划管理制度

第1章 总则

第1条 目的

为使仓库管理规范化，科学合理地规划储位，根据工厂的具体情况，特制定本制度。

第2条 范围

本制度适用于工厂各仓库的规划管理工作。

第3条 责任

仓储部负责仓库的规划管理工作。

第4条 解释

仓库区域根据用途不同可分为储存区与行政生活区。

1. 储存区主要包括库房、库棚、通道等。

2. 行政生活区为仓储部办公地点和生活区域。

第2章 仓库规划与设计

第5条 仓库规划原则

1. 符合作业流程。

2. 减少搬运距离。

3. 减少无效工作。

4. 合理利用空间。

5. 安排配套设施。

6. 注重仓库安全。

第6条 仓库有效面积

1. 仓储部人员须掌握仓库有效存储面积。

2. 仓库的有效面积是其使用面积减去过道、垛距、墙距及进行验收备料等的面积。

第7条 仓库库容量计算

库容量是仓库的主要参数之一，也是评价仓库质量的指标之一，库容量的大小首先取决于生产、经营的需要。

1. 库容量的计算与库内货物存放形式、装卸搬运机械的类型及通道等有关，在设计时，应根据实际情况具体计算。

2. 库容量的大小一般运用库容量利用系数来计算。计算库容量时，应考虑库房的总损失，其具体计算公式如下：

总损失 ＝ 通道损失 ＋ 蜂窝形空缺损失

第8条 库房设计

库房设计是指仓库内库房和货场的设计，设计参数包括静态参数、动态参数和限制条件。库房设计包括以下具体内容。

1. 确定仓库形式和作业形式。

2. 确定货位尺寸和库房总体尺寸。

3. 物资堆码设计。

4. 通道设计。

5. 设备配置。

6. 存取模式和管理模式。

7. 建筑和公用工程设计。

第9条 仓库通道设计

仓库通道是除了货品存储面积以外的所占面积最大的部分，仓库通道的设计是仓库规划中重要的内容之一。仓库通道的布置合理与否，将影响仓库作业和物流合理化，以及生产率的提高。

1. 汽车通道。仓储部根据运输量、日出入库的车辆数量、机动车辆的载重量及型号等设计道路的宽度、地面承载能力等。库区的出入口应按作业流程设置，做到物流合理化。

2. 作业通道。在库房内货位之间还应留有作业通道。通道的宽窄应根据装卸搬运机械的类型确定，同时应考虑库房面积的充分利用和各种作业的方便、安全。

第3章 库位管理

第10条 库位规划

仓储部依据出库情况、包装、方式等规划所需库位及其面积，以使库位空间得到有效利用。

第11条 库位配置

库位配置原则应符合下列规定。

1. 配合仓库内设备（如油压车、手推车、消防设施、通风设备、电源）及所使用的储运工具规划运输通道。

2. 依销售类别、产品类别分区存放，同类产品中计划产品与定制产品应分区存放，以便于管理。

3. 收发频繁的成品应配置于进出便捷的库位。

4. 将各项成品依品名、规格、批号划定库位，标明于"库位配置图"上，并随时显示库存动态。

第12条 成品摆放

仓储部应会同质量管理部依成品包装形态及质量要求设定成品堆放方式及堆积层数，以避免成品受挤压而影响质量。

第13条 库位标识

1. 仓储部应根据以下方法进行库位编号，并于适当位置明显标示。

（1）层次类别依A、B、C顺序逐层编订，没有时填"○"。

（2）通道类别依A、B、C顺序编订。

（3）仓库类别依A、B、C顺序编订。

2. 仓储部应在每一库位设置标识牌，标示其库存的品名、规格及单位包装量。

3. 仓储部依库位配置情况绘制"库位指示图"悬挂于仓库明显处，方便货物的进出。

第 14 条　库位管理

1. 仓储部应掌握各库位、各产品规格的进出动态，并依先进先出原则指定收货及发货库位。

2. 各种规格产品原则上应配置两个以上小库位，以备轮流交替使用，以达到先进先出的要求。

第 4 章　附则

第 15 条　本制度由仓储部制定，解释权归仓储部所有

第 16 条　本制度自颁布之日起执行

制度 仓库安全管理制度

第一章　总则

第一条　为规范仓库物资的安全管理，特制定本制度。

第二条　本制度由仓储部负责制定、解释，报总经理批准后执行，修改时亦同。

第三条　本制度自颁布之日起执行。

第二章　仓库安全保障措施

第四条　仓库安全保卫工作是仓库安全管理的重要方面，要求采取一切措施，提高警惕，防止事故的发生，保卫仓库及储存物资的安全。仓库中必须安装防盗监视、自动报警设备。仓库应设置专门的安全人员，由其全面负责仓库的保卫工作。

第五条　设立安全保卫机构。

1. 仓库的保卫工作是仓库安全管理的一个重要组成部分，它关系到整个仓库人员、财产及物资的安全。为了有效实施仓库的保卫工作，企业应当根据仓库规模的大小、仓库作业的特点、所储存物资的重要程度，成立专门的保卫组织，全面负责仓库的保卫工作。

2. 仓库安全保卫组织的工作应该在本公司行政部的领导下进行，业务上受公安机关和上级保卫部门的双重领导。

第六条　明确工作职责。

安全保卫工作的主要内容是严防破坏盗窃事故，预防灾害性事故的发生，维护仓库内部的治安秩序，保证仓库及库存物资的安全。具体来说，仓库保卫工作的主要任务是做好警卫及保卫工作。

1. 做好警卫工作。

仓库安全管理员要负责仓库日常的警戒，做好仓库的守卫工作。

（1）守卫仓库大门，掌握出入库人员的情况，并对出入库人员进行登记。

（2）阻止非仓库人员进入仓库，严禁火种、易燃、易爆等危险品被带进仓库。

（3）核对出库凭证，检查出库商品与出库凭证是否相符，并做好相应记录。

（4）日夜轮流守卫仓库，防范破坏活动，确保仓库的安全。

2. 做好保卫工作。

仓库安全管理员还要做好仓库的防灾工作，预防并处理各类突发事件。

（1）对仓库中的设施、人员及存储商品的安全负责任，消除各种不安全因素，确保仓库的安全。

（2）负责在本仓库开展安全生产教育，提高仓库作业人员的安全意识。

（3）全面落实防台风、防汛、防暑降温、防寒防冻等工作，以保障仓库及存储物资的安全。

（4）配合消防部门进行消防训练和消防安全竞赛。

（5）积极完成上级领导和公安机关交办的各项治安保卫工作。

（6）定期对仓库的安全工作进行总结，提出改进意见。

第七条 仓库安全管理员应遵守岗位职责，坚守岗位，文明上岗。

1. 遵守岗位规范。安全管理员要严格遵守岗位规范，做好自己的本职工作。

（1）遵守作息时间。

一是仓库安全管理员必须严格遵守仓库保卫制度，坚守岗位，工作时间不得随意离开仓库。有事外出时，必须请假并获得批准。二是为保证安全管理员的休息，仓库可设立专供安全管理员休息的保卫室，并采用三班轮休的方法。

（2）遵守检查制度。

仓库安全管理员应熟悉仓库的工作人员、证件和出库手续，并严格按照制度进行各项检查。一是对外来人员、车辆进行登记，对商品出库凭证及出库商品进行详细核对。二是对仓库安全进行定期检查，并详细记录检查情况。

（3）保护仓库安全。

仓库安全管理员还要熟悉仓库附近的社会情况和地形，当发现不法分子行窃、破坏时，应坚决制止，并及时报警抓捕。

2. 做到文明上岗。安全管理员除了要履行自己的主要职责外，还要严格遵守安全管理员的文明岗位规范。

（1）安全管理员当班必须着装整齐、统一标识、仪容整洁、坚守岗位。

（2）安全管理员当班必须热情服务、举止文明、礼貌待人、语言规范。

（3）安全管理员要文明站岗执勤，及时指挥车辆、人员的进出，保持仓库通道畅通，停车摆放整齐。

（4）安全管理员必须保持保卫室的清洁。

（5）保卫室不得兼做其他场所，不得放置无关物资，无关人员不得进入保卫室内闲谈。

第三章 仓库安全管理规定

第八条 安全管理员必须严格执行公司仓储部安全保卫的各项规章制度，贯彻预防为主的方针，做好防火、防盗、防汛、防工伤事故等工作。

第九条 本着"谁主管谁负责，宣传教育在前"的原则，坚持部门责任制。建立健全各级安全组织，做到制度上墙、责任到人，逐级把关，不留死角。

第十条　库区配备的各种消防器材和工具，不得私自挪用。

第十一条　非仓库管理相关人员未经允许一律不得进入库房，对不听劝阻者，记下工牌号码，上报有关部门，按过失处理。

第十二条　各种危险品及易燃品、易爆品等严禁进入库区。

第十三条　仓库区域内严禁烟火和明火作业，确因工作需要动用明火，按安全保卫有关规定执行。

第十四条　做好来宾登记工作，严禁夜间留宿。特殊情况须报公司行政部保卫科备案。

第十五条　仓库管理员下班前要关闭水、暖气、电源的开关，锁好门窗，消除一切安全隐患，上班后如发现库房内有被盗迹象，要保护现场，并尽快通知相关部门。

制度 呆废料管理制度

第1章　总则

第1条　目的。

为合理处理呆废料，降低库存成本，减少公司损失，根据公司具体情况，特制定本制度。

第2条　适用范围。

本制度适用于库存呆废料的管理与处理相关事项。

第3条　责任。

呆废料的管理与处理由公司仓储部负责。

第4条　相关定义。

1. 呆料，即指物资存量过多、消耗极少，库存周转率极低的物资，这种物料可能偶尔会耗用少许，也可能根本不会动用。但呆料本身是可用的，并保留原有特性和功能。

2. 废料，指报废的物料，即已失去原有功能而本身无可用价值的物料。

第5条　呆废料管理目的。

1. 物尽其用。

2. 减少资金占用。

3. 减少人力及费用。

4. 节约仓储空间。

第2章　呆料处理

第6条　呆料产生的原因。

1. 设计部门。

（1）试产时发现设计不可行，试产时的部分物料变为呆料。

（2）设计变更，来不及修正的采购活动或存量变为呆料。

（3）设计能力不足，某些材料零件变为呆料。

2. 生产管理部门。

（1）产销不协调，生产计划变更频繁，产生呆料。

（2）生产计划错误，造成备料失误。

（3）变更销售计划后生产计划未随之变更，造成物料计划落空。

（4）生产现场管理不善，物料发放或领取等管理不善。

3. 仓储部。

（1）物料计划不当，库存管理不当，存量控制不当。

（2）仓储管理不当。

4. 采购部门。

采购管理部门交期延误，质量低劣，数量过多。

5. 质量管理部门。

（1）检验失误，物料中含有不合格品。

（2）检验仪器不够精良，有不合格品。

6. 销售部。

（1）市场预测错误，准备过多物料。

（2）订单取消、更改等。

第7条 呆料的处理方法[1]。

1. 仓储部每月统计各项呆料数，供生产部门、设计部门、采购部门参考。

2. 调拨其他生产车间。

3. 设计部设计能用上呆料的新产品。

4. 低价处理或与供货商交换其他可用物料。

5. 销毁呆料。

第8条 呆料的处理流程。

1. 仓储部在盘点过程中统计呆料，编制呆料明细表。

2. 仓储部呆料负责人员调查呆料产生的原因，拟定处理方式和期限，制作呆料处理单，仓储主管签字后报主管副总审批。

3. 审批通过后，根据处理方式进行处理。

4. 做好相关档案的登记工作。

第3章 废料处理

第9条 废料产生原因分析。

---

[1] 一般来说，处理呆料有四个基本途径，分别是：①调拨其他单位利用或与其他公司物物交易处理。②修改再利用或实无利用做破坏焚毁。③借新产品设计时推出。④打折扣出售给原来的供应商。

1. 物料长期没有使用，陈腐不堪而失去使用价值。

2. 超过使用年限。

3. 仓储部工作失误。

第 10 条　废料处理 [1]。

仓储部及时对废料进行处理，开设废料区，将废料分门别类存放。废料积累到一定程度时，做出售处理，并登记档案资料。其处理流程如下。

1. 仓储部、质量管理部人员确认废料。

2. 仓储部人员编制废料报表，经仓储部经理签字后报主管副总审批。

3. 根据处理审批意见进行废料处理。

4. 仓储部做相关档案登记工作。

第 4 章　呆废料预防措施

第 11 条　在产品设计环节预防产生呆废料的措施。

1. 提高设计人员的设计能力，降低设计失误率。

2. 设计完成后经过完整的实验并有较好的市场前景时，方可投入生产。

3. 设计时须加强对设计零部件、包装材料等的标准化管理。

第 12 条　在产品生产环节预防产生呆废料的措施。

1. 加强与销售部的沟通，协调产销，妥善处理紧急订单。

2. 制订合理的生产计划，依据订单和进度进行生产。

3. 加强对生产现场的管理，优化领料、发料的管理。

4. 加强对生产工人的培训，减少各环节呆废料的产生。

第 13 条　在仓储保管环节预防产生呆废料的措施。

1. 做好物料盘点清理工作，控制库存量。

2. 注意仓库的卫生与安全。

3. 加强物料仓储计划的稳定性。

第 14 条　在采购中预防产生呆废料的措施。

1. 认真评估并选择供货商，提高进料质量。

2. 分析呆废料产生原因，减少请购不当的情况。

第 15 条　在销售环节预防产生呆废料的措施。

1. 提高市场预测能力，制订科学合理的销售计划。

2. 加强客户订单的确认工作。

3. 复核客户的订单信息，尽量避免更改订单。

[1] 现在环保的概念已经深入社会，裁切废料的回收和循环利用变得非常普遍，循环利用和销售某些废料对常常产生大量生产废料的企业来说是非常有益的，不仅可以节约成本，减少损失，还为环保出力。

第5章 附则

第16条 本制度由仓储部制定，解释权归仓储部所有。

第17条 本制度自颁布之日起执行。

制度 物资储存保管制度

第一章 总则

第1条 为加强仓库物资储存管理，降低物资储存费用，特制定本制度。

第2条 本制度适用于企业仓库物资的储存保管事项。

第3条 物供管分司仓储管理科为物资存储管理的归口管理部门，在物资存储方面，其他部门负责协助仓储管理科的工作。

第二章 储存保管规定

第4条 物资的储存保管，原则上应根据物资的属性、特点和用途规划设置仓库，并根据仓库的条件考虑划区分工，合理、有效地使用仓库面积。

第5条 建立码放位置图、标记、物资卡，并置于明显位置。物资卡上载明物资名称、编号、规格、型号、产地或厂商、有效期限、储备定额等相关信息。

第6条 仓库管理员对所经管的物资，应以有利于先进的作业原则分别决定储存的方式位置。

第7条 凡吞吐量大的用落地堆放方式，周转量小的用货架存放方式。落地堆放以分类和规格的次序排列编号，上架的以分类号定位编号。物资堆放的原则如下。

1. 本着"安全可靠、作业方便、通风良好"的原则合理安排垛位和规定地距、墙距、垛距、顶距。

2. 物资品种、规格、型号等结合仓库条件分门别类进行堆放（在可能的情况下推行五五堆放），要做到过目见数、作业和盘点方便、货号明显、成行成列。

第8条 物资存放时应考虑其忌光、忌热、防潮等因素，妥为存放，仓库内部应严禁烟火，并定期实施安全检查。

第9条 经常进行盘点，做到日清月结，按规定时间编报库存日报和库存月报。

第10条 仓库管理员整理该仓储保管物资的出货、储存、保管、检验及账务报表的登录等业务，每日根据出入库凭单及时登记核算，月终结账和实盘完毕后与财会部门对账。

第11条 仓库管理员对于所保管的库存物资应予严密稽核清点，各仓库随时接受单位主管和财务稽核人员的抽查。

第12条 每月必须对库存物资进行实物盘点一次，并填报库存盘点表。

1. 发现盈余、短少、残损或变质，必须查明原因，分清责任，写出书面报告，提出处理建议，呈报上级和有关部门，未经批准不得擅自调账。

2. 积极配合财会部门做好全面盘点和抽点工作，定期与财会部门对账，保证账表、账账、账物相符。

第13条 每年年终，仓储部应会同财务部、业务部门等共同处理，总盘存时必须实地查点产品的规格、数量是否与账面的记载相符。

1. 盘点后，应由盘点人员填写盘存报告表，若有数量短少、品质不符或损毁情况，应详加注明后由仓库管理员签名确认。

2. 盘点后，如有盘盈或不可避免的亏损情形时，应由仓储管理科呈报总经理核准调整，若为保管不当引起的库存短少，由仓库经管人员负责赔偿。

第三章 仓储储存保管注意事项

第14条 仓库环境卫生要每日清扫并做好保持工作，每次作业完毕要及时清理现场，保证库容整洁。

第15条 做好各种防患工作，确保物资的安全保管。预防内容包括防火、防盗、防潮、防锈、防腐、防霉、防鼠、防虫、防尘、防爆、防漏电。

第16条 切实做好安全保卫工作，严禁无关人员进入库区。建立和健全出入库登记制度，对因工作需要出入库人员、车辆按规定进行盘查和登记，签收"出门证"。

第17条 切实做好防火安全工作，库区内严禁吸烟，严禁携带易燃易爆物资，严禁明火作业。对库区的电灯、电线、电闸、消防器具、设施要经常检查，发现故障及时维修排除，不得擅自挪动或挪用消防器具。

第18条 库存物资如有呆废或损毁、仓库管理员不能自行处理的，应立即填写"物资送修单"，连同物资送交服务单位维护。

第19条 仓库管理员如有变动，应先由其所属部门的主管查对库存物资的移交清册后，再由交接双方会同监交人员实地盘存。

第20条 除仓库管理员外，其他人员未经允许不得擅自进入。

拓展知识 ABC 分类管理物料

ABC 分类管理就是将库存物品按类型、功能或占用资金的多少进行分类，分为特别重要的库存（A 类）、一般重要的库存（B 类）和不重要的库存（C 类）三个等级，仓库可以针对三个级别的库存设置不同的管理标准，使管理更加精细、有效率。

制度 仓库人员进出管理规定

1. 目的

为加强对公司仓库物料、设施保全管理，特制定本办法。

2. 适用范围

适用二楼半成品仓库。

3. 适用人员

全公司范围内所有人员（包含各层级管理人员及供应商人员和参观人员等）。

4. 仓库人员进出管理

（1）非本仓库人员不得随意出入仓库，公司认可的（在仓库门口张贴出的）各现场人员因工作需要进仓，需在仓管员的陪同下方可进入仓库，任何进入仓库的人员必须遵守仓库管理制度，如有违反则按公司相关规则制度进行处罚。

（2）现场人员工作办理完毕、手续完结后必须立即离开仓库，不准逗留，如有违反则按公司相关规则制度进行处罚。

（3）所有厂商人员在未经得仓库主管同意前，一律不得擅自进入仓库区域。

（4）在公司范围内，仓库管理员以上层级人员在进行循环盘点、工作督导或 5S[1] 稽核时，无须执行此仓库进出管理办法。

5. 仓库出入许可申请

（1）管理部对仓库出入人员资格进行审核，并在仓库门口张贴人员照片、人员姓名、工号等信息。

（2）人员有异动时，由管理部统一更改人员标示。

6. 其他相关事项

（1）仓库门口须张贴本仓库人员和现场许可证人员的照片及对应的员工姓名、工号并始终处于有效状态。

（2）未经公司许可，仓库各级人员不得带领厂外人员进入仓库参观、取样、拍照等，否则予以除名处理。

（3）下班时，仓库管理员或其指定代理人需检查所有人员已全部离开，并确认门已上锁，保证公司物料、设施等财产安全。

（4）下班后，如有紧急情况进入仓库领料，需要部门主管先通知仓储部主管后，去门卫申请领取钥匙，在门卫陪同下进库领取物料，领料人员需配合门卫进行实物数量请点，无误后出库，由门卫将仓库门上锁，并需在"晚班特殊领料登记表"上登记。次日 9:00 之前领料员需与仓管补做相关的领料资料及领料表单明细。

（5）仓储部主管有随时对仓库进出管理办法执行状况进行稽核的职责。

---

[1] 5S 管理法是非常有效、非常经典的管理方法，起源于日本，5S 即整理（seiri）、整顿（seiton）、清扫（seiso）、清洁（seiketsu）、素养（shitsuke）。整理，即区分要与不要的物品，现场只保留必需的物品；整顿，即必需品依规定定位、定方法摆放整齐有序，明确标示；清扫，清除现场内的脏污、清除作业区域的物料垃圾；清洁，将整理、整顿、清扫实施的做法制度化、规范化，维持其成果；素养，人人按章操作、依规行事，养成良好的习惯，使每个人都成为有职业素养的人。

范表 仓库内审表

依据文件标准		受审部门		仓库	
审核员		审核组长			
		受审部门主管			
序号	审核项目	所见事实		结果判定	
				Y	N

注意事项：各审核员须对本表的"审核项目"进行完整审核，并将所见事实详细记入栏目内。

范表 仓库管理员考核表

姓名：		部门：		考核日期： 年 月 日				
序号	考核标准	考核依据	考核总分	最终得分	评比得分			
					自评	审核	核准	
合计			100					
核准：		审核：		制表人：		员工：		

范表 六个月无异动滞料明细表

编号：

材料编号	单位	名称规格	入库日期	请购部门	最近6个月无异动			发生原因		代理代号	拟处理方式			处理部门	经理批示	处理表编号	结业日期	重拟期限
					数量	单价	金额	代号	说明		代号	数量	期限					

注：1. "发生原因"项按滞料及滞成品处理准则（滞存原因分类代号）的规定填写。
2. "拟处理方式"项，用以下字母代号表示意思，A——转用；B——出售；C——交核；D——拆用；E——报废。

主管：　　　　　　　　　　　　　　经办：

更多模板

货位卡管理制度   装卸工管理制度

仓库货位管理制度   仓库移仓申请表

成品仓库周报表

5.3　物料盘点与出库管理

企业各类物资储存在仓库中，为确保物资数量、状况能够被各有关部门掌握，需要时时盘点，保证物资账实相符，这样销售、生产、采购、财务等部门才能依据详细而准确的信息展开工作，有利于使企业生产链更加流畅。而物资的出库也受仓库查验，保证按要求发放物资，以防物资平白丢失或对不上号。

● 物料盘点方法有哪些

定期盘点法 —— 定期盘点是每隔一定的时间企业要对库存物料盘点一次，补充批量的大小决定于该时间的库存量。因此，订货批量随时间而变化，并根据需求率的变化来改变订货量。由于定期盘点有库存检查的间断性和相关性，它适用于统一订单的情况，尤其是那些供货较少或者比较集中的场合。

缺料盘点法 —— 当某一物料的存量低于一定数量时进行清点，这样能够及时保证生产的供应，防止物料的短缺让企业措手不及。

动态盘点法 —— 仓库保管员在进行物资出入库业务的同时，对库存物资数量（即进库、出库和库存数）进行清点，是保证库存物资账、卡、物相符的有效方法。

交叉盘点法 —— 为了避免在盘点的过程中因为个人的失误造成数据误差，可以采用交叉盘点法，安排不同的盘点人员负责不同物料的盘点，再各自交换，任一部分的数据都能互相印证。

重点盘点法 —— 重点盘点法是指对货物进出动态频率高的，或者易损耗的，或者昂贵重要的进行盘点的一种方法。有重点地进行盘点能够节省工作人员的时间和精力，效率更高。

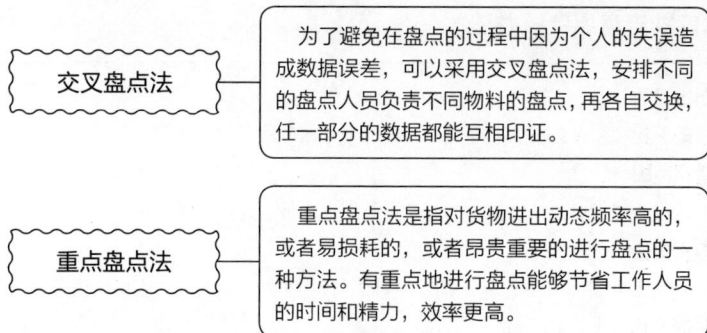

● 物料发放流程

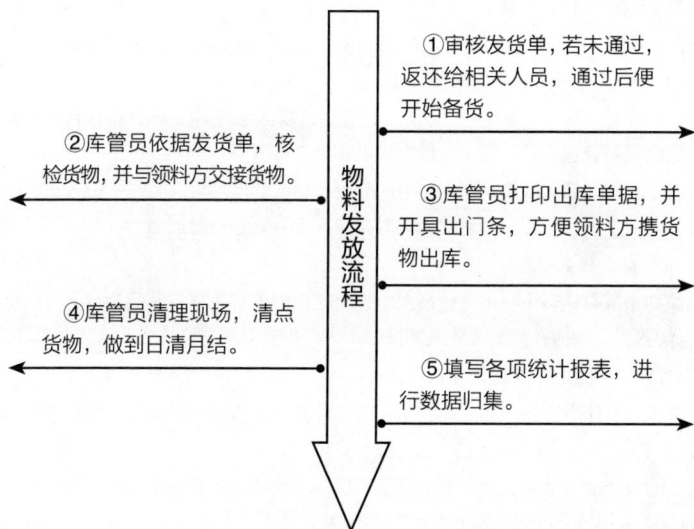

物料发放流程

①审核发货单，若未通过，返还给相关人员，通过后便开始备货。

②库管员依据发货单，核检货物，并与领料方交接货物。

③库管员打印出库单据，并开具出门条，方便领料方携货物出库。

④库管员清理现场，清点货物，做到日清月结。

⑤填写各项统计报表，进行数据归集。

拓展知识 了解什么是盘点机

盘点机又称条码数据采集器，其体积小、重量轻、高性能，适于手持，具备实时采集、自动存储、即时显示、即时反馈、自动处理和自动传输等功能。在仓储统计时常会需要使用到盘点机，它是在仓库内盘点后再与计算机联机输入盘点数量的一种必要工具。当然，安装盘点机需要软硬件互相配合才能省时又省力。常见的盘点机品牌有易腾迈、新大陆、讯宝、卡西欧和夏浪（定制版）等。

制度 仓库抽查盘点考核办法

1. 制定目的

为了确保我司仓库数据的准确性，特制定本考核办法。

2. 适用范围

本办法仅适用于对公司物料的抽查盘点及新仓库抽查盘点验收工作。

3. 权责单位

3.1 财务部负责本办法起草、制定、修改、废止工作，负责独立主导此项考核的抽查、验证和奖罚的执行工作。

3.2 总经理负责本办法制定、修改、废止之核准。

3.3 仓储部负责配合抽查验收等相关工作。

4. 抽查盘点考核标准要求

4.1 数据误差率标准要求。

①配件：螺丝，小于 M5 的螺丝误差率 ±3%，大于 M5 的螺丝误差率 ±2%。；橡胶件，数据误差率 ±1%；挂钩，数据误差率 ±1%。

②塑料件：大塑料件（如底壳、罩壳、标牌），数据误差率 ±1%；小塑料件（如按钮、透明板，用小塑料袋包装的产品），数据误差率 ±2%。

③暂时不考核产品：纸箱、铜件、泡沫等没有列入的产品可以暂时不做考核，但账物卡必须要按公司要求填写；待仓库条件成熟时由仓储部自定运行时间。

4.2 抽查盘点标准要求。

抽查原则是每月抽查 1 次（特殊情况除外），由财务部主导，时间为每月月初检查，每月 10 日前出报告。如遇礼拜天或放假则提前 1 天。抽查时要求仓库各大类物品都要涉及。

抽查分两档：一档是 15 批，一档是 30 批。

抽查流程：打印电脑账→核查物料卡→清点箱数→抽查部分箱子称重（点数）→电脑记账→结束。

当全部仓库抽查盘点结束后，由财务部抽查人员编写 × 月仓库抽查考核报告，报告由部门经理签字审核后于次日呈报总经理批准分发并张贴。每次抽查完毕后，要对上次抽查不合格的情况做好验证。

4.3 奖罚标准要求。

①允许最大误差率且不罚款的要求：以选 15 批档次为例计算，公司允许 1 批物料账的误差率控制在 5% ~ 10%，其余 14 批都要符合 4.1 标准。同理，选 30 批档次，允许 2 批物料误差率控制在 5% ~ 10%，其余 28 批都要符合 4.1 标准。

例如：查 15 批物料，有一批误差率 7%，其余 14 批误差率都在 4.1 标准内，则不做罚款处理。

②处罚要求：不符合允许最大误差率条件的，则按全部实际不符合批数计算，每批处罚 10 元。例如：查 15 批物料，有一批实际误差率 7%，有一批实际误差率 4%，则处罚 20 元罚款。

③奖励要求：抽查批次数据全部符合 4.1 标准，则奖励仓管员 20 元／次。

4.4 盘亏盘盈调账。

5% 以内的调账由仓库管理员填写原因，经副总经理批准后可以调账；超过 5% 的由仓库管理员填写原因，副总审核，经总经理批准后方可调账。

4.5 抽查考核纪律。

本办法的抽查考核主体是财务部。公司要求考核人员未经总经理书面批准不得随意更改考核条款，不得降低要求执行标准，不得徇私舞弊；考核员要做到公开、公平和公正，任何的奖罚都必须通知被考核部门，被考核部门负责人负责衔接本部门内责任人的奖罚与沟通事宜。

公司一旦发现有违规的，一经查实，总经理给予直接考核人员 500 元及以上的处罚，情节严重的将给予调岗处理，间接违纪人员罚款 200 元。如果是部门主管带头授意认可的，则主管要处罚 500 元。

制度 商品出库管理制度

一、日常出库管理

1. 所有物品出库前必须有销货单，物控经理或职务代理人签字后交仓库管理员。物品出库时仓库管理员要做好记录，由领用人签字。

2. 物品出库，数量要准确（账面出库数量要和出库单、出库实际数量相符）。做到账、标牌、货物相符合。发生问题不能随意更改，应查明原因，是否有漏出库、多出库的情况。

3. 仓库管理员严格执行，凭销货单发货，无单不发货，内容填写不准确不发货，数目有涂改痕迹不发货。发生上述问题应及时与相关责任人做好货物的核对，保证发货的准确性，及时解决，及时供货，保证合同的完整履行。

4. 物品发放按"先进先出、推陈储新"的原则进行，做到不易保管的先出、包装简易的先出、容易变质老化的先出。

5. 保管员要做好出库登记，并定期向主管部门做出入库报告。

6. 为了防止出现出库货物差错，要严格遵守出库制度，应先写好出库单（销货单、调拨单、配送单）并且由相关责任人签字后，交仓库管理人员进行出库登记工作，完成后才可以到仓库拿取货物。

二、临时出库管理

1. 货物临时出库必须向有关部门出具填写完整的"临时出库单"。

2. 临时出库单管理权属各业务部门，由部门核算员专人进行管理和填制，公司财务部有最终审核权。

3. 临时出库单管理人员，必须根据购货方具有委托效力的书面证明或分管副总经理的授权，按照真实的资料和内容，认真填制单据中签名栏目之外的其他基本栏目。

4.临时出库货物管理程序。

业务经办人（用户）提出采购内容，部门开票员制单，业务经办人签字，部门负责人审批签字，公司财务部盖章，收货人签字，仓库保管员发货并签字，货物出门收单。

5.上述各环节流转必须以手续完备的"临时出库单"为依据，任何环节（岗位）均有权力和责任阻止手续欠缺的单据继续传递，否则将自行承担一切损失。

6.本制度作为公司仓储管理的重要内容，其执行和监督落实纳入部门责任制和岗位责任制考核兑现。

三、出入库台账建立

1.本台账为公司专项商品出入库登记明细，填写时必须按照时间顺序如实记录，不得随意涂改，台账应当保存半年备查。

2."品名"项目，填写公司库存品种，品种按种类分别建立台账。

3.第一行应填写本台账起始日仓库实有库存数量。

4."日期"项目，填写商品入库、出库的日期，如分期分批入库、出库的，应当按照实际入库、出库的日期分别填写。

5."入库数量"项目，填写实际入库的数量，应以吨或者公斤为单位。

6."入库单号"项目，填写商品入库单的号码或者销售单位送货单的号码，入库单或送货单位原始凭证应由经手人签字并保存备查。

7."保管员"项目，应当由仓库保管员签字。

8."出库数量"项目，填写实际出库的数量，应以产品的规定单位进行明细填写（如箱、包、盒）。

9.发货单或提货单原始凭证应当由经手人签字并保存备查。

10."经手人"项目，应当由发货人或提货人签字。

11."库存数量"项目，填仓库当日实际库存的数量。

四、相关文件

"××出入库台账"（略）

制度 仓库领料管理制度

一、仓库领料时间为8：30～11：30，14：00～17：30，其他时间拒绝领料。

二、仓库原材料、零部件等的领取必须办理领用手续，各部门领料由部门负责人开"领料单"，并交物资负责人、经营副总或总经理签字。"领料单"由领用人、批准人签字后有效，仓库凭有效"领料单"发货，"领料单"一式三份，仓库、财务、存根各一份。

三、各工作负责人（或其指派专人）应在当天下班前将第二天所需要的物品清单列好并提交各部门负责人，由部门负责人开出"领料单"，领料人员凭借"领料单"到仓库领料。

四、对于批量领料，领料人必须提前一天将领料单交仓库管理员，并按照约定的时间领取物品；对于整条生产线的发货，领料人应提前一周到仓库办理手续，以便仓库备货。

五、在领料时应自觉排队，除非管理员允许，一律不得进入库房内。

六、仓库常用工具的借用必须由专人领取，领用人必须详细填写"工具领用登记表"并标明具体的归还日期，使用完成后要及时归还仓库。

七、仓库劳保用品的领用。

1. 生产一线人员每人每月领取手套1副。

2. 易耗类劳保领用后，以坏换新。

八、易耗品（纱布、棉纱、铁丝、砂轮、抛光轮、百叶轮、切割片等）每组由专人保管，以旧换新，杜绝浪费，发现浪费者，以一罚十。

九、原材料（包括板材、管材以及各种型材）遵守先零后整、先短后长、先小后大的领料原则，整料开零应经过组长或部门负责人同意后方可操作。

十、标准件、外加工件、电器元件等物品按当天实际需要领取，不准虚报数目，以少领多。

十一、本规定由公布之日起执行，违反规定者一次罚款20元，二次罚款100元，三次罚款200元，并予以其他处罚。

||||||||||||||||||||||||||||||||||||||||||||||||||||||||||||||||||||||||||||||||||||||

制度 退料管理制度

1. 主题内容与适用范围

本标准规定了进厂验收、物资保管、生产过程、售后服务、配件销售过程中发现或发生不合格品的退料及处置办法。

本标准适用于外购和自制件的退料及其处置。

2. 引用文件

LG/CX0.9　采购控制程序。

LG/CX0.18　不合格品的控制程序。

LG/GL2.13　物资仓库管理制度。

LG/GL2.17　原材料外购件进厂检验入库过程管理办法。

LG/GL3.02　质量事故管理制度。

LG/GL3.09　质量一票否决管理制度。

3. 总则

3.1　各有关部门、工段或班组应指定专人负责办理退料业务，确保退料工作及时和规范实施。

3.2 质检部负责每月 5 日前汇总并向有关部门传递"外购件检验情况统计表"和"总装及调试产品退货统计表",服务部负责每月 5 日前汇总并向有关部门传递"售后服务产品退货统计表",各有关部门应按规定要求负责做好退料处置工作。

3.3 退料处置情况分为以下几种。

3.3.1 退供方:指外购件不合格属供方责任,且可向供方退货的。

3.3.2 本厂修复:指不合格物资不能或没必要退供方,以及自制件可以经本厂修复使用的。

3.3.3 拆零入库:指不合格外购件不能退供方,或是自制件不能修复,但其中有部分零件可拆零利用的。

3.3.4 报废:指不合格物资既不能退供方,也不能修复或拆零再利用的。

3.3.5 赔偿:指造成物资不合格属当事人操作不当产生的不合格,则由其承担经济责任的。

4. 退料程序

4.1 进厂验收和库房保管的退料。

4.1.1 按照 LG/CX0.9 程序、LG/GL2.13 和 LG/GL2.17 规定,在进厂验收和库房保管中发现或发生物资不合格需退料时,由仓管员对退库物资挂上标签,分类码放,并办理退料手续。

4.1.2 退料仓管员开具"物资质检退货单"经本部门领导审核后,交质检部确认签字。

4.1.3 质检部对进厂检验不合格的物资,凭"不合格品通知单"进行确认;对库房管理中发生的不合格及时安排质检员对实物进行检验或验证,并在"材料质检退货单"上签字。

4.1.4 退料仓管将"材料质检退货单"送供应部或配件部审签后,通知库工将退库物资运至退货库,并与退货库仓管员办理入库签收手续。

4.1.5 退货库仓管员对退库物资登记"入库物资台账",按规定做好退库物资的保管。

4.1.6 发生退料,仓管员凭"物资质检退货单"核减库存数量,在"入库物资台账"的"摘要"栏上注明"退料""收入"栏中用红字填写退料数量。

4.2 售后服务旧件及配件的退料。

4.2.1 由各服务维修中心返回的维修旧件或配件一律入退货库,由仓管员清点接收后立即通知服务部。

4.2.2 服务部必须在 3 个工作日内负责核对清点、检查旧件的正确性与完整性,对不属于本厂装机、销售的配件挑选区分、分类码放,并开具"退料报告单",经服务部审核立即传递质检部。

4.2.3 对属非本公司的旧件处理,由服务部书面委托仓库包装返回原址。

4.2.4 质检部接"退料报告单"后在 3 个工作日内及时安排质检员对实物进行检查,在"报告单"上提出处置建议并签字,经采购部门确认,由服务部上报分管副总审批处置方案(参照 4.3.3)。

4.2.5 处置方案按以下方法实施。

①退供方,由服务部与退货库办理入库移交手续,退货库单列入账集中退货。

②本厂修复、拆零入库,由"三包退货库"以"部门工作联系单"(附"退料报告单"复印件)与总调室办理旧件修复移交手续,3 个工作日内完成修复件和拆零件工作并经检验

合格后，由"三包退货库"凭"检验报告"与配件库直接办理入库（按5.2.1执行），若不合格则报废处理。

③报废，由服务部与退货库办理入库手续，退货库入账后转运至废料场，并将"报告单"复印一份移交配件部，由配件部统一处理。

4.2.6 对接收的服务旧件，由服务部组织销售部的服务组负责清点，列出清单传服务部审核、结算费用，服务组按审核回传清单开具"退料报告单"，办理退料手续；对供方赔偿的服务配件，由服务组办理配件入库手续，并传真售后服务办理配件冲账手续；退供方的服务旧件按供应部传真清单，由服务部根据"质保协议"与供方结算。

4.2.7 售后服务旧件结算，由服务部按各维修中心返回的旧件"清单"、实物以及"维修记录表"进行核对，确认签字后回传各维修中心，通知其开票结算。

4.2.8 对于经服务部书面审批同意，就地处理而未能返回的旧件，服务部列出清单，报批后结算。

4.3 生产过程、厂内维修服务的退料。

4.3.1 按照LG/CX0.18程序规定，操作者在加工、装配、调试或厂内维修服务过程中，发生的材料、零部件不合格，或因操作不当损坏时，操作者应及时挂上标签，按规定地点分类码放，并通知退料人员办理退料手续。

4.3.2 退料人员开具"退料报告单"，写明退料理由[1]交质检部严格审核，并对确认责任负责。

4.3.3 退料人员将"退料报告单"送供应部或配件部审签，报公司分管领导批准[2]，将退库物资送到退货库或废料场，与退货库仓管员办理入库签收手续，并负责将"退料报告单"分送各有关部门。

4.3.4 退货库仓管员将退货物资登记"入库物资台账"，按规定做好退库物资的保管。

4.3.5 退料人员凭"退料报告单"填写"领料单"向仓库补料，仓管员应在"领料单"和"入库物资台帐"的"备注"栏中注明"补退料"。

5. 处置办法

5.1 退厂方。

5.1.1 供应部根据日常签收的"物资质检退货单"和"退料报告单"，负责与供方联系退货。原则上每月办理一次退货，对有退货期限规定或退货库容纳不下的，应及时安排退货。

5.1.2 退料库仓管员对退供方的物资每月进行一次盘存，填报"物资盘点表"报送供应部、配件部和供应中心。

…………

---

[1] 调试过程中不合格的物件交整机检验员负责确认，装配过程中不合格的物件交外购组确认。

[2] 当公司分管领导出差不能及时审签或批准时，退料人员事先将"报告单"第5联与旧件验收入库，并保存其他"报告单"联，待领导回来后补签。

范表 发货清单

NO.:			
产品名称	规格型号	重量（kg）	尺寸（mm）
收货单位名称			
收货单位地址		收货单位邮编	
收货人签字		收货单位电话	
承运人签字		承运单位	
车号			
发货单位名称		发货人签字	
供货发运时间	年 月 日	收货时间	年 月 日

范表 出入库登记表

库房编号：

序号	物品名称	库存情况			入库情况				出库情况				
		日期	数量	单价	日期	数量	单价	签字	日期	数量	单价	领用人签字	部门领导审批

审核人：　　　　　　　　　　　　　　　　　　　　库管员：

范表 仓库盘点总结报告表

货品名称	所属类别	编 号	规 格	单 价	盘点情况	存在问题	改善建议或措施

更多模板

仓库库存明细表   仓库统计员岗位职责

成品仓库出货明细表   提货单

商品领出日报表

第**6**章

公司质量管理制度与范表

企业的生产活动能够带来最核心的利润，企业要想持续不断地发展，保证生产质量是关键。从领导到员工不仅要具备质量意识，还应设有监督机制，从内到外对产品质量进行严格要求。那么，与之有关的制度和范表有哪些呢？本章一起来了解。

● 提升员工的质量意识   P182

制度：企业各职能部门领导质量职责规定   范表：质量管理工作计划表

制度：质量方针目标实施办法   范表：质量目标达成计划表

制度：质量手册编制管理规定   范表：质量教育年度计划表

制度：员工质量培训制度   范表：竞争产品质量比较表

制度：质量管理制度   范表：质量目标分解实施评审表

● 质量检验需严格   P198

制度：质量检验标准的制定制度   范表：进厂检验情况日报表

制度：进料检验管理制度   范表：特采/让步使用申请单

制度：制程巡检管理规定   范表：质量检验委托单

制度：成品出货检验制度   范表：材料试用检验通知单

6.1 提升员工的质量意识

任何一个企业想要发展，不断改善产品的质量是核心。而企业的质量管理涉及的方面很多，包括质量标准的设定、质量管理体系的建立等，其中又以员工的质量意识为重中之重，如果企业内部的员工忽视质量管理，那么每个生产部分都有可能掉以轻心。所以管理者需要从员工意识入手，不断提升员工的质量意识。

● 如何培养员工质量意识

培养方式	具体介绍
树立表率	在一个公司内，员工的工作都由领导者安排，应以领导者的要求为要求，以领导者的行事准则作为标准，所以领导者的行事和观念对下属员工有很大的影响。 要想员工重视产品质量，领导者一定要做出表率，除了时常将质量问题挂在嘴边，还要提供产品研讨活动、质量培训课程等，各种主题活动能够向员工传递企业领导层对质量的重视，就像海尔品牌著名的砸冰箱事件，为所有员工上了一节质量课
激励措施	简单地告诉员工"质量很重要"还不足以让每个员工规范自己的工作，适当的奖惩措施能够在一定条件下有所激励，告诉员工哪些操作值得奖励，哪些操作会受到惩罚。为了避免惩罚、得到奖励，员工会大大提高对工作的热情和对质量的关注。 绩效措施有很多，如有的企业会设置质量基金，生产团队每生产一个优质产品，质量基金总额便增加 100 元，每生产一个劣质品，基金金额便减少 200 元，客户每退回一个不良品基金金额便减少 300 元。在一个考核期结束后，便可将基金内的钱奖励给优秀员工或优秀团队
工作设计	生产环节的岗位分配能够从一定程度上影响员工工作的积极性和认真程度，因为生产环节连贯、岗位分配合理，员工工作才更集中、更有效率，所以管理者要充分了解不同员工的能力，为其安排合适的工作岗位，优化工作设计，保证每项工作能够合理顺畅地进行
加强培训	我们都知道熟能生巧，员工对自己的操作越熟悉，对工作原理了解得越多，越不容易出错，这能从技术上保证产品的质量。所以管理者无论对新员工还是老员工，都要定期安排技术训练课程，反复练习、反复提升，就能养成良好的工作习惯

续上表

培养方式	具体介绍
团队管理	很多时候企业的生产工作是连贯的，是一整个生产链，只有每一个环节都不出错，才能保证质量，所以企业可以更改管理模式，看重团队作业，若是其中一人出错，整个团队都要有相应的惩罚，督促大家互帮互助，互相监督

● 不合格品该如何处置

返工

返工即按原作业流程对不合格品重新加工使产品符合要求。企业需制定不合格品的返工标准及操作方式，对不合格品进行检验、筛选，有符合返工条件的安排时间、人手进行返工，最好对返工产品进行标识和记录。

修理

修理即对不合格品另行操作，增加加工流程弥补、修复问题，使其符合要求。企业需制定不合格品的修理标准及流程，尤其需要安排专业技术人员评定修理品，并负责维修记录的整合编制。

划分等级

挑选即对不合格品进行挑选，划分出等级。企业需要提前制定产品评级标准，包括质量指标、包装、外形等，有了等级后，选择不同的处理方式，如报废、打折处理、进入下一道工序。

报废

报废即对无法返工、无法维修、无法出货的产品进行销毁，且这些不良品返工的成本比重新生产的成本还要高。一般需要责任人填写报废申请单，经过质量部门、生产部门、总经理会签，确认后才能执行。

降级、降档

降级、降档即对不良品采取更低标准确认接收或是降级处理的情况。这常发生在分档次产品的生产过程中，如果没有达到高标准，降级后就能达到中等级别标准，也可以继续生产使用。降级、降档需由责任部门确定，并保留评审记录以备追溯性查证。

特采

特采即由于客户或生产需求急迫，经有关方同意，对产品功能、外观有缺陷的产品，在不造成人身安全的情况下，进行特殊采用。特采是一种明知的、短暂的、有限的牺牲品质、换取成本的行为。

特采申请须由材料或产品的需求部门提出，最终敲定需要质量、生产部门及有关方多方会签，并对有关产品或材料贴附特采标签，保留生产记录以备追溯性查证。

制度 企业各职能部门领导质量职责规定

通过规定企业各职能部门领导的质量职责建立质量责任制，明确规定公司领导在质量工作上的具体任务、责任和权力，以便做到质量工作人人有专责、办事有标准、工作有检查，更好地保证和提高产品质量。

一、总经理职责。

1. 负责执行上级有关质量方针、政策、法律法规，确保产品质量符合客户需要和国家法律法规的有关要求。

2. 组织制订和批准发布公司质量方针、质量目标、质量手册，并按目标要求制定各职能部门岗位职责，建立、实施和持续改进质量管理体系，对质量管理体系的建立和有效运行负责。

3. 对企业产品质量的提升和产品质量负全面责任；授权技质部对产品质量进行独立检查，保证技质部工作职能不受任何部门和人员的干扰和行政干预。

4. 主持管理评价质量体系有效性和符合性，审批管理评审计划和管理评审报告。

二、副总经理负责协助公司总经理对公司质量进行全面的行政管理。

三、公司总工程师职责。

1. 负责公司质量和技术工作的总体控制，积极开展合理化建议工作，大力提倡采用新技术、新材料应用。

2. 负责对施工工程项目施工组织设计、吊装方案等专项方案的审批。

3. 协助公司副总经理贯彻实施公司质量方针和目标，对技术文件的执行情况进行监督检查。

4. 组织设计部制定公司科技发展规划，组织新产品、新技术、新材料、新工艺的开发与应用，以提高技术系统的质量保障能力。

5. 组织贯彻执行国家有关技术规程、施工、设计规范、工艺标准，主持编制项目质量计划。

6. 对施工过程的质量工作承担技术指导和领导责任。

7. 负责对工程组织分部和单位工程的质量验收。

8.负责组织对重大质量事故的鉴定和处理；不定期对施工现场进行检查，随时监控工程质量，发现问题及时召集项目部、技质部、生产安全部等相关部门负责人进行处理。

四、公司总施工长职责。

1.对劳务队质量管理工作负分管责任。

2.协助副总经理督促劳务队贯彻执行行业、上级的有关质量管理等法律法规和规章制度。

3.负责组织劳务队落实质量责任制，质量管理规章制度和施工工艺标准。

4.具体组织实施劳务队质量定期和专项检查工作。

5.组织督促劳务队重大质量事故隐患的整改。

6.具体组织劳务队质量事故的调查、分析、处理和质量责任追究。

7.组织开展群众性的质量活动，提高劳务队工人质量意识。

五、公司总经济师职责。

1.对公司项目成本管理的质量工作进行统一的组织、领导与策划。

2.对公司所有项目成本经营效益负领导责任。从项目投标到项目竣工清算的全过程，对公司有关责任部门（投标、合同、财务、生产、材料、技术、质量）的成本管理工作进行具体的指导与帮助，并对上述部门及单位的管理力度与效果进行监督与检查。

3.经常组织召开项目成本管理研讨会，暴露成本管理工作中的薄弱环节并研究解决的办法，对好的管理经验及时组织交流。

六、技术质量部长职责。

1.掌握有关技术质量方面的法律法规、标准和规程，建立质量保证体系和质量管理办法，编制年度技术质量管理目标。

2.组织技术质量月检查以及不定期检查工作，编制质量管理月报、季报、年报，负责竣工资料的收集、整理、归档。

3.草拟公司质量管理目标，严格执行相关规程、标准和公司质量管理制度。

4.参加施工图纸会审和质量评审，负责施工组织设计、施工方案、专项安全方案的审核。

5.贯彻执行工程施工及验收规范、工程质量检验评定标准、质量管理制度，落实技术交底、工序交接、"自检互检专检"制度，督促劳务队严格按照设计文件和操作规程进行施工作业，组织落实材料、设备的到场验收、见证取样、送样复检。

6.组织编制各类型工程的施工组织设计、吊装方案、脚手架和吊篮等方案的标准模板。

7.建立质量管理台账，评定单位工程质量，组织质量事故调查，对发生质量事故的人员进行处理。

8.组织编制和实施公司工程质量相关的操作规程、标准"构造做法"和样板示范。

七、材料部部长职责。

1.主持材料设备部工作，制订本部门工作计划。

2.及时提供可靠、齐全的材质证明和产品合格证，做到材质证明随料进场。

3.采购订货前认真做好材料、产品、器材、构件的质量调研工作。

4.在订货合同上明确材料、产品、器材构件的质量标准。按订货合同的质量标准和样品负责进场材料、成品、半成品、构件的质量验收，对入库保管的材料质量负责。

5. 对由于采购不合格材料造成的质量事故负直接责任。

八、工厂厂长职责。

1. 全面负责工厂各项管理工作，对工厂质量管理体系建立、实施、完善和保持的决策负责，主持制定质量方针、质量目标。

2. 主持管理评审，对外负责对用户的质量承诺，对内负责各项质量活动的正常开展，保证质量管理体系的适宜性、符合性和有效性。

3. 主持对大型项目的设计、工艺评审工作。

4. 明确规定工厂内部各部门、各类人员承担的责任、权限和相互关系。

5. 负责组织对各部门工作进行考核，根据工作质量对岗位津贴、绩效实施奖罚。

6. 提供必要的资源，使其满足工厂发展及质量管理体系的要求。

九、公司其他各职能部门负责人质量职责，已包含在各部门负责人岗位职责中，质量管理实行零缺陷和目标化管理，即需要每个岗位人员按质按量地完成各自的本职工作。

制度 质量方针目标实施办法

1. 目的

为使各部门在公司质量方针的指引下，认真实施本部门所分到的质量目标，从而切实落实公司质量方针目标的实现。

2. 主题内容和适用范围

2.1 本办法阐明了质量目标的分解和质量目标的检查考核。

2.2 本办法适用于公司内部质量方针目标的管理。

3. 职责

3.1 办公室负责公司质量目标的分解和对各部门质量目标的实施情况进行检查和考核，并将检查和考核资料存档。

3.2 有关部门负责本部门质量目标的实施和配合质量目标检查的考核工作。

4. 质量目标的分解

4.1 办公室。

4.1.1 严重不合格项为零。

4.1.2 对各部门工作进行协调，保证公司质量体系正常运行。

4.1.3 "受控文件"发放、登记、回收、作废的差错率为零。

4.1.4 完成公司管理评审计划达100%。

4.1.5 在岗的职工100%经过培训并发放上岗证。

4.1.6 特殊工种 100% 经过培训并发放资格证。

4.1.7 质量记录存档率为 100%。

4.2 行政管理部。

4.2.1 严重不合格项为零。

4.2.2 错漏率为零。

4.2.3 计量器具的周期检查核定达 100%。

4.2.4 检验或试验的状态标识达 100%。

4.2.5 完成公司内部体系审核计划达 100%。

4.2.6 完成纠正、预防措施验证率达 100%。

4.3 生产制造部。

4.3.1 严重不合格项为零。

4.3.2 采购物资合格率 100%。

4.3.3 工艺文件的正确性、完整性、统一性的"三性"率达 100%。

4.3.4 生产作业计划完成率 100%。

4.3.5 设备完好率达 95%。

4.3.6 现场定置管理率达 98%。

4.3.7 重大人身伤亡、设备事故为零。

4.3.8 工艺文件、操作规程等技术文件完备率 100%。

4.4 市场营销部。

4.4.1 严重不合格项为零。

4.4.2 用户投诉为零。

4.4.3 用户有特殊要求或新产品销售的合同 100% 进行评审。

4.4.4 完成对外服务计划，客户走访率 100%。

4.4.5 产品售后服务确保率 100%。

4.5 计划财务部。

4.5.1 严重不合格项为零。

4.5.2 按时完成各项财务报表，正确率 100%。

4.5.3 财务安全事故率为零。

4.5.4 仓库物资差错率为零。

4.5.5 贮存物资账、卡、物相符，正确率 100%。

4.6 车间。

4.6.1 严重不合格项为零。

4.6.2 作业计划完成率为 100%。

4.6.3 不合格率为 1%。

4.6.4 工艺纪律贯彻率为 98%。

4.6.5 设备完好率达 95%。

4.6.6 现场定置率达 98%。

4.6.7 重大人身伤亡、设备事故为零。

5. 质量目标的检查和考核

5.1 检查。

5.1.1 在内部质量体系审核时，查阅各部门的各种质量记录，对照各部门质量目标的分解指标进行检查。

5.1.2 办公室在每个季度对各部门有关质量目标的实施记录（报表）进行审核。

5.2 考核。

5.2.1 凡未达到质量目标的责任部门，每一个指标未达到，作为不合格项处理，按"质量体系内审考核办法"执行。

5.2.2 质量目标的实施考核，由办公室实施，管理者代表审批后生效，报财务部兑现。

6. 附加说明

6.1 本办法由办公室归口管理。

6.2 本办法是"质量目标控制程序"的支持性文件。

6.3 本办法从 ×× 年 ×× 月 ×× 日起生效。

制度 质量手册编制管理规定

第一条 企业应建立质量体系文件，将质量保证的全面规划用手册、程序文件和作业指导书予以颁布。

第二条 质量手册的使用。

质量手册是规划和实施一个质量体系的主要文件，应用于下列目的。

1. 就最高管理者确定的质量方针和目标与员工、客户相互沟通。

2. 树立公司最佳形象，赢得客户的信任并满足合同规定的要求。

3. 对供应商施加影响，使之对所提供的产品施以有效的质量保证。

4. 为贯彻质量体系，按授权的引用标准行事。

5. 规定与质量活动相关的各部门的组织结构和职责。

6. 保证工作有序和有效。

7. 就质量体系[1]的各要素对全体员工进行培训，使他们认识其工作对产品质量最终的

---

[1] 一个良好的质量体系不必以大量的表格和记录使之高度文件化，从而形成复杂的体系，应在保持正常的情况下尽可能简单。

影响，帮助员工提高自身素质。

8. 作为质量审核的依据。

第三条 质量手册的编制[1]。

质量手册的编制应受到高度重视，并直接听取与质量有关的所有单位和个人的意见。

1. 先从实际执行任务的人员中收集实践经验写成书面文字。

2. 然后从质量保证有效性方面进行分析，与有关人员及其上级进行全面讨论，需要时应对程序进行修改。在结束修改之前，必须以连续性为基础对文字可行性予以确认。

第四条 质量手册的内容。

质量手册是一个公司质量体系的基础，应就其所依据执行的 ISO 标准质量体系的要求提供指南。除手册标题、引用编号、范围和目的等结构外，还应包括所有有关部门用于质量保证的指令和主要程序。手册应包括以下几方面。

1. 质量方针和目标。

第一章必须明确规定公司的质量方针和目标，这将作为确定全公司与质量有关的所有活动和方法的依据。

2. 组织。

一个正式的组织结构是描述权力和责任的支架。由于质量活动广泛分布于公司各处，因而质量手册应首先描述公司广泛的组织结构。它还应提供质量保证部门的详细组织结构以及代表各类质量保证功能的其他部门的结构。

3. 设计和开发。

这一章应包括从产品构思到设计终结的各项活动，其内容如下。

（1）研究现行市场的产品，以及消费者的要求和嗜好。

（2）消费者关于现行产品投诉的分析。

（3）规范的设计方法。

（4）设计中编入的标准化元器件和材料。

（5）原型样机的实验室检验和现场试验。

（6）需要的安全性、可靠性和价值分析。

（7）用于设计、制图、工艺分析的标准化格式。

（8）建立外观检查的公差和标准。

（9）设计和控制文件的更改程序。

（10）设计评审程序。

4. 工艺过程。

这是保证符合质量要求最关键的一项条款，应对下列活动提供详细指导。

（1）实施工序能力研究，使工艺设计者能轻松使用现行设备和机械。

---

[1] 质量手册编制需遵循的一个重要原则，即纳入该企业质量体系之前应全面证实其实用性。

（2）就适用的材料、元器件和组件开发工艺计划，为操作人员提供详细的作业指导书。

（3）规划工艺控制的检查。

（4）特殊工卡器具和测试设备的设计、制造或采购。

（5）示范生产过程，进行分析并调整工艺计划。

（6）工艺文件更改程序。

5. 采购控制。

最终产品的质量依赖于从各种途径购进的材料和元器件的质量。本章应专门规定保证采购产品质量的程序，包括下列内容。

（1）供应商的选择。

（2）将所有质量要求纳入采购订单中。

（3）对供应商工作质量的监督。

（4）进厂原材料的检查和验证。

（5）缺陷报告和解决与供应商质量纠纷的程序。

（6）从产品质量的观点对交付期履行情况进行复审和评估。

6. 生产控制。

本部分应涉及工艺计划和指导书的有效实施，包括下列方面。

（1）工艺监督和检查。

（2）在各重要阶段对产品的检验。

（3）工艺控制和工艺改进数据的反馈。

（4）生产用机械、工具和检验设备的维护和校准。

（5）计量仪器。

（6）材料和产品的可追踪性。

（7）缺陷的调查和纠正措施的程序。

（8）不合格产品的复审和控制。

（9）关于材料搬运、贮存和包装的正式作业书。

（10）外运产品的最终检验和质量记录的保存。

7. 客户反馈。

对产品质量的最终论证是用户对其性能的评价。由于信息的缺乏或消费者的不恰当使用可能影响产品的性能。手册应为市场营销和服务人员提供适宜的信息，应包括下列内容。

…………

制度 员工质量培训制度

1. 目的

为满足质量管理体系有效运行的要求，对企业与质量生产有关的人员进行质量意识教育和专业技术培训，以确保质量方针、质量目标的实现。

2. 范围

适用于本厂与质量生产有关的各级人员的培训工作。

3. 职责

质检科负责组织确定各岗位人员的能力需求，编制培训计划，经总经理批准后组织实施。

4. 工作程序

4.1 培训计划的编制

4.1.1 质检科每年年底向各部门发放"培训需求申请表"，征询各部门对培训的需求和意向，各部门按要求填写，报质检科汇总。

4.1.2 质检科依据本厂实现质量方针和目标的需要，各岗位人员所必要的能力需求，以及各部门提出的培训要求，综合考虑，统一策划，编制本厂"年度培训计划"，报总经理批准后实施。

4.1.3 "年度培训计划"以外的临时性专业培训，由相关部门提出申请，质检科审核，报总经理批准后实施。

4.1.4 需外出学习、培训的人员，由各部门向质检科提出申请，报总经理批准后，质检科备案。培训结束后，将学习成绩或证书复印件交质检科保存。

4.2 培训实施

4.2.1 质检科依据培训计划，针对不同的培训内容和时间要求，分期组织培训。培训可采取下列方法。

a. 质检科举办学习班，集中授课。

b. 参加上级有关部门组织的培训。

c. 结合各岗位的实际操作，在岗培训。

4.2.2 每次培训前应由质检科制订具体培训实施计划，规定培训的时间、日程、内容、地点、方式、参加人员等，培训前一周发到有关部门。

4.3 培训的评价和考核

4.3.1 质检科根据培训内容和各岗位工作能力需求，组织对员工的培训考核和资格确认。考核根据各岗位情况可采用书面考试、现场操作和实际技能评价等形式进行。

4.3.2 对从事特殊工种人员，包括从事法律、规章明确规定涉及人身、设备安全必须经过专门培训的特殊工种人员（驾驶员、电工）和从事验证工作的人员（如质检员、计量员、食品感官品评员、内审员），需进行培训，经考核合格取得资格证书后，由质检科进行资格确认，持证上岗。

4.3.3 凡经培训、考核不合格者，应继续培训或调离岗位。

4.4 培训记录

质检科负责建立本厂的人力资源档案，保存与质量有关的人员的教育、培训技能和经验的记录，及有关培训工作的记录。

5. 质量记录

年度培训计划、培训实施计划、员工个人培训档案和培训记录。

制度 质量管理制度

1. 目的及意义

为了树立"质量就是生命"的质量意识，更好地落实质量管理工作的任务、职责和权限，建立一套完整、科学、有效的质量保证体系，保证产品质量稳定和提高，特制定本制度。

2. 质量管理制度的种类及细则

2.1 原料、辅料质量管理。

2.1.1 根据公司下达的年度和月度生产计划，技术管理部应按各产品标准的要求，向生产中心提供所需原料的具体质量标准（品种、规格、技术参数等），以便供应部门采购时签订质量担保合同。

2.1.2 生产中心对采购过程的原料、辅料质量负责。在采购和运输合同中，必须注明质量保证条款，并向供应商索取原料出厂检测报告。

2.1.3 原料、辅料进入公司，由技术中心检测室对其质量进行复验，无出厂检测报告拒绝检验，无检验条件的检验项目，质量无异议的，以原料生产厂出厂检测报告为准，只做外观检查。有质疑时可报送权威检测部门检验，或要求生产厂复验。

2.1.4 对于生产原料改变时，技术中心研发人员会同技术管理部应将变更通知单及时通知生产中心。原料产地改变时，公司质管部门检测室应随时抽检，并把结果报生产中心和技术管理部。

2.1.5 公司财务部和公司库房管理人员，应凭检测室的合格检验单，办理入库手续和账务结算手续。

2.1.6 库存原料发生变质等可能影响产品质量的情况时，不允许投入生产，由公司质管部门调查了解情况后，根据情况决定如何处置。

2.1.7 检测室应按日汇总原料检验情况，每周上报技术管理部。

2.2 半成品质量管理。

2.2.1 公司质管人员应对车间半成品定期抽检（详见"抽检操作手册"）。不合格半成品不得流入下道工序。

2.2.2 发现重大质量事故或可能影响产品质量的重大问题时，应及时上报，及时协调解决。

2.3 成品质量管理。

2.3.1 出厂产品必须经过质量检验，未经检验产品严禁出厂。

2.3.2 车间生产出的成品，需按"产品企业标准"严格进行检验。发现质量问题时，应及时上报解决。

2.3.3 每一批成品入库，都必须有检测室签发的合格证，公司应建立完整的统计台账。

2.3.4 成品的出厂，检测室应出具该批产品的检验报告和合格证。

2.3.5 外购产品到厂时，检测室应及时抽检（详见"化工产品采样通则"），抽检结果上报生产中心和技术管理部，并按本公司成品对待办理入库。

2.3.6 营销中心应对产品运输过程中的质量负责，到达用户的产品出现质量问题时，应及时向技术中心反映，以便及时处理。

2.4 其他质量管理。

2.4.1 新产品的试制，由研发人员会同技术管理部制定具体的质量检验标准，检测室认真遵照执行，经过小试、中试、大生产全部合格时，方可批量投入正常生产。

2.4.2 所有存在质量问题的原料、半成品、成品，公司均应分类存放，妥善保管，由公司上报技术中心、生产中心等部门协商，决定如何处置，并交由营销中心具体执行。其他任何部门和个人无权擅自处理出现质量问题的生产物资。

3. 质量监督与检查

3.1 原则。

技术中心行使全公司质量监督与检查的职责，公司生产技术部的业务受其指导，对公司的质量管理和监督、检查负责。

3.2 技术中心职责。

3.2.1 严格执行国家和行业标准，加强新颁标准的培训和推行，负责从原料进厂到成品出厂全过程的质量管理和公司质量的监督检查和指导。统筹协调，处理和解决产品质量问题。

3.2.2 根据生产实际，对生产中心提供技术支持。

3.2.3 根据市场和用户质量要求，对营销中心提供技术支持。

3.2.4 积极关注营销中心的质量信息反馈，提出质量改进方案。

3.2.5 参与工艺纪律检查，对违反操作标准的部门和个人提出处理意见。

3.2.6 主持重大产品质量事故的处理，提出处理意见报公司批准。

3.3 公司质管部门职责。

3.3.1 加强质量管理标准的培训，积极贯彻质量管理标准。

3.3.2 负责对生产原料、半成品、成品的外观质量检查和内在质量测试工作，对出厂产品质量负完全责任。

3.3.3 对各环节出现的质量问题，及时反馈，协助解决，严格把好质量关。对质量问题提出解决办法和处理意见。

3.3.4 对新产品、新工艺积极进行试验和测试，并提出鉴定意见。

3.3.5 做好生产各环节的产品封样保存和登记造册工作。按营销中心和技术中心等部门要求，提供试样。

3.3.6 加强对检测人员的管理，确保检测数据的真实、准确。

3.3.7 制定各生产环节的质量管理工作细则，并监督检查其执行情况。

3.3.8 对在生产质量上弄虚作假、违反规定的行为有权制止并及时上报。

3.3.9 积极处理各种质量投诉，确保产品质量符合标准和公司利益不受损害。

4. 质量控制

4.1 公司生产部门应按公司下达的生产计划，层层分解落实，做到各班组天天有计划、班班有进度，有检查、有分析，提高计划的执行质量。

4.2 根据公司的定额标准，总结先进的定额管理办法，并加以推广。

4.3 严格按规定上报各种统计报表，保证统计数据真实、准确。

4.4 工艺质量控制。

4.4.1 生产工艺是指产品生产流程、各工序采用的工艺条件、工艺配方、操作规程等。

4.4.2 公司生产工艺主管部门为技术管理部，总工程师为工艺技术总负责人。

4.4.3 生产工艺标准由技术管理部负责编制或提出修改，经总工程师审批后，下达到公司执行。

4.4.4 新产品开发或引进新技术消化吸收后，由技术管理部编制新工艺，经总工程师审批后，下达到公司执行，同时工艺编制人员应予以跟踪服务，及时调整。

4.4.5 生产工艺应以文件形式下达，编制人员和审批人员应签字盖章，执行部门、公司及主管人员应在回执上签字确认。

4.4.6 生产工艺下达到公司以后，公司生产技术部门应组织员工进行培训学习，根据工艺要求向各工序或班组下达工艺单，将此工艺单作为执行生产工艺的依据以指导生产。

4.4.7 为保证能够正确执行生产工艺标准，工艺编制人员和各级工艺技术人员应定期或不定期检查工艺纪律执行情况，发现问题及时汇报，在有必要的情况下可责令有关机台停车，整顿工艺纪律。

4.4.8 编制生产工艺标准的人员应对生产工艺负完全责任，如因工艺设计失误而造成损失，设计者则承担直接责任（试制阶段除外）。

4.4.9 新工艺标准下达后必须有调试过程，在此期间，工艺编制、设计人员应深入到生产现场与公司有关技术人员和操作工人共同协商，调整好工艺，使生产工艺切合实际，达到最佳方案。

4.4.10 生产工艺标准在生产中是一切操作的准则，任何人不得以任何理由不执行工艺，不得以任何理由擅自修改工艺，对于因违反工艺纪律而造成的责任事故，将追究责任严肃处理。

4.4.11 为确保工艺标准执行的严肃性，修改工艺时应严格按修改工作程序进行。操作人员或公司主管人员在生产运行中若发现问题应及时上报总公司主管部门，同时公司主管人员应及时组织相关人员进行讨论分析，提出修改意见报总工程师审批后执行。未经批准任何人不得随意修改生产工艺标准。

…………

范表 **质量管理工作计划表**

编号：							日期： 年 月 日	
编号	隶属部门	组名	负责质量工作	组长	人数	本月工作计划	实际成果	

范表 **质量目标达成计划表**

编订人：		审核人：	发布时间：			执行期限：		
类别		分解的质量目标					记录	备注
		生产部	技术部	质管部	采购部	营销部	财务部	
年度总目标								
体系调整部分	体系文件							
	资源							
	过程							
	组织机构							

范表 质量教育年度计划表

填写日期:										
实施对象	课程名称	目的	各部门受训人数							备注
			质量管理	仓储	生产	采购	人力资源	市场营销	其他	

范表 竞争产品质量比较表

产品名称:				填写日期:			
客户要求或满意的质量标准	本企业	A公司	B公司	C公司	本企业排名	应否改进	采取措施

范表 质量目标分解实施评审表

部门：		考核日期：					
序号	目标内容		频次	一季度	二季度	三季度	四季度
1	按计划对供方进行评价		年 / 次				
2	开展顾客满意度调查，顾客满意度 ≥ 85%		季 / 次				
3	顾客意见处理	顾客意见处理率达 100%	季 / 次				
		顾客的口头投诉当即反馈给各有关部门，及时解决	季 / 次				
		书面投诉在 24 小时内答复，5 天内给出措施	季 / 次				
4	供方的交付能力的监控，监控有效率达 100%		季 / 次				
5	检验员技术文件的有效率达 100%		季 / 次				
6	现场的工艺文件、作业指导书的有效性达 100%		季 / 次				
7	设备完好率 ≥ 95%		年 / 次				
8	车间工艺贯彻率达 100%		季 / 次				
9	无批量质量事故		季 / 次				
10	成品交付率达 100%		季 / 次				
11	仓库账、卡、物"三一致"率达 98% 以上		季 / 次				
12	每季检查一次库存产品质量状况		季 / 次				
13	进货检验率达 100%		季 / 次				
编制：		审核：					

更多模板

部门（车间）质量目标展开表　　　　　质量方针实施对策表
风险分析表　　　　　质量方针实施评审表
质量计划实施情况检查表

6.2 质量检验需严格

为了保证货物的质量，检验是必不可少的程序，规范的企业会设置质检部或安排专门的质检人员做好质检工作，保证基础的原料合格率，这样才能在各种折损、生产失误中保证成品的合格率。质量检验的内容一般包括进料检验、制程检验、产品检验和出货检验等。

● 设置检验的形式

检验形式	具体内容
全数检验	全数检验是指根据质量标准对送交检验的全部产品逐件进行试验测定，从而判断每一件产品是否合格的检验方法。全数检验一般应用于重要的、关键的和贵重的制品；对以后工序加工有决定性影响的项目；质量严重不匀的工序和制品；不能互换的装配件；批量小、不必抽样检验的产品
抽样检验	抽样检验是从一批产品中随机抽取少量产品（样本）进行检验，据以判断该批产品是否合格的统计方法和理论。根据样本的检验结果来推断整批产品的质量，如果推断结果认为该批产品符合预先规定的合格标准，就予以接收；否则就拒收。所以，经过抽样检验认为合格的一批产品中，还可能含有一些不合格品。 其中，单位产品（是为实施抽样检验的需要而划分的基本产品单位）和样本大小（样本中所包含的单位产品数量）要引起重视，设置科学的检验范围
计数检验	对抽样组中的每一个单位产品通过测定检验项目仅确定其为合格品或不合格品，从而推断整批产品的不合格品率，这种检验叫计数检验。 计数检验又可分为计件检查和计点检查，只记录不合格数（件或点），不记录检测后的具体测量数值。特别是质量特性本身很难用数值表示的，如产品的外形是否美观、食品的味道是否可口等
理化检验	理化检验就是借助物理、化学的方法，使用某种测量工具或仪器设备，如千分尺、千分表、验规、显微镜所进行的检验。与官能检验（依靠人的感觉器官来对产品的质量进行评价和判断）一样是质量检验的方式之一

续上表

检验形式	具体内容
破坏性检验	破坏性检验是在产品检验过程中使受检产品的形态发生变化，产品的使用功能或性能遭到一定程度破坏的检验形式或者方法

● 质量检验流程

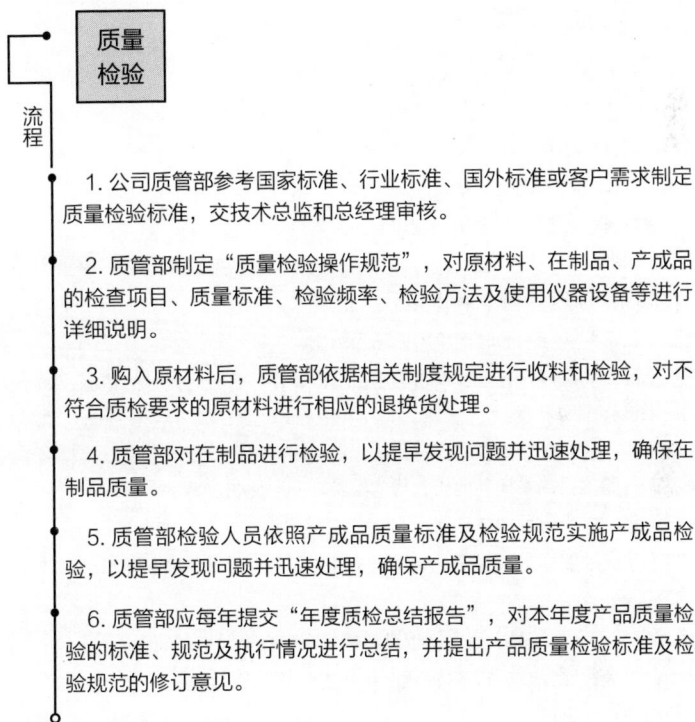

质量
检验

流程

1. 公司质管部参考国家标准、行业标准、国外标准或客户需求制定质量检验标准，交技术总监和总经理审核。

2. 质管部制定"质量检验操作规范"，对原材料、在制品、产成品的检查项目、质量标准、检验频率、检验方法及使用仪器设备等进行详细说明。

3. 购入原材料后，质管部依据相关制度规定进行收料和检验，对不符合质检要求的原材料进行相应的退换货处理。

4. 质管部对在制品进行检验，以提早发现问题并迅速处理，确保在制品质量。

5. 质管部检验人员依照产成品质量标准及检验规范实施产成品检验，以提早发现问题并迅速处理，确保产成品质量。

6. 质管部应每年提交"年度质检总结报告"，对本年度产品质量检验的标准、规范及执行情况进行总结，并提出产品质量检验标准及检验规范的修订意见。

拓展知识 如何管理不合格品

经过质量检验后，不合格品"何去何从"成为整个质量管理工作的重要内容，一般需遵循"三不放过"的管理原则，即不查清不合格的原因不放过；不查清责任者不放过；不落实改进措施不放过。而在进行不合格品现场管理时，要做好标记工作以示区别，并对各种标记过的不合格品分区进行隔离存放。不合格品的处理方法有四种：报废、返工、返修和原样使用。

制度 质量检验标准的制定制度

第一条 制定检验标准的目的。

使检验人员有所依据，了解如何进行检验工作，以确保产品质量。

第二条 检验标准的内容应包括下列各项：

1. 适用范围。

2. 检验项目。

3. 质量基准。

4. 检验方法。

5. 抽样计划。

6. 取样方法。

7. 检验后的处置。

8. 其他应注意的事项。

第三条 检验标准的制定与修正。

由生产管理部门、质量管理部门制定。

第四条 检验标准内容的说明。

1. 适用范围：列明适用于何种物料或成品的检验。

2. 检验项目：将实际检验时应检验的项目列出。

3. 质量基准：明确规定各检验项目的质量基准，作为检验时判定的依据，如无法以文字说明，则用限度样本来表示。

4. 检验方法：说明在检验各项目时，是分别使用何种检验仪器或是以感官检查的方式来检验；如某些检验项目须委托其他机构代为检验，亦应注明。

5. 抽样计划：采用何种抽样计划表。

6. 取样方法：抽取样本，必须无偏倚地随机抽取，也可平均抽取样本。

7. 检验后的处置：

（1）属来料（含加工品）者，则依进料检验规定有关要点办理。

（2）属成品者，则依成品质量管理作业办法有关要点办理。

8. 其他应注意的事项：

（1）如检验时必须按特定的顺序来检验各项目时，则必须将检验顺序列明。

（2）必要时可将制品的蓝图或略图放于检验标准中。

（3）详细记录检验情况。

（4）检验时在样本中发现的不良品，以及于群体批次中偶然发现的不良品，均应与良品交换。

（5）其他。

第五条 本办法经质量管理部核定后实施，修正时亦同。

制度 进料检验管理制度

第1章 总则

第1条 目的。

为加强对生产用原材料及辅助材料的质量管理，确保进料质量符合标准，防止不合格品入库，特制定本制度。

第2条 适用范围。

本制度适用于所有生产用原料、辅助材料和外协加工品的检验。

第3条 定义。

进料检验又称来料检验，是企业防止不合格物料进入生产环节的首要控制点。进料检验由质量管理部进料检验专员具体执行。

第2章 进料检验的规划

第4条 明确进料检测要项。

1. 进料检验专员在对来料进行检验之前，首先要清楚该批货物的质量检测要项，如存在不明之处，应及时向进料检验主管咨询，确保对检测事项清楚明了。

2. 在必要时，进料检验专员可从来料中随机抽取两件样品，交进料检验主管检验，并附相应的质量检测说明，不可在不清楚来料检测项目、检测方法和允收水平的情况下进行验收。

第5条 影响来料检验方式、方法的因素。

1. 来料对产品质量的影响程度。

2. 供应商的质量控制能力及信誉。

3. 该类货物以往经常出现质量异常。

4. 来料对本企业运营成本的影响。

5. 顾客的要求。

第6条 确定来料检验项目及方法。

1. 外观检测，一般用目视、手摸等方法进行验证。

2. 尺寸检测，一般用卡尺等量具验证。

3. 结构检测，一般用扭力器等工具验证。

4. 特性检测，依据材料特性要求用相应检测仪器验证。

第7条 选择来料检验方式。

1. 全数检验，适用于来料数量少、价值高、不允许有不合格品的物料或企业指定进行全检的物料。

2. 免检，适用于低值辅助性材料、经认定的免检厂来料以及生产急用而特批免检[1]的材料。

---

[1] 对于生产急用而特批免检的材料，进料检验专员应跟踪其生产时的质量状况。

3.抽样检验,适用于平均数量较多,经常性使用的物料。

第3章 进料检验的程序

第8条 质量管理部制定"进料检验作业指导书",由质量管理部经理批准后交由检验人员执行。检验和试验的规范项目包括材料名称、检验项目、方法及记录要求。

第9条 采购部根据到货日期、品种、规格、数量等,通知仓库准备来料验收工作。

第10条 接到来料后,由仓库管理员检查来料的品种、规格、数量(重量)、包装情况,填写"来料报检单",并通知质量管理部门进料检验专员到现场抽样,同时对该批来料注明"待检"标识。

第11条 进料检验专员接到检验通知后,到标识的待检区域按"来料检验作业指导书"进行抽样。

第12条 进料检验专员根据"进料检验作业指导书"对来料进行检验,并填写"进料检验报告单",再提交检验主管进行审批。

第13条 进料检验专员待"进料检验报告单"审批通过后,以填写完整的"来料报检单"作为合格物料的放行通知,通知仓库管理员办理入库手续,由仓库管理员对来料按检验批号标识入库,只有入库的合格品才能由仓库管理员控制、发放和使用。

第14条 进料检验专员贮存和保管抽样样品。

第15条 对于检测中的不合格的来料,根据"不合格品控制程序"的规定处置,不合格的来料不允许入库,应将其由来料库移入不合格品库,并进行相应的标识。

第16条 如果对生产急需的来料来不及检验和试验,须按"紧急放行控制制度"中规定的程序执行。

第17条 来料检验和试验的记录由进料检验人员按规定期限及方法保存。

第4章 进料检验实施要点

第18条 进料检验专员收到"来料报检单"后,依检验标准进行检验,并将进料的厂商、品名、规格、数量、报检单号等填入"检验记录表"内。

第19条 判定合格情况的处理。

将受检来料用绿色"合格品标识卡"标识,在"检验记录表"及"报检单"内填写检验情况,并通知仓库管理员办理入库手续。

第20条 判定不合格情况的处理。

1.首先将进料标示"不合格",并在"检验记录表"及"报检单"内填写检验情况。

2.然后将检验情况通知采购部及生产部,由其依据实际情况决定是否需要特采。

①如不需要特采,将进料用红色"不合格品标识卡"标识,并于"检验记录表""报检单"内注明退货,由仓库管理员及采购人员办理相关退货事宜。

②如需要特采,则将进料用蓝色"特殊品标识卡"标识,并于"检验记录表""报检单"内注明特采处理情况,通知有关单位办理入库、部分退回或扣款等有关手续。

第21条 应于收到"来料报检单"后2天内对进料验收完毕,但紧急需用的进料可优先办理。

第 22 条　检验时，如进料检验专员无法判定是否合格，应立即请技术部、请购部门派人会同验收，以判定是否合格。会同验收的参与人员必须在"检验记录表"内签章。

第 23 条　进料检验专员在检验时，抽样应随机化，不得随意判定是否合格。

第 24 条　应将进料检验情况、进料供应商的交货质量情况及检验处理情况登记于"供应商交货质量台账"内，每月汇总于"质量月报"内。

第 25 条　进料检验专员根据来料的实际检验情况，对检验规格（材料、零件）提出改善意见或建议。

第 26 条　进料检验专员按规定定期校正或校检仪器、量规，保养试验设备，以保证进料检验结果准确性。

第 27 条　进料属顾客自行待料，对其判定"不合格"时，销售部应联络顾客处理。

…………

制度 制程巡检管理规定

1. 总则

1.1　制定目的

为加强品质管理，使产品在制造加工过程中的品质能得到有效掌控，特制定本规定。

1.2　适用范围

本公司制造过程的品质管理，除另有规定外，悉依本规定执行。

1.3　权责单位

1.3.1　品管部负责本规定起草、制定、修改、废止之工作。

1.3.2　总经理负责本规定制定、修改、废止之核准。

2. 管理规定

2.1　管理责任

2.1.1　生产技术部。

生产技术部对制程品质负有下列管理责任：

（1）制定合理的工艺流程、作业标准书。

（2）提供完整的技术资料、文件。

（3）维护、保养设备与工装，确保正常运作。

（4）不定期对作业标准执行与设备使用进行核查。

（5）会同品管部处理品质异常问题。

2.1.2　制造部。

制造部对制程品质负有下列管理责任：

（1）作业人员应随时自我核查，检查是否符合作业规定与品质标准。

（2）下工程（序）人员有责任对上工程（序）人员的作业品质进行查核、监督，即开展互检工作。

（3）本公司装配车间应设立全检站，由专职人员依规定的检验规范实施全检工作，确保产品的重要品质项目符合标准，并做不良记录。

（4）制造部各级干部应随时查核作业品质状况，对异常及时进行排除或协助相关部门排除。

2.1.3 品管部。

品管部对制程品质负有下列管理责任：

（1）派员（PQC）依规定的检验频率，对每一工作站进行逐一查核、指导，纠正作业操作，即实施制程巡检。

（2）记录、分析全检及巡检所发现的不良品，采取必要的纠正或防范措施。

（3）及时发现显在或潜在的品质异常，并追踪处理结果。

2.1.4 PQC[1] 工作程序。

制程品质管理人员，也称 PQC（process quality control），其工作程序规定如下：

（1）PQC 人员应于下班前了解次日所负责的制造单位的生产计划状况，以提前准备相关资料。

（2）制造单位生产某一产品前，PQC 人员应事先了解，查找以下相关资料：

A. 制造命令。

B. 产品用料明细表（BOM）。

C. 检验用技术图纸。

D. 检验规范、检验标准。

E. 工艺流程、作业标准。

F. 品质历史档案。

G. 其他相关文件。

（3）制造单位开始生产时，PQC 人员应协助制造部布线，主要协助如下工作：

A. 工艺流程查核。

B. 使用物料、工装夹具查核。

C. 使用计量仪器点检。

D. 作业人员品质标准指导。

E. 首件产品检查。

（4）制造单位生产正常后，PQC 人员应依规定定时开展巡检工作，或依一定的批量（定量）进行检验。巡检时间规定如下：

---

[1] PQC 意为制程质量控制，包括的基本工作职责有：原材料控制、生产过程中原材料的控制、供应商的评估、建立并不断完善的计量管理，使计量器具全部受控。

A.8:00

B.10:00

C.13:00

D.15:00

E.18:00（加班时）

（5）PQC巡检发现不良品，应及时分析不良原因，并对作业人员的不合理操作予以纠正。

（6）PQC对全检的不良品应及时协同制造单位主管或专（兼）职修护人员进行处理，分析原因，并拟出对策。

（7）重大的品质异常，PQC未能处理时，应开具"制程异常通知书"，经其主管审核后，通知相关单位处理。

（8）重大品质异常未能及时排除，PQC有责任要求制造单位停线（机）处理，制止其继续制造不良品。

（9）PQC应及时将巡检状况记录于"制程巡检记录表"，每日上交。

2.2 制程不良品把握

2.2.1 不良品区分。

依不良品产生的来源区分如下：

（1）作业不良。

A. 作业失误。

B. 管理不当。

C. 设备问题。

D. 其他因作业原因所致的不良。

（2）物料源不良。

A. 采购物料源有不良品混入。

B. 上工程的加工不良品混入。

C. 其他显见为上工程或采购物料所致的不良。

（3）设计不良：因设计不良导致作业中出现的不良品。

2.2.2 不良率计算方式。

（1）制程不良率。

制程不良率 = 制程不良数 ÷ 生产总数 ×100%

（2）物料不良率。

物料不良率 = 物料不良数 ÷ 物料投入总数 ×100%

物料源不良率 = 物料源不良数 ÷ 物料投入总数 ×100%

物料作业不良率 = 物料作业不良数 ÷ 物料投入总数 ×100%

（3）抽检不良率（巡检过程）。

抽检不良率 = 抽检不良数 ÷ 总抽检数 ×100%

制度 成品出货检验制度

1. 目的
确保产品品质符合顾客的要求，防止不良品流入客户处。

2. 范围
适用于公司生产所有产品的最终出厂检验。

3. 职责

3.1 品质部

3.1.1 制定并不断完善每种产品的出产检验标准，由专门检验员负责指定产品的出厂检验，执行检查工作，判断合格与否。

3.1.2 有权禁止不合格的产品发货出厂，对产品质量负责。

3.1.3 对出厂检验中出现的不合格产品的不良原因和改善措施进行管理。

3.1.4 对不合格产品的返工方案进行审批，对返工方案中不合格原因和解决措施不明确的不予承认。

3.1.5 如果出厂检验结果证明生产过程中存在问题，可以要求制造部门暂停生产。

3.2 制造部生产车间

3.2.1 按照生产计划进行生产，并将生产实绩进行记录，把成品放入待检区，在产品包装上粘贴现品表，标明生产线、生产日期、型号、客户代码、产品序列号码范围、数量等重要信息，表明该产品待检。

3.2.2 负责处理检查不合格的产品，制订不合格批次的返工方案，并按照批准后的返工方案（明显的操作不良）进行返工。将返工方案、返工结果填写在"出厂检验不合格报告"表中，交检验员。

3.3 制造部技术工程

对出厂检验中出现的不合格品，除明显的操作不良由制造部门线长分析之外，其他的由制造部技术工程负责分析不合格品产生的原因。制订不合格批次返工方案，确保返工方案是不合格品产生原因的纠正措施。

3.4 物流部

3.4.1 不得接收未经品质部检验合格的成品入库。

3.4.2 按规定管理好合格成品，做好仓储先进先出管理。

3.5 相关部门

对出厂检验中的不良品，涉及相关部门责任，由相关部门负责纠正、预防措施的实施和管理。

4. 程序

4.1 批次管理

制造部生产车间负责在堆放生产完成品的包装上粘贴现品表，并依据事实及时记录生产实绩，做好批次管理，填写"批次检验申请表"提交品质部出厂检验员。

4.2 抽检

品质部检验员确认制造部递送的"批次检验申请表"与现品表中的信息是否一致[1]。检查无误后，归入相应批次中。

4.3 检查基准

检查水平和可接收质量限制，按照成品检验规范的规定执行。（客户有特殊要求时优先适用客户要求）

4.4 出厂抽样检验发现不良品（包括致命不良、重不良和轻不良），被抽样的批次进行返工处理

4.5 出厂检验发现不良时生产线停线基准

4.5.1 发生致命不良时（对人身和财产造成威胁的不良，如耐压不良）。

4.5.2 发生全数性不良时。

4.5.3 批次性的原材料不良时。

4.6 检查条件

在没有特殊规定的情况下，检查应该在常温、光照度 500LUX 以上的检查室中进行。

4.7 检查方法

4.7.1 依据产品"出厂检验指导书"进行检查，通常区分为外观、结构、标识、功能、特性、包装检查等。

4.7.2 对于缺少部分材料（附料、标签等）的批次拒绝检查。

4.8 检查类型包括外观检查和功能检查

4.9 检查结果的判定

4.9.1 对检查的每个样本，每检查完一个项目按照标准判断合格或者不合格。

4.9.2 对发生的不合格按照缺点等级区分致命、重、轻不良。

4.9.3 所有项目检查完成后依据各个项目的检查结果对检查的每个样本做出合格与否的判断。如果不良样本存在一个以上的不良点，该样本应鉴定为其中程度最严重的一种不良，结果记录在"成品出厂检验记录表"上。

4.9.4 批次判定标准。

由检查水平和 AQL[2] 值，在样本大小字码表中查找相应字码。然后在抽样方案中（根据标准要求，选择正常检查、放宽检查和严加检查其中之一）查找 AC 值和 RE 值[3]。如果样本不良数 ≤ AC，则判定合格；如果样本不良数 ≥ RE，则判定批次不合格。

---

[1] 可采用随机抽样方法检验，注意抽取样本时要格外小心，以免因货品掉落或其他形式而造成一定程度的损坏。如果出现损坏，则产品由制造部门进行修理，修理完成进行全功能测试。

[2] AQL：acceptance quality limit，接收质量限制的缩写。批量范围、检查水平、AQL 值决定抽样的数量和合格与不合格产品的数量。如有一批服装的订单数是 3000 件，按照 AQL2.5 标准抽查 125 件，次品数 ≤ 7 就 PASS（通过），次品数 ≥ 8 就 FAIL（不合格）。

[3] Ac——accept（合格判定数）；Re——reject（不合格判定数）。

4.10　批次处理

4.10.1　合格批次。

如果判定批次合格，应在申请检查表上标明合格，并在现品表中盖合格章。物流部门对非出厂检验合格品绝对不能入库，制造部门也绝对不能入库。

4.10.2　不合格批次。

（1）如果判断批次不合格，在现品表中盖不合格章，在申请检查表中做不合格处理，发布"成品出厂检验不合格报告"。

（2）制造部技术工程负责分析不合格品产生的原因，制订不合格批次返工方案，确保返工方案是不合格品产生原因的纠正措施。

（3）在品质部的出厂检验不合格报告上填写对不良样本的原因分析结果、返工方法、再发生防止对策。返工方案经品质部批准，返工结果反馈品质部。如果出厂检验不合格报告没有填写或者填写内容虚假时，品质部拒绝检查。

（4）不合格批次在制造部处理（选别、返工、报废）后提出复检委托。返工应尽量在原生产线上进行，若在重检中还判断为不合格，品质部应中断检查及要求制造部门暂停生产，召集相关部门进行协商，制订对策。若鉴定为合格，执行合格批次的处理程序。

▮▮▮ 范表 进厂检验情况日报表

填写日期：　　　　　　　　　　　　　　页次：

验收单号	物料名称	物料数量	抽验数量	不合格记录	备注	合格判定	
						是	否

范表 特采/让步使用申请单

编号：					填写日期： 年 月 日	
特采／让步使用类型			□成品　　□原材料			
客户／供应商		订单号码		批号		
产品名称		图号／版本号		标准／版本		
规格		数量		标识		
责任部门申请描述	质量状况描述					
	申请让步原因					
	申请人			审核		
处理决定	□不准许特采／让步使用　　□准许特采／让步使用　　□准许改良后使用					
质量管理部批准	职务			签名		
	职务			签名		
	职务			签名		
	职务			签名		
备注						

范表 质量检验委托单

编号：				填写日期： 年 月 日	
检验样品		希望完成日期			
检验目的		预定完成日期			
希望检验项目		检验结果			
委托单位	主要经办人	主管科长		质管员	完成日期

范表 材料试用检验通知单

编号：		填写日期： 年 月 日
委托单位	□仓库 □采购 □其他	
通知单位	□检验室 □技术室 □生产科	
通知日期		检验试用日期	
检验性质	□破坏性检验 □非破坏性检验	
检验项目		
检验数量		
检验试用结果		
检验员		委托者	
单位主管		质量管理部经理	

更多模板

质量检验规范要求   零件质量检验报告表

进厂零件质量检验表   制程作业检查表

生产事前检查表   生产过程记录卡

过程控制标准表   工序质量分析表

第**7**章

公司生产管理制度与范表

　　公司生产环节是一个从无到有的转变过程，对公司人员、资源、材料、设备利用最多，所以也最不好管理。因此企业管理者应该做好生产事项的分类，制定相应的制度和表格以方便管理，如生产计划管理、生产作业管理以及生产设备管理，这三项在生产活动中属于核心作业。

7.1 生产之前要先计划

企业的生产活动牵涉部门较广，涉及事项众多，为了保证生产活动有序、顺利地开展，需要进行生产计划管理，对生产活动做好计划、组织和控制，调动一切可用资源，提高生产效率和质量，为企业带来更大的利益。

● **生产部订单审核流程**

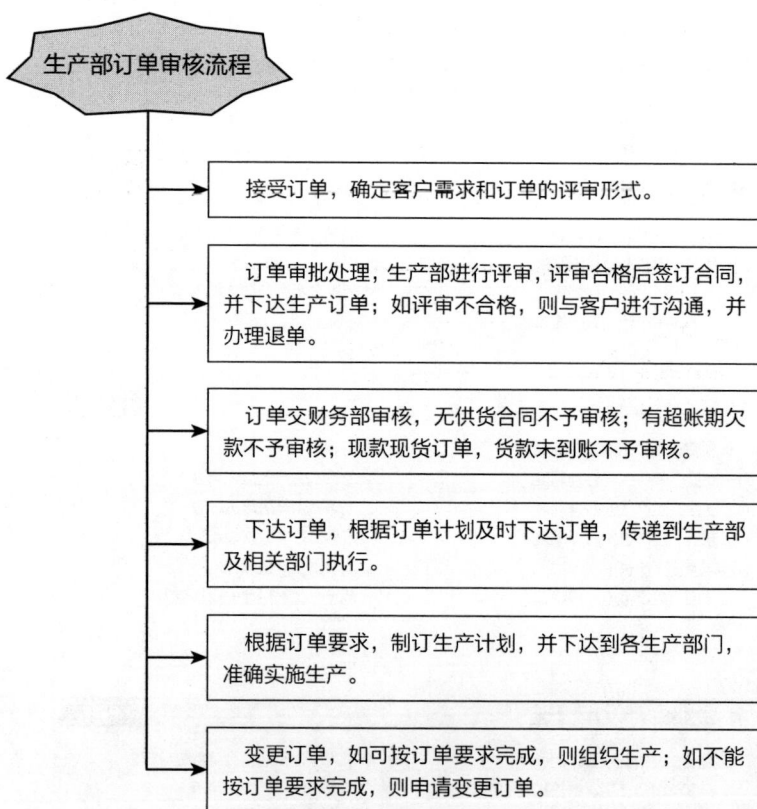

```
          ┌─────────────────────┐
          │   生产部订单审核流程   │
          └──────────┬──────────┘
                     │
        ┌────────────┼──────────────────────────────────┐
        │            │   接受订单，确定客户需求和订单的评审形式。  │
        │            └──────────────────────────────────┘
        │
        │            ┌──────────────────────────────────┐
        │            │  订单审批处理，生产部进行评审，评审合格后签订合同，│
        │            │  并下达生产订单；如评审不合格，则与客户进行沟通，并│
        │            │  办理退单。                           │
        │            └──────────────────────────────────┘
        │
        │            ┌──────────────────────────────────┐
        │            │  订单交财务部审核，无供货合同不予审核；有超账期欠│
        │            │  款不予审核；现款现货订单，货款未到账不审核。   │
        │            └──────────────────────────────────┘
        │
        │            ┌──────────────────────────────────┐
        │            │  下达订单，根据订单计划及时下达订单，传递到生产部│
        │            │  及相关部门执行。                       │
        │            └──────────────────────────────────┘
        │
        │            ┌──────────────────────────────────┐
        │            │  根据订单要求，制订生产计划，并下达到各生产部门，│
        │            │  准确实施生产。                        │
        │            └──────────────────────────────────┘
        │
        │            ┌──────────────────────────────────┐
        └───────────▶│  变更订单，如可按订单要求完成，则组织生产；如不能│
                     │  按订单要求完成，则申请变更订单。            │
                     └──────────────────────────────────┘
```

● 制订生产计划

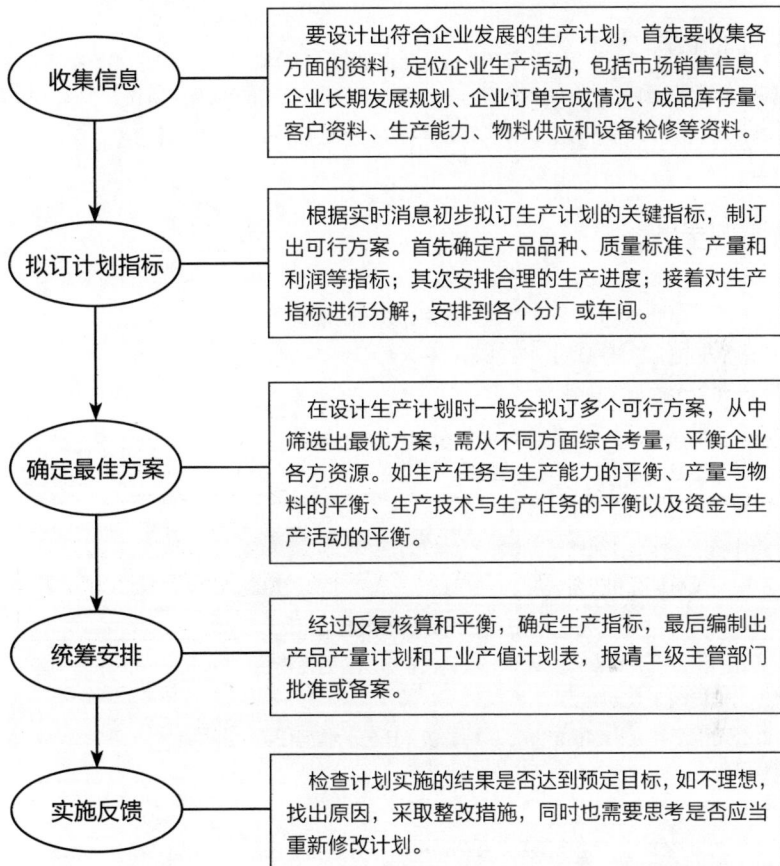

收集信息	要设计出符合企业发展的生产计划，首先要收集各方面的资料，定位企业生产活动，包括市场销售信息、企业长期发展规划、企业订单完成情况、成品库存量、客户资料、生产能力、物料供应和设备检修等资料。
拟订计划指标	根据实时消息初步拟订生产计划的关键指标，制订出可行方案。首先确定产品品种、质量标准、产量和利润等指标；其次安排合理的生产进度；接着对生产指标进行分解，安排到各个分厂或车间。
确定最佳方案	在设计生产计划时一般会拟订多个可行方案，从中筛选出最优方案，需从不同方面综合考量，平衡企业各方资源。如生产任务与生产能力的平衡、产量与物料的平衡、生产技术与生产任务的平衡以及资金与生产活动的平衡。
统筹安排	经过反复核算和平衡，确定生产指标，最后编制出产品产量计划和工业产值计划表，报请上级主管部门批准或备案。
实施反馈	检查计划实施的结果是否达到预定目标，如不理想，找出原因，采取整改措施，同时也需要思考是否应当重新修改计划。

拓展知识 生产计划要求

什么样的生产计划才是高质量的呢？首先要有利于销售，满足市场需求；其次应有利于盈利，实现生产成本最低化；还要有利于充分利用生产资源，最大限度地减少生产资源的闲置和浪费。所以优良的生产计划应满足以下五点要求。

①要保证交货日期与生产量。

②使企业维持同其生产能力相称的工作量（负荷）及适当开工率。

③作为物料采购的基准依据。

④将重要的产品或物料的库存量维持在适当水平。

⑤对长期的增产计划做人员与机械设备补充的安排。

制度 生产计划管理制度

一、总则

1. 生产计划的编制必须从实际出发开展调查研究，充分掌握各种有关资料，在综合平衡的基础上，根据项目、市场需要和要求，使计划落实到车间班组以及外协加工。

2. 计划工作要统筹兼顾、积极可靠，保持生产的连续性、均衡性、科学性，努力提高经济效益。

3. 在保证交货期的前提下，要保持批量产品的相对稳定，与单件小批产品的交期合理搭配以保持生产平衡。

4. 做好各生产车间和公司生产制造部门的组织协调工作，使生产有序进行。

二、生产计划编制依据

为使计划能正确及时地编制和下达，必须有完整可靠的数据资料，包括：

1. 年（季）度生产计划。

2. 年、季、月度生产技术准备计划。

3. 产品图纸。

4. 技术修改通知。

5. 外购件、标准件采购情况。

6. 车间人员状况和设备状况。

三、生产计划的编制与下达

1. 公司年、季、月度作业计划，以公司年 / 季 / 月度销售计划、生产大纲和技术准备计划大纲为依据编制。

2. 公司生产计划：包括产品、品种、备品任务、装配任务、外协生产以及公司内外重大项目任务等。

3. 年计划的编制与下达。

（1）根据公司全年销售任务以及公司生产任务的整体部署，每年 11 月份编制下一年度生产计划，并提交公司各相关部门进行审核。

（2）将各部门提出的问题、薄弱环节进行分类汇总，提出初步措施意见向主管领导汇报，并完善年度生产计划。

（3）正式年度计划经总经理批准后，于计划期前一个月下达。

4. 季度作业计划的编制与下达。

（1）根据年度生产计划、生产技术准备、机电配套、设备大修、生产进度等情况，编制公司季度分月投入与生产计划。

（2）季度计划草案于计划期前 10 ~ 15 天编制，发相关部门讨论。各相关部门将存在问题与措施报生产制造部，经主管副总经理批准后于计划前 5 ~ 10 天下发执行。

（3）有关部门对季度计划要求修改时，报生产制造部，经主管副总经理批准，可适当调整。否则按原作业进度执行。

5. 月度计划的编制与下达。

（1）月度计划内容包括：

①产品产量投入生产计划。

②标准件、备件、配件生产计划。

③关键工序进度计划。

④其他重点外协与临时任务等。

（2）每月20日前编制完下月的月度计划，给主管副总经理批准后，于计划月下达执行。

四、生产计划的跟踪修订

1. 生产计划下达后，计划编制人员要及时搜集信息，结合订单情况、车间现场、物资采购和产品外协情况，及时修正月、季、年计划。

2. 月计划修改需报生产主管领导批准，季、年计划报生产部主管领导审核后，上报公司相关领导批准。

3. 计划修正要慎重，使其能切实指导生产。

制度 生产准备管理制度

一、总则

1. 生产准备是以生产计划为依据，为生产准备所需要的人员、工艺装备、工艺流程及文件。

2. 对新产品的生产需要做相关的工艺试验、物料准备和设备准备，并根据计划及时调整进度。

二、人员准备

1. 生产制造部提出人员需求计划，人力资源科负责招聘所需人员或通过人员内部转岗。

2. 人员到位后根据具体生产工艺要求，落实对人员的技能培训，并对培训效果进行考核。

3. 对于需要取得相关操作资质证书的工种，协助员工取得相关操作许可证。

三、工艺文件

1. 工艺文件由生产制造部负责，根据产品的具体要求、先期分析和设计部门提供的图纸等设计文件，提出工艺方案若干，经讨论确定较为合理的方案。

2. 根据工艺方案，提出相关的工量器具的要求。

3. 工艺方案经过主管领导审核后方可实施。

四、工艺装备

工艺装备由生产制造部负责，根据前期的工艺方案设计文件，准备工艺装备，根据公司实际情况选择自制或外协生产，并对完成的工艺装备做有效性检验。

五、工艺试验

对于某些新方法、新技术和新产品，经过集体讨论，需要做工艺试验，做出试验计划，准备试验所需的工量器具，生产制造部协调完成试验，并加以总结，应用于现场的实际生产，提高生产质量和生产效率。

六、物料准备

1. 相关采购人员按照生产计划做好生产所需各种物料的准备，包括生产装配所需要的各种零部件，生产操作过程需要的原材料和工量器具等物资。

2. 出现采购或外协困难的品种，及时向生产制造部门领导汇报，协同解决，避免影响生产活动的有序进行。

七、设备准备

1. 生产部设备员根据生产计划，做好所需要设备的准备工作，对设备状态做好监控，保证所需设备正常完好，满足生产对设备的需要。

2. 设备有异常情况，及时协调解决，做好生产保障工作。

范表 年度综合计划表

1. 年度经营目标

月份	生产计划	存货数量	销售计划	估计利润	说明
1 月					
2 月					
......					
12 月					
合计					
分析及说明					

2. 产销计划

产品名称								
月份	产量	销量	存量	单价	毛利	利润	利润率	说明
1 月								
2 月								

续上表

3 月									
4 月									
5 月									
……									
合 计									
分析及说明									

3. 原物料采购计划

采购项目	1 月	2 月	3 月	4 月	5 月	6 月	7 月	8 月	9 月	10 月	11 月	12 月	累计

4. 员工计划

定员定岗	
工资福利	

5. 费用预算

制造费用	每月	全年	销售费用	每月	全年
间接工资			工资		
间接材料			佣金		
动力费			文具印刷		
水电费			邮电费		
折旧			租金		
保险费			旅差费		
修缮费			广告费		
邮电费			保险费		
杂费			其他费用		
合计			合计		

6. 新建投资与技改计划

续上表

项目	金额	说明

7. 本年度管理方针政策

生产方面	
销售方面	
机构人事方面	
其他	

▮▮▮

范表 生产计划变更通知单

收文单位：　　　　　　　　　　　　　　　　填写日期：　年　月　日

工令号码	生产线别	原计划			变更			备注
		品名	数量	完成日期	品名	数量	完成日期	

范表 月份生产计划表

生产批号	产品名称	数量	金额	生产单位	生产日期 起	生产日期 止	预计销售日期	消耗工时	预计成本 原料	预计成本 辅料	预计成本 工资	附加值	备注

配合单位工时	设备组	质检组	包装组

预计生产目标	产值	总工时	每工时产值

预计毛利	附加值	生产费用

审核：　　　　　　　　　　生产计划员：

范表 生产指令单

生产单位：		指令对象：		指令日期： 年 月 日	
制单编号			指令编号		
客户名称			订单编号		
产品名称			产品编号		
产品规格			数量		
发工日期	年 月 日		完成日期		年 月 日
投产日期	年 月 日		实际完成日期		年 月 日
材料使用情况					
材料名称			领用日期		
领用量			实际用量		
领用人			出库检验员		
制造方法					
移交情况说明					
移交单位			移交日期		
厂长			生产管理科		

范表 年度产销计划表

产品名称		产品规格			产品售价			
项目		数量	金额	数量	金额	数量	金额	数量	金额
第一季度	全年								
	旺季每月								
	淡季每月								
	设计产量								
第二季度	全年								
	旺季每月								
	淡季每月								
	设计产量								
第三季度	全年								
	旺季每月								
	淡季每月								
	设计产量								
第四季度	全年								
	旺季每月								
	淡季每月								
	设计产量								

更多模板

年度生产计划表   生产计划安排表

周生产计划及实绩表   生产计划部日常管理制度

生产线日计划表

7.2 生产作业管理

生产作业管理指为实现企业的经营目标，有效利用生产资源，对生产作业过程进行组织、计划、控制，生产出满足社会需要、市场需求的产品或提供服务的管理活动。它的主要内容包括：产品选择、确定生产能力需求、选择技术合适的设备、确定自制与外购的比例、确定生产系统结构和生产岗位职务设计与职位职责等。

● 如何处理生产异常情况

生产异常	具体阐述
设备异常	①若是设备出现异常，员工应暂停生产活动，保障安全 ②立即通知工程维修部门协助排查，安排闲置人员其他生产工作 ③排查故障时间较长的，上报主管重新排班 ④完善生产设备每日点检制度，加强生产设备预防性维修管理
生产计划异常	①在生产总量不变的条件下及时调整，做出合理的工作安排，保证生产效率 ②盘点、清退、收捡因计划调整而闲置的产品、半成品、原材料 ③合理安排闲置人力资源，留出调整时间 ④快速更换计划需求的物料、设备
物料异常	①物料紧缺时，用警示灯、电话或书面形式反馈给采购、财务管理部门 ②物料告缺前10分钟必须确认物料何时可以接上 ③若是发生短暂断料的情况，可安排闲置人员做前加工、整理工作；若是发生长时间断料，可上报主管重新协调生产任务，安排生产其他产品
生产品质异常	①若发现产品质量有问题，应迅速用警示灯、电话或其他方式通知品管部及相关部门 ②迅速检查质量问题的原因，若有员工不当操作，应该暂停生产 ③检查制成品的不良有多少。 ④协助品管部及有关责任部门一起研究对策，配合临时对策的实施，以确保生产任务的达成 ⑤在解决措施出来前，安排闲置人员做前加工或整理工作

续上表

生产异常	具体阐述
工艺异常	①应迅速通知品管、技术或开发部，暂停生产，等待解决方案出台 ②检查制成品是否符合订单要求 ③协调生产任务，不使人力资源浪费
水电异常	及时通知维修部门抢修，对于闲置人员可做其他安排

拓展知识 制定异常处理流程

　　生产活动中发生异常情况，极易引起员工的慌乱，为了让生产活动正常有序地进行下去，管理者需要对常见的异常情况设置处理流程，这样就算发生状况，员工也能按照处理流程行事，不至于手足无措。现场异常情况管理的实施步骤大致为：①明确异常的标准；②与相关人员（维修人员、主管）联络或报告；③异常情况的确认；④异常情况的处理，包括应急处理和恒久处理；⑤解决对策的确认。

● 控制生产进度的措施

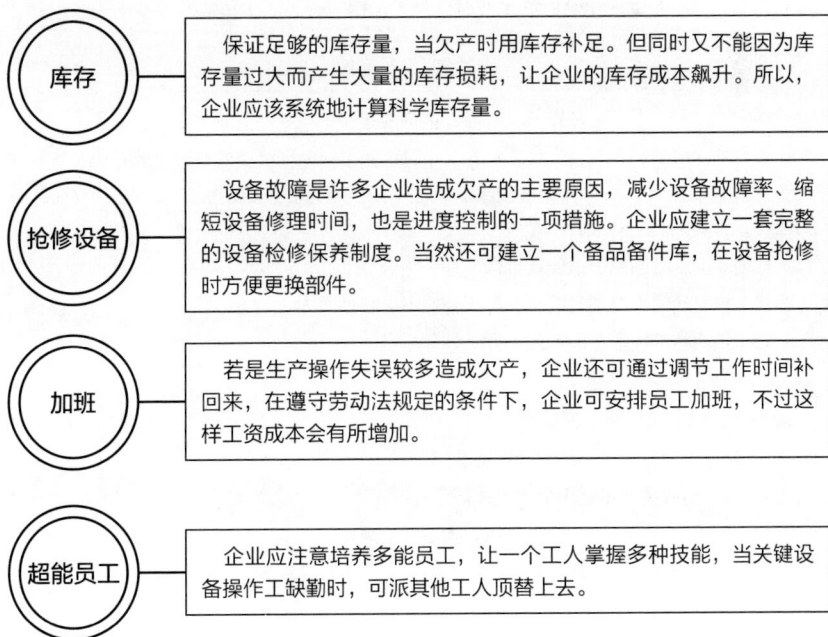

库存　　保证足够的库存量，当欠产时用库存补足。但同时又不能因为库存量过大而产生大量的库存损耗，让企业的库存成本飙升。所以，企业应该系统地计算科学库存量。

抢修设备　　设备故障是许多企业造成欠产的主要原因，减少设备故障率、缩短设备修理时间，也是进度控制的一项措施。企业应建立一套完整的设备检修保养制度。当然还可建立一个备品备件库，在设备抢修时方便更换部件。

加班　　若是生产操作失误较多造成欠产，企业还可通过调节工作时间补回来，在遵守劳动法规定的条件下，企业可安排员工加班，不过这样工资成本会有所增加。

超能员工　　企业应注意培养多能员工，让一个工人掌握多种技能，当关键设备操作工缺勤时，可派其他工人顶替上去。

拓展知识 什么是生产派工

生产派工就是用派工指令把每周、每日、每个轮班以至每个小时各个工作岗位的生产任务进行具体安排，并检查各项生产准备工作，保证现场按生产作业计划进行生产。生产派工是一项简单又复杂的工作，用人力进行派工工作量非常大，所以现在很多企业都会使用有生产管理功能的 ERP 系统或生产派工软件来提高工作效率。

制度 生产车间管理制度

一、目的

为了维持良好的生产秩序，提高劳动生产率，保证生产工作的顺利进行，特制定以下管理规定。

二、范围

适用于生产车间全体工作人员。

三、早会规定

1. 员工每天上班必须提前 5 分钟到达车间开早会，不得迟到、早退。

2. 员工在开早会时须站立端正，认真听主管或组长的讲话，不得做一些与早会无关的事项。

3. 各条线的组长每天上班必须提前 10 分钟到达车间，组织员工准时开早会。

4. 各条线的组长在开早会时必须及时向员工传达前一天的工作情况以及当天的生产计划，时间应控制在 15 分钟。

5. 组长开早会时讲话应以激励为主，不得随意批评和责骂员工。

四、请假规定

1. 如有特殊事情必须亲自处理，应在 2 小时前用书面的形式请假，经主管与相关领导签字后，才算请假生效，不可代请假或事后请假（如生病无法亲自请假，事后必须交医生证明方可），否则按旷工处理。

2. 杜绝非上班时间私下请假或批假。

3. 员工每月请假不得超过两次，每天请假不得超过两人。

4. 员工请假核准权限（同厂规一致）。

（1）一天以内由班长批准。

（2）3 天以内由车间主管批准。

（3）超过 3 天必须由生产部经理批准。

（4）连续请假按照累计天数依上述规定办理。

五、清洁卫生规定

1. 员工要保持岗位的清洁干净，物品要按规定位置放置整齐，不得到处乱放，组长要保持办公台的整齐干净。

2. 每天下班后值日生打扫卫生，周末须进行大扫除（公司内的门、厕所、窗户、生产线、设备保养、饮水机等都须清洁）。

3. 卫生工具用完后须清洗干净放在指定的区域，工具由专人保管，不得乱丢、倒置，甚至损坏。

4. 不得随便在公司内乱丢垃圾、胡乱涂画。

六、车间生产秩序管理

1. 员工上班应着装整洁，不准穿奇装异服，进入公司需换拖鞋，鞋子按划分区域整齐摆放。必须正确佩戴厂牌，穿工作服上班。不得携带任何个人物品，如手机、手袋、食品。

2. 上班时，物料员须及时把物料备到生产线，并严格按照规定的运作流程操作，不得影响工作的顺利进行。

3. 员工在作业过程中，必须保持 50cm ～ 80cm 以上的距离，不得挤坐在一起，作业时须按要求戴好手套或指套，同时必须自觉做好自检与互检工作，如发现问题及时向品检与组长反映，不可擅自使用不良材料以及让不合格品流入下道工序，必须严格按照品质要求作业。

4. 每道工序必须接受车间品管检查、监督，不得蒙混过关、虚报数量，并配合品检工作，不得顶撞、辱骂。

5. 所有员工必须按照操作规程（作业指导书、检验规范等）操作，如有违规者，视情节轻重予以处罚。

6. 员工在工序操作过程中，不得随意损坏物料、工具设备等，违者按原价赔偿。

7. 工作时间离岗时，需经班组长同意并领取离岗证方可离开，限时 10 分钟内。

8. 下班前必须整理好自己岗位的产品、物料和工作台面，凳子放入工作台下面。

9. 员工之间须互相监督，对包庇、隐瞒操作不良者一经查处严厉处罚。

10. 任何会议和培训，不得出现迟到、早退和旷会。

11. 本车间鼓励员工提供好的建议，一经采用根据实用价值予发奖励。

制度 外协生产管理制度

第一条 适用范围

1. 本制度适用于生产部人员、设备不足或生产能力负荷已达到饱和程度时。

2. 特殊零部件无法外购也无法自制时。

3. 外协厂有专门技术，利用外协／加工的外协件质量较好且价格合理时。

第二条 方法与标准

1. 审查方式。

书面审查与实地调查。

①要审查外协加工及外协制造的申请是否符合规定，数量是否适宜。外协加工申请被核准后，由外协管理人员决定是否由外协厂承担外协加工。

②如果没有可选择外协厂，则选择三家以上厂商的资料，填写外协厂商资料调查表。

③进行实地考察时，应由生产部质量管理委员会指定质量、生产、技术、外协管理人员组成调查小组，但不一定每次所有人员都要参加，要视零部件制造的重要性而定，将调查结果填入厂商资料调查表中。

④进行实地调查后，可选定其中一家厂商试用。

2. 审查标准。

在外协生产管理制度中要审查外协厂商的下列内容：

①质量情况。

②供应能力。

③价格情况。

④管理水平。

选择其中评分最高的供应厂商作为最终的协作厂商。

第三条　试用

在选好最佳外协厂商以后，还必须通过试用，只有对目标产品的试用考核达到规定的标准时，才能正式作为本厂生产部的协作厂商。

1. 试用合同规定试用期3个月，每个月考核一次，并将考核结果通知试用厂商。

2. 试用考核。试用期间对试用厂商进行考核。

3. 试用开始时，试用厂商要将样品送来接受检查，经判定合格才能继续大量地加工制造外协件，以供应给本厂装配成品用。

第四条　正式确立合作关系

1. 正式确立合作关系的判定标准。

试用考核期间的成绩达70分以上者则正式作为本生产部的协作厂商。

2. 正式合同的内容与试用合同格式相同。

第五条　外协件加工管理

1. 外协管理。

在外协生产管理制度中规定外协管理员负责外协件加工生产的管理事务。

2. 外协资料。

外协件加工时要给外协试用厂商或协作厂商提供相应的外协件技术资料。

①零部件图样。

②工序程序图。

③操作标准。

④检查标准。

⑤检验标准。

⑥材料的规格、数量。

3. 外协指导管理。

①使外协厂商按照本厂生产部的要求与规定进行加工。

②协助其提高质量。

③经常联系协调，了解外协件的加工进度和加工质量。

④指导外协厂开展质量教育与质量考核。

4. 外协核价。

在由本厂生产部负责供料时外协件加工总价计算公式如下：

外协件加工总价 = 外协件加工单价 × 外协件加工数量 [1] × （1- 报废率 [2]）

5. 外协督促。

应该使外协加工件保证如期交货。

第六条 质量管理

1. 入厂验收。

①按双方商定的验收标准及抽样计划验收。

②执行进料管理流程。

2. 外协质量管理与定期考核。

①为使外协试用厂商或协作厂商供应的产品符合本厂生产部外协生产管理制度的要求，必须对其产品进行检验。

②要每月巡回检验各协作商加工的外协件，对每个协作商生产的外协件，3 个月中要做一次或两次以上的抽检；对试用的外协厂商，3 个月内要做两次以上抽检。

第七条 存在问题的投诉

1. 验收时的投诉。

①验收人员将检验报告通知相应的外协管理人员存档，以作为下次验收的依据。

②外协管理人员将验收情况通知协作厂商或试用厂商，促使其针对外协件质量缺陷进行改进，其改进资料存档，作为考核依据。

2. 生产时的投诉。

①生产过程中出现的问题如果是由外协厂商引起的，生产单位要及时通知生产管理部门。

③外协管理人员通知协作厂商，将检验资料存档，作为日后对外协厂质量考核的依据。

3. 日常检查时的投诉。

投诉问题发生时，除要通知协作厂商或试用厂商针对存在的质量缺陷进行改进外，自身

[1] 外协件加工数量必须经负责生产的管理员认可，有时可由过磅员重新进行核算。

[2] 报废率（抽样测量）或报废数资料由质量管理部门提供。

更要做好质量检验考核管理工作,如果有外协件质量问题投诉发生,还要依照合同的规定罚款。

第八条 指导教育与考核

1. 负责单位。

对于有关外协的质量管理、外协件生产管理与设计,外协管理单位负有指导教育与考核的责任。

2. 实施方式。

①协作厂商高层人员的观念训练。鼓励外协厂商的高层管理人员接受新观念或参加本厂召开的产品开发座谈会、质量管理座谈会。

②开展协作厂商质量管理人员的培训。鼓励外协厂商的质量管理人员参加专业培训或质量管理培训,安排其参加本厂举办的专业质量管理培训班,使其了解本厂的质量管理政策及组织;本厂的进料验收、制造流程及成品的质量管理及最后检验;本厂外协件验收使用的仪器、量规、抽检表以及判定外协件合格的标准。

3. 其他协助。

协助外协厂商建立健全各项管理制度,如质量管理制度、原料管理制度、外协件加工方法改善制度。

制度 生产工艺管理制度

第1章 总则

第1条 目的。

为规范公司生产工艺的管理工作,特制定本制度。

第2条 相关定义。

生产工艺是产品生产方法的指南,是生产计划、生产调度、质量管理、质量检验、原材料供应、工艺装备设计与制造、设备采购等工作的技术依据,是保证优质、高效、低耗和安全生产的重要手段。

第3条 责任部门。

生产工艺管理工作由生产部工艺室(工艺部)具体负责。

第4条 生产工艺管理工作应遵循下列原则。

1. 认真贯彻"工艺规程典型化,工装标准化、通用化"的原则。

2. 以完善工艺手段,使工艺过程更合理、可靠、先进为原则。

3. 以保证产品质量和降低生产制造成本为原则。

第2章 工艺文件的编制、执行

第5条 新产品投产或老产品复制，必须依照"先制定完善工艺，贯彻工艺，然后再投产"的原则。

第6条 生产部工艺室（工艺部）根据原料的性质、新品种的试验、工艺设计和生产部产量平衡后的情况，提出各项工艺规程的初步意见，送交总裁助理批准。

第7条 最终形成的工艺文件必须保证正确、完整、统一、清晰。

第8条 工艺规程必须在投产前送交车间、车间主任，工艺品必须详细复核，发现与实际不符或由于某些条件限制暂且不能执行的项目，应及时与生产部主管协商解决。

第9条 车间主任复核工艺规程后，应在工艺通知单上签字，并且严格执行该项规程，并及时下达给有关生产人员。

第10条 各车间、各道工序必须严格施行工艺技术，按工艺要求对产品进行检查，如发现产品不符合工艺要求，应及时向车间、生产主管反映，检查、分析原因，找出解决问题的办法，并做好记录。

第11条 生产过程中，发现工艺与实物不符必须进行工艺调整时，应及时向生产主管反映，并研究解决方案，而不能随意更改和调整工艺。

第12条 调整好的工艺须经生产主管签字，总裁助理批准后，才能作为正式生产依据，对旧工艺必须收回存档，并注明变更原因。

第13条 下达至车间的已经确定的工艺，所有人员必须严格执行。下发的工艺资料，如有损坏和丢失，查明原因后由生产部工艺室（工艺部）补发，各部门必须有专人对工艺进行妥善保管，不准任意涂改。

第14条 违反工艺进行生产，或随意变更工艺造成责任事故者，应赔偿相应的经济损失。造成严重损失者，报生产主管和人事部批准，给予必要的纪律处分。

第15条 生产部工艺室（工艺部）将工艺下达后，必须经常检查工艺落实情况，发现问题及时解决，因工艺不妥而造成大批严重事故者，生产部工艺室（工艺部）应承担事故责任。

第16条 生产部工艺室（工艺部）应不断对车间操作人员进行工作纪律教育，严格按工艺标准监督工艺执行。

第3章 工艺试验备案手续

第17条 工艺试验的申请。

由工艺试验提出部门填写"工艺规程"变更试验备案表（一式两份）。一份留底，另一份送交生产部工艺室（工艺部）备案。

第18条 凡是对产品质量或者上下工序质量影响较大的工艺项目的变更，都需要填写申请书，提交生产主管审核，经总裁助理批准后方可变更。

第4章 生产工艺变更审批

第19条 在总裁助理的领导下，生产部工艺室（工艺部）负责全公司工艺文件的编制与管理以及工艺要求的下达，其他任何单位或个人无权下达和变更。

第20条 生产部工艺室（工艺部）负责贯彻工艺和技术服务，业务上受研发部主管的指导。

第21条　未经工艺性审查的产品设计图样，不予编制工艺文件，不能投入生产。

第22条　在生产过程中，凡产品设计修改涉及工艺、材料变动时，均应有有关部门会签。

第23条　工艺路线（工艺流程），是产品从投料到出成品的生产过程所经过的路线，工艺路线由生产部工艺室（工艺部）提出。

第24条　产品工艺文件由生产部工艺室（工艺部）提出，并有工艺卡、工艺守则和材料工艺定额资料，工艺文件是要保证先进合理、正确无误、齐全成套、符合标准。

第25条　工艺文件由生产部工艺室（工艺部）编制，研发部审核，总裁助理批准。

第5章　工艺事故管理

第26条　公司严肃工艺纪律，发动员工对违反工艺规程事故的原因进行分析追查，并提出防范措施，防止再次违反。

第27条　凡不遵守工艺规程造成各项差错的，无论本次事故是否造成损失，一经发现，主管部门负责人及时到现场检查分析，找出产生原因，提出改进措施，以减少下一道工序的损失，并于一个工作日内填写工艺规程事故报告单，送交总裁助理。

第28条　对于因不遵守工艺规程而发生的影响上下工序的工艺事故，应由技术管理人员、质量管理人员、车间主任及相关人员协商解决。

第29条　下列情况应作为违反工艺规程事故。

1. 车间或其他部门擅自变更工艺规程，不按工艺规程进行生产。

2. 抄错工艺单、开错通知单者。

3. 工艺未经审定、制定不合理、造成批量损失者。

4. 配错料。

5. 配料单（BOM）开错。

第30条　发生上述各项事故后，由生产技术管理机构及时向个人、车间、部门追究责任并提出改进措施，按情节轻重记事故一次。若本人及所在部门隐瞒由其他部门提出时，应按情节轻重记违反工艺规程一次。

第6章　附则

第31条　本制度由生产部制定，解释权、修改权归生产部所有。

第32条　本制度经总裁助理批准后严格执行。

制度 生产进度管理制度

第一条　目的

把握生产进度，使生产计划得以顺利执行，公司生产目标如期达成，特制定本制度。

第二条　适用范围

生产部对执行生产计划进度的自我控制，以及在进度过程中关于监督、支援、协助等均适用本程序。

第三条 职责

一、生产部负责生产进度的控制并指导各车间顺利进行生产制造。

二、各事业部负责提供必要的技术支持。

第四条 内容

一、物料进度控制。

1.物资供应部根据计划运营部下达月采购计划，提出请购。

2.物资供应部根据常用物料库存状况，确定订购日期、数量及交货时间。

3.生产部根据周生产计划确认具体的物料需求时间，协调物资供应部工作，并对于可能缺料的订单物料做重点管理。

4.生产部根据每日生产进度安排确认次日物料状况。

5.生产部协调物资供应部处理因物料供应脱节而产生的事宜。

6.生产部处理因进度落后或提前而产生的物料供应事宜。

7.生产部处理因生产计划变更而产生的物料问题。

8.生产部处理因订单变更而导致的物料问题。

二、生产部作业规定。

（一）生产进度控制。

1.编制月生产任务通知单，做产能负荷分析，安排月工作进程。

2.编制周生产任务通知单，安排每日生产进度。

3.收集、汇总、统计、分析每日、每周的异常工时。

4.收集、汇总、统计生产日报表，做生产效率分析。

5.根据生产进度的异常，适时做进度安排调整，以满足交期。

6.根据市场需求（客户）的变化，提请生产计划调整变更。

7.根据生产条件（技术、品质、物料、工艺等）的变化，提请生产计划调整变更。

8.追踪影响生产进度的责任单位，督促其研拟对策加以改善。

9.制作生产推移图控制生产进度。

10.适时召开生产协调会或临时会议检讨生产进度。

11.其他与生产进度相关的事宜处理。

（二）生产任务安排。

1.根据周生产任务通知单与每日生产进度安排，确定各车间、组别每日生产任务。

2.制作生产进度看板，适时统计生产任务完成情况，分析原因，适度控制。

3.追踪物料供应状况，协调保证物料顺畅。

（三）异常状况排除。

一般的生产异常状况包括生产计划异常、物料异常、设备异常、制程品质异常、设计工艺异常、电供应异常等。

（四）生产计划异常处理。

1. 根据计划调整，做出迅速合理的工作安排，保证生产效率，使总产量保持不变。

2. 安排因计划调整而余留的成品、半成品、原物料的盘点、入库、清退等处理工作。

3. 安排人力以最快速度做计划更换的物料等准备工作。

4. 利用计划调整时间做必要的培训。

5. 其他有利于效率提高或减少损失的做法。

（五）物料异常处理。

1. 接到生产计划后，立即确认物料状况，查验有无短缺。

2. 随时把握各种物料的信息，反馈相关部门避免异常的发生。

3. 如物料属短暂断料，可安排闲置人力做前加工准备、整理整顿或其他零星工作。

4. 如物料断料时间较长，可安排人员培训，或做生产计划变更，安排生产其他产品。

（六）设备异常处理。

1. 日常做好设备保养工作，避免生产过程中设备异常的发生。

2. 发生设备异常时，立即通知技术部协助排除。

3. 安排闲置人力做整理整顿或前加工工作。

4. 如设备故障不易排除，需较长时间，应相互协调另做安排。

（七）制程品异常处理。

1. 对前有品质不良记录的产品，应于产前做好重点管理。

2. 异常发生时，迅速通知质检物流部及相关部门。

3. 协助质检物流部、其他责任部门一起研拟对策。

4. 配合临时对策的实施，以确保生产任务的达成。

（八）设计工艺异常处理。

1. 迅速通知研发中心、各相关事业部处理。

2. 同制程品质异常的处理方式处置。

（九）电供应异常处理。

1. 迅速采取降低损失的措施。

2. 迅速通知各事业部和企管部加以处理。

3. 闲置人员可做其他工作安排。

（十）生产效率管制。

1. 评估工艺流程、作业标准的可靠性。

2. 严格按工艺流程、作业标准执行。

3. 检视生产中的劳动纪律、动作规范和其他事宜，确保生产顺畅。

…………

范表 生产进度表

使用单位：

第＿＿副本

部门	生产项目	1	2	3	4	5	6	7	8	9	10	11	12	13	14	15	备注
生产线一																	
	更改记录																
生产线二																	
	更改记录																
生产线三																	
	更改记录																

核准：　　　　　　　　　　　拟订：

范表　生产进度安排跟踪表

产品名称／规格				生产数量				生产部门	
原定生产日期					预计交货日期				

物料供应状况

材料名称	单位	单位用量	需求量	已有库存	采购日期	预交日期	已交	备注

情况

人力	前一批号完成日期	
	设备调整时间	
设备	人力是否充足	
	预计生产日数	
其他因素	每日生产	

安排进度

模具	名称编号	完成日期	已有成品
量具			

范表 生产日报表

| 单位： | | | | | | | | | | | 填写日期： 年 月 日 | |

编号	产品名称	预定产量	本日产量		累计产量		耗费工时		半成品	
			预计	实际	预计	实际	本日	累计	本日	累计

人事记录	应到人数		停工记录	异常状况报告
	请假人数			
	调出人数			
	调入人数			
	新进人数		加班人数	新进离职人员
	离职人数		新加工时	
	实到人数		应有工时	

审核：　　　　　　　　　　　　　　　　制表人：

范表 生产进度记录表

制造单号：		编号：			填写日期：	年	月	目

产品名称			产量		交货日期	

部门	生产数量	日期						完成日期
× 部	预定							
	实际							
× 部	预定							
	实际							
× 部	预定							
	实际							
× 部	预定							
	实际							

范表 生产进度进程表

制造号码：								填写日期：	年	月	目

零件编号	零件名称	承制单位	请购单号	请购日期	预定交货日期	实际交货日期			加工日程		
						原定	修订	修订			

范表 产量分析表

产品名称								
预计销售量	每年最低	最高	旺季每月最低		每月最高	正常每月产量	设计产量	
考虑实效		作业效率		安排效率		总效率		
每月工作日		每日产量		每小时产量		每件时间		
主要设备产能分析	设备名称	产能说明	每件时间	每日生产时间	设备数量	平均每件时间	负荷率	

审核： 制表人：

范表 生产进度控制表

编号：				预计日程：				
产品名称			生产数量			本计划负责工程师		
作业步骤	负责部门	承包厂商	预计日程		进度审核及调整记录	开工日	完工日	验收
1								
2								
3								

范表 生产进度安排检查表

材料名称	供应状况				备注	设备模具生产状况	实际情况	完成日期	检查
	充足	已购	预交期	交库					
						1. 前一生产是否完成			
						2. 本生产是否可开始			
						3. 人力是否足够			
						4. 有无设备调整问题			
						5. 生产技术是否有问题			
						6. 模具工具			
							7. 主要设备状况			

制造编号：

更多模板

生产故障分析表	生产进度平衡表
生产进度更改通知单	生产进程管理表
生产进度落后原因分析表	生产过程分析表
生产效益分析表	

7.3 企业生产设备管理

设备管理，简单来说就是对企业内的关键设备进行清点、维护，以保证日常的生产活动正常进行。当然此表述并不完整，其实设备管理还包括从规划、设计、选型、购置、安装、验收、使用、保养、维修、改造、更新直至报废这一全过程的科学型管理。

● 生产设备编号原则

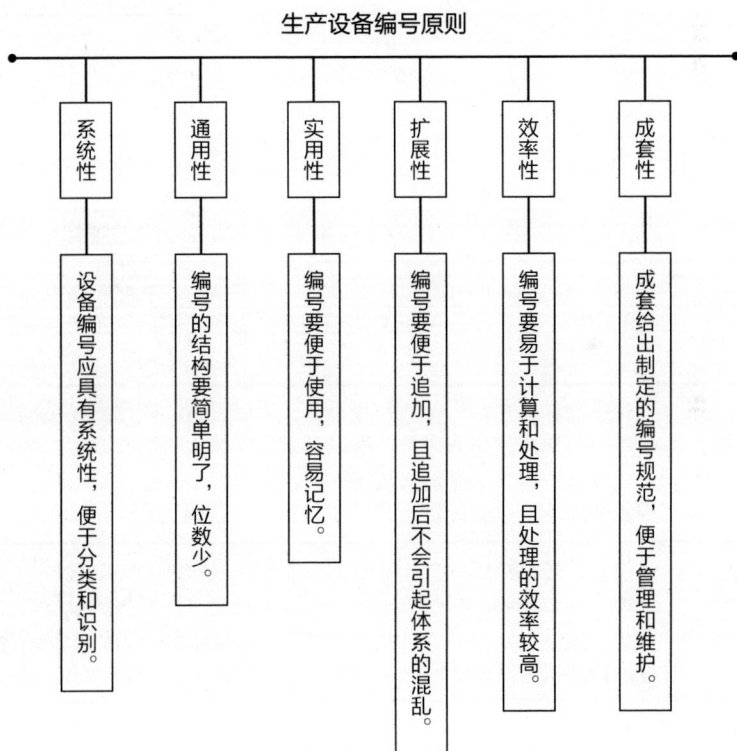

```
                        生产设备编号原则

    系统性        通用性        实用性        扩展性        效率性        成套性

  设备编号应具   编号的结构要   编号要便于使   编号要便于追   编号要易于计   成套给出制定
  有系统性，便   简单明了，位   用，容易记忆。 加，且追加后   算和处理，且   的编号规范，
  于分类和识别。 数少。                      不会引起体系   处理的效率较   便于管理和维
                                            的混乱。       高。           护。
```

● 预防设备故障

预防措施	具体阐述
选购品质优良的设备	对于企业来说采购设备的费用往往会耗费过大，无论是管理者还是财务都想尽可能节约成本，不过为了一劳永逸，避免后续出现生产问题，企业对设备的质量应该有基本的要求，结合生产需要、公司发展、功能要求进行选购。尤其要对设备的安全防护机制进行检验，如保险装置、自动检测、防爆机制
妥善安装调试	对新投入生产的设备，技术人员应该妥善放置、安装、调试，使其符合使用模式，在试运行无误后，再正式投入使用
控制好环境	很多生产设备对运行环境是有要求的，如防尘、防潮、防寒，对温度、湿度、光线等的要求也都不同，企业员工在使用设备时首先应该了解设备，保证设备在适宜的环境中运行
培养员工操作技能	设备投入生产后，使用最多的是操作人员，正确的操作能够有效延长设备的使用寿命，也能减少设备的故障概率，所以企业应该组织员工（尤其是新员工）学习正确的设备使用方法，并且达到熟能生巧
设置设备维修保养手册	为了规范员工的操作行为，强化安全管理，企业应编制设备维修保养的手册，通过规范的条文让一切井井有条，手册基本内容包括：日常预防措施、员工操作奖罚、定期检查、运行记录等
培养操作人员维修技能	由于操作人员每天都在使用设备，所以设备的问题更易被操作人员发现，也更清楚来龙去脉，所以可以让操作人员适当掌握一些维修技能，能够更有效率地解决故障问题，尤其对于一些简单的设备故障，根本无需麻烦检修人员
定期修理和日常维护	设备都是有自己的使用年限的，使用一段时间当然会有折损，而定期维修与日常防护可最大限度地延缓报废的时间，根据设备的性质和类型，企业可以灵活设计定期维修的时间间隔和日常维护的规定，并注意严格执行

拓展知识 善用设备管理系统

我们都知道设备管理的内容相当多，在过去可能需要耗费大量的人力资源才能做好有关工作，而现在只需一款精妙的系统程序就能帮助企业高效管理设备，如简道云、轻流都推出了设备巡检软件，还能下载手机 App。软件提供了设备信息扫码、设备巡检单、闭环维修流程和多维数据分析等功能，电子化的处理形式让管理不设限。

制度 设备档案管理制度

第一章　目的

第一条　设备档案是设备制造、使用、管理、维修的重要依据，为保证设备维修工作质量，使设备处于良好的技术状态，提高使用、维修水平，充分发挥档案资料为设备管、修、用服务的职能，特制定本制度。

第二章　管理职责

第二条　设备档案对公司的资产管理起着至关重要的作用，对其管理的主要负责部门是机电管理部，主要工作是：资料来源的组织工作、归集记录工作、资料加工分析工作、归档审核工作以及资料使用过程的管理工作。

第三条　设备档案应分三级保存，分别为机电管理部、使用设备的项目单位、使用设备的车间。机电设备管理员应加强对设备档案的管理，包括资料借阅和审批手续等。

第三章　主题说明

第四条　有关设备档案是指从设备规划、设计、制造（购置）、安装、使用、维修改造、更新直至报废等全过程中形成并经整理应当归档保存的图纸、图表、文字说明、计算资料、照片、录像、录音带等科技文件资料，设备管理员负责将本部门（单位）机电设备逐台建立设备档案并管理。

第五条　设备档案包括如下内容：

1. 制造厂的技术检验文件、合格证、技术说明书、装箱单。

2. 设备安装验收移交书。

3. 设备附件及工具清单。

4. 设备大、中修理施工记录、修理检测记录。

5. 精度校验及检验记录。

6. 设备改装、更新技术。

7. 设备缺陷记录及事故报告单（原因分析处理结果）。

8. 设备技术状况鉴定表。

9. 安装基础图及土建图。

10. 设备结构及易损件、主要配件图纸。

11. 设备操作规程（包括岗位职责、主要技术条件、操作程序、维护保养项目等）。

12. 设备检修规程（包括检修周期、工期、项目、质量标准及验收规范等）。

13. 其他资料。

第六条　设备档案管理的范围包括公司内机械、电气、动力设备及土建设施的有关图纸说明书、技术文件、设备制造图、备件图册、设备档案袋、设备改装图纸、修理工具图册等。

第四章　设备档案资料的收集

第七条　设备管理部门（单位）负责图纸资料的收集工作，将设计通用标准、检验标准、设备说明书以及各种型号的设备制造图、装配图、重要易损零件图配置完整。

第八条　新设备进公司，开箱应通知设备管理员及有关人员收集随机带来的图纸资料。说明书上的电器图，在新设备安装前必须复制，以指导安装施工，原图分级妥善保管。

第九条　设备检修与维修期间，由设备管理部门（单位）组织车间技术人员及有关人员对设备的易损件、传动件等进行测绘，经校对后将测绘图纸汇总成册存档管理。

第十条　附带的图纸资料及外购图纸和测绘图纸由设备管理部门组织审核校对，发现图纸与实物不符，必须做好记录，并在图纸上修改。原图未经批准一律不外借或带出资料室。

第五章　设备档案的整理

第十一条　所有进入资料室保管的蓝图，设备管理员必须整理、清点编号、装订（指蓝图），登账后上架妥善保管。

第十二条　图纸入资料室后必须按总图、零件、标准件、外购件目录、部件总图、零件的图号顺序整理成套，并填写图纸目录和清单，详细记明实有张数，图面必须符合国家制图标准，有名称、图号，有设计、校对、审核人签字。

第十三条　所有底图按设备类别清点、编号、记账，确保准确无误，底图的修改应由设备管理部门有关负责人员签名（盖章）批准，注明修改日期。底图作废、销毁，应由设备管理员提出交设备管理部门组织技术人员分别核实，确定无保存价值者，列出清单，经设备管理部门负责人批准后方可销毁。

第六章　传导设备技术档案的保管

第十四条　传导设备技术档案资料是高低压电力电缆、电力架空线路、电话电缆等的平面敷设布置图。

第十五条　传导设备档案资料由设备管理部门组织有关技术人员按照各种电缆、管道的实际敷设走向进行测绘，底图交公司资料室做密级资料保管。

第十六条　档案资料必须保持与实物或实际情况相符，布置若有变动的情况，档案资料必须做相应的变动，修改后归档。

第七章　设备档案管理的具体要求

第十七条　技术文件应力求齐全、完整、准确。

第十八条　检验(检测)、检修、验收记录等资料由设备管理员做分类整理，集中统一管理。

第十九条　所有图纸要有统一的编号，各项技术要求标注齐全，图纸清晰。

第二十条　型号相同的设备，因制造厂和出厂年份不同，零件尺寸可能不同，应与实物核对，并在图纸索引中加以注明。

第二十一条　设备经改装或改造后，图纸应及时修改。

第二十二条　图纸的修改应表示在底图上，并在修改索引上注明。

第二十三条　凡原制造厂的图纸，一律沿用原制造厂的编号。

第二十四条　订制设备、年久设备和无制造厂设备图纸的编号，按下列办法进行，即第一节为设备型号，第二节为部件号，第三节为零件号，每节用短横线连接。每个部件的零件号都从001开始，以便书写整齐和查阅清楚。

第二十五条　严禁将图册中的图纸拆下作为加工和外协用。

第八章　图纸资料的借阅管理规定

第二十六条　设备管理员认真按"图纸资料借阅登记表"填写名称、图号、张数、借阅时间、借阅期限等项。借阅人在"图纸资料借阅登记表"签字栏签字。

第二十七条　绝密文件资料借阅，设备管理员需报请设备管理部门负责人批准后方可借阅。

第二十八条　资料借阅时间规定为 10 天内，借阅期满，设备管理员应催收。需继续借阅者，应办顺延手续，该归还不归还或遗失、损失者，由设备管理部按其损失估价赔偿。

第二十九条　非为我公司服务的外单位人员不得借阅公司的设备档案资料。为我公司服务的人员，经设备管理部允许，可在资料室查阅有关的档案资料，但不得将档案资料带出资料室。外单位人员因工作需要，需将档案资料带出资料室，应经公司领导批准。

第三十条　原图原件或无备件的技术档案资料一律不得外借，只能在资料室查阅。

第三十一条　本单位人员调出我公司或办理离、退休手续前，有借阅设备档案资料未归还者，须到资料室办理归还手续。否则，办公室不得办理调动或退休手续。

制度 设备使用、维护规程的编制办法

一、目的

设备使用、维护规程是根据设备使用、维护说明书和生产工艺要求制定，用来指导员工正确操作和维护设备，公司必须建立、健全设备使用规程和维护规程。

二、规程制定与修改的要求

1. 厂（矿）首先要按照设备使用管理制度规定的原则，正确划分设备类型，并按照设备在生产中的重要、结构复杂程度以及使用、维护难度，将设备划分为重要设备、主要设备、一般设备三个级别，便于规程的编制和设备的分级管理。

2. 凡是安装在用的设备，必须做到每台都有完整的使用、维护规程。

3. 对新投产的设备，厂（矿）要负责在设备投产前 30 天制定出使用、维护规程，并下发执行。

4. 当生产准备采用新工艺、新技术时，在改变工艺前 10 天，生产厂（矿）要根据设备新的使用、维护要求对原有规程进行修改，以保证规程的有效性。

5. 岗位在执行规程中，发现规程内容不完善时要逐级及时反映，规程管理专业人员应立即到现场核实情况，对规程内容进行增补或修改。

6. 新编写或修改后的规程，都要分别进行审批。

7. 对使用多年、内容修改较多的规程，第 3 年要通过群众与专业管理相结合的方式，由厂（矿）组织重新修订、印发，并同时通知原有规程作废。

8. 当设备发生严重缺陷，又不能立即停产修复时，必须制定可靠的措施和临时性使用、维护规程，由厂（矿）批准执行。缺陷消除后临时规程作废。

三、设备使用、维护规程必须包括的内容

1. 设备使用规程必须包括的内容：

（1）设备技术性能和允许的极限参数，如最大负荷、压力、温度、电压、电流。

（2）设备交接使用的规定，两班或三班连续运转的设备，岗位人员交接班时必须对设备运行状况进行交接，内容包括：设备运转的异常情况，原有缺陷变化，运行参数的变化，故障及处理情况等。

（3）操作设备的步骤，包括操作前的准备工作和操作顺序。

（4）紧急情况处理的规定。

（5）设备使用中的安全注意事项，非本岗位操作人员未经批准不得操作本机，任何人不得随意拆掉或放宽安全保护装置等。

（6）设备运行中故障的排除。

2. 设备维护规程应包括的内容：

（1）设备传动示意图和电气原理图。

（2）设备润滑图表和要求。

（3）定时清扫的规定。

（4）设备使用过程中的各项检查要求，包括路线、部位、内容、标准状况参数、周期（时间）、检查人等。

（5）运行中常见故障的排除方法。

（6）设备主要易损件的报废标准。

（7）安全注意事项。

四、设备使用、维护规程的贯彻执行

1. 新设备投入使用前，要由厂（矿）专业主管领导布置贯彻执行设备使用、维护规程，规程要发放到有关专业、岗位操作人员以及维修巡检人员人手一册，并做到堆积不离岗。

2. 生产单位要组织设备操作人员认真学习规程，设备专业人员要向操作人员进行规程内容的讲解和学习辅导。

3. 设备操作人员须经厂级组织的规程考试及实际操作考核，合格后方能上岗。

4. 生产单位每周都要组织班组学习规程，车间领导及设备管理人员，每月要对生产班组规程学习情况进行抽查，发现问题及时解决，抽查情况纳入考核。

制度 设备安全使用管理制度

1. 总则

1.1 严格执行国家"安全第一，预防为主"的方针，增强法制观念。

1.2 凡不符合安全生产要求的厂房、设施和设备，员工有权向上级报告，遇有严重危及生命安全和设备安全的情况，员工有权拒绝操作并及时报告领导。

1.3 工作前必须按规定穿戴好劳动防护用品。上班时不准佩戴耳环、戒指、项链、指甲套等饰品及非操作用品进入工作场所。女工须把发辫放入工作帽内，方能进入工作场地检查操作设备。

1.4 严格执行交接班制度，下班前必须按规定切断电源、气源，清理工作场地。

1.5 各种安全防护装置、照明信号、监测仪表、警示标记、防雷装置等不准随意拆除或非法占用。

1.6 一切电气机械设备的金属外壳必须有可靠的接地安全措施。

1.7 对易燃、易爆、易腐蚀、剧毒、放射等物品，必须分类妥善保存，严格管理。操作使用者必须按规定穿戴好防护用品。

1.8 各种消防器材工具，按消防规范放置齐全，不可随便动用。

1.9 发生重大事故或恶性未遂事故时要及时挽救，保护现场并立即报告领导和相关机构。

2. 设备消防安全管理规定

2.1 保持车间内环境整洁，各种物料码放整齐并远离热源，注意室内通风。

2.2 保证车间内防火通道的畅通，出入口、走道处严禁摆放任何物品。

2.3 车间内不得私接乱拉电源线，如确实需要，需报生产部批准，由专门的电工办理，使用后应及时拆除。

2.4 燃油锅炉运行期间，要加强巡视，发现异常及时处理。

2.5 避免各种电气设备、线路受潮和过载运行，防止发生短路，酿成事故。

2.6 消防器材及设施，必须由专人负责，定点放置，定期检查，保证完好，随时可用。

2.7 下班前，应检查车间内所有阀门、开关、电源是否断开，确认安全无误后方可离开。

3. 设备异常情况处置措施

3.1 设备异常情况是指设备在运转时，出现停水、停电、停气、设备骤然卡死、主要备件断裂、电器突然起火等无法预测的设备突发现象。

3.2 设备出现异常情况时，现场操作人员要沉着冷静，根据事件的类别、严重情况，一面采取恰当的措施处置，一面向领导汇报，并做好详细记录。

3.3 当发现突然停电时，应断开所有设备的电路，避免突然来电，使设备在无准备、带负荷状态下启动，而损坏设备。

3.4 设备自身出现异常情况设备操作人员先按停机操作处理，解除险情，做好异常情况记录，同时报告主管领导，组织突击抢修。

3.5 出现设备异常情况，维修人员要迅速赶到现场，组织人员突击抢修，并报告设备管理部；维修人员判断、解决不了的问题，应由设备管理部组织技术骨干处理。

制度 蒸汽锅炉安全操作规定

1. 为了确保锅炉安全运行，保护企业资产和人身安全，根据国家《安全生产法》《锅炉压力容器安全监察暂行条例》《蒸汽锅炉安全技术监察规程》的有关规定，特制定本规定。

2. 本规定适用于承压的以水为介质的固定式蒸汽锅炉，包括燃煤蒸汽锅炉、燃油蒸汽锅炉、燃气蒸汽锅炉。

3. 应按照相关部门颁发的政策逐台办理登记手续和锅炉技术档案，包括安装锅炉的技术文件和施工质量证明资料。

4. 厂长是锅炉安全的第一责任人，指定专职人员负责锅炉设备的技术管理，按照规程的要求搞好锅炉的使用管理工作。

5. 根据锅炉的结构型式、燃烧方式和使用要求制定保证锅炉安全运行的操作规程和防爆、防火、防毒等安全管理制度以及事故处理办法，并严格实行。

6. 制定和实行锅炉及其安全附件的维护保养和定期检修制度，对具有自动控制系统的锅炉以及锅炉安全的各种仪表，还应建立巡回监视检查和定期校验检修的制度。

7. 人事基本要求。

7.1 按照劳动人事部颁发的《锅炉司炉人员考核管理规定》对司炉工人进行管理。

7.2 没有与锅炉相应类别的合格司炉工人，不得使用锅炉。

7.3 锅炉水质化验员须经法定机关考核取证方可上岗。

7.4 严禁酒后和上岗饮酒及脱岗。

8. 锅炉受压元件损坏，不能保证安全运行至下一个检修期，应及时组织修理。

9. 任何单位和个人不得强令有安全隐患的锅炉投入运行，司炉工有权拒绝操作，并可直接向生产总部设备管理部报告。

10. 锅炉受压元件的重大修理，如锅筒、炉胆、封头、管板、下脚圈、集箱的更换、矫形、挖补及主焊缝的补焊，应由具有国家职能部门认可的、有相应资质的单位和个人进行修理。

10.1 修理前应有图样和施工技术方案。

10.2 修理的技术要求参照锅炉专业技术标准和有关技术规定。

10.3 修理完工后，应将图样、材料质量证明书、修理质量检验证明书等技术资料存入工厂的锅炉技术档案内。

11. 对于提高锅炉运行参数和锅炉受压元件的改造，施工的技术要求应符合锅炉制造和安装的有关技术标准。由于结构和运行参数的改变，处理措施和安全附件应与新参数相适应。

12. 为了确保锅炉的正常运行，须制定司炉交接班制度，并认真填写锅炉运行记录。

13. 严禁在有压力或炉水温度较高的情况下修理锅炉受压元件，以防止汽、水喷出伤人。

14. 非锅炉房操作人员禁止进入工作场所内（含锅炉房、煤场），外来人员必须经有关领导批准或陪同方可进入。

制度 制冷设备安全操作规定

　　1. 本规定执行 G B9237—2001《制冷和供热用机械制冷系统安全要求》，适用于以氨（R717）、氟（R22）作为工作介质的制冷设备及冷藏库。

　　2. 制冷操作人员必须经过国家法定机构考核并取得相应的操作证书方可上岗作业。

　　3. 制冷操作人员在岗期间，必须时刻保持良好的精神状态，随时准备处理可能发生的设备事故；保证制冷设备安全运行；严格执行库房温度要求，保持储存货物质量；节约能源。

　　4. 制冷操作人员要加强责任心，努力学习制冷安全操作技术，排除设备隐患，严格遵守各项规章制度和操作规程，努力学习制冷技术，不断提高业务水平，防止设备突发性事故的发生，要做到四要 [1]、四勤 [2]、四及时 [3]。

　　5. 必须如实填写制冷运行记录，监督出入库工作，减少出入库时间和次数，以控制库温的波动度。

　　6. 定时做好巡回检查工作，密切监视设备运行、润滑、冷却、压力、温度等参数并及时调整。

　　7. 时刻注意防火、防盗、防冻、防泄漏。

　　8. 库内各单元房间呼救信号必须保持灵敏可靠。

　　9. 坚决制止他人的违章操作，拒绝执行他人的违章指挥。

　　10. 严禁酒后上岗，保证安全运行。

　　11. 处理制冷剂泄漏事故时，应使用防毒面具、乳胶手套等必要的防护用品，不得造成环境污染和超标排放。

　　12. 气温达到零度以下时，停机后要排尽设备、管道内的积水，防止冻裂设备和管道。

　　13. 认真监护冷库设备及附属设施，发现损坏及时修复。

　　14. 机房内保持空气流通，库房、机房、配电室内严禁烟火。

　　15. 冷藏库存放要求。

　　15.1 冷藏库保管员必须熟悉库房的结构、温度和储藏货物的特性。

　　15.2 非砖混结构的墙体，存放货物时，必须堆码整齐稳固，距离墙体不得小于40厘米。

　　15.3 不稳定的物品禁止超高存放。

　　15.4 存放货物必须坚持归类合理、先进先出、便于存取、堆放牢固，分类挂牌存放，留出足够的通风散热和叉车、人员进出的通道。

　　15.5 充分利用库房空间，合理储藏货物。

　　16. 加强对出入库时间、库温要求、品种数量、人员等的登记管理工作，合理统筹安排，尽量缩短出入库时间，减少出入库频次，保障冷库安全贮藏，经济运行。

---

[1] 四要：要确保制冷设备安全运行；要保证库房和制池温度；要尽量降低冷凝压力；要充分发挥设备制冷效率，降低水、电、油、氨（氟）的消耗。

[2] 四勤：勤看仪表；勤摸机器温度；勤听机器运转有无杂音；勤了解制冰生产和库房进出货情况。

[3] 四及时：及时放油；及时冲霜；及时放空气；及时清除冷凝器水垢。

17. 变质货物禁止入库，经常检查库存货物质量，发现异常，查明原因并及时上报主管部门。

18. 库房内不得私自代存货物，不得将没有密封包装的有异味的物品入库。

19. 经常保持库房的卫生清洁，做到货物摆放整齐，地面无积水、无尘土、无杂物，墙壁无污点，闲置物品、托盘、桶盖等杂物随时清除。

制度 设备使用管理制度

1. 目的作用

正确使用设备是保证设备正常运行，避免设备不正常磨损或损坏，防止发生人身、设备事故，延长设备使用寿命和大修周期，降低备件消耗，减少维修费用，确保生产正常进行的关键之一。因此，设备使用单位和生产操作者，必须严格按照设备安全操作规程，正确使用设备。为了加强该项工作的管理，确保设备安全操作规程能在公司范围内认真贯彻实施，特制定本制度。

2. 适用范围

凡本公司生产部下属车间及各部门，设备管理人员进行设备操作、使用、检查、维护、保养等各项工作，均依照本制度进行办理。

3. 管理职责

3.1 设备主管领导管理职责。

3.1.1 负责生产部所有设备设施的全面管理工作，负责生产部设备采购。

3.1.2 审核修改设备设施管理文书，监督各类人员设备制度实施情况，审批设备制度奖罚。

3.2 维修人员管理职责。

3.2.1 维修人员负责公司设备的维修工作，按维修单及时做好问题诊断与维修。

3.2.2 维修人员按设备保养手册和设备说明书制订保养计划，并按计划实施保养工作。

3.2.3 根据库存情况提交备件采购申购表，负责备件的验收与急购备件的提交。

3.2.4 指导操作工完成设备使用及简单保养工作。

3.2.5 做好日常设备的巡视检查工作，及时发现问题，处理隐患。

3.2.6 做好预防性保养、维护工作，降低本区域停机时间及设备原因造成的报废量。

3.2.7 完成上级委派的其他任务。

3.3 操作人员管理职责。

3.3.1 认真执行"设备使用与维护相结合"和"设备谁使用谁维护"的原则。

3.3.2 单人使用的设备实行专责制，主要设备实行包机制（包运转、包维护、包检修）。

3.3.3 设备使用实行定人、定机、凭证操作；主要装置实行区域负责制，分片包干的管理办法。

3.4 设备管理人员根据需要编写"生产设备操作规程",发放给各使用部门,同时对相关操作人员进行培训,并进行现场考核,确认合格后方可让其操作。

4. 工作标准

4.1 新上岗、转岗、调入的设备操作人员在使用设备前,必须经设备管理部和人力资源部的安全操作培训,学习设备的结构性能、技术规范、操作规程、维护保养知识等基本常识。所有重点关键设备、特殊工序设备、特种设备,实行定人定机操作和维护保养,实行凭证操作制度。

4.2 各使用单位负责设备的正确使用、妥善保管和精心维护,并对其保持好和有效利用负直接责任(含设备管理卡、铭牌、操作规程等设备基础资料完整性)。

4.3 为了维持设备所规定的机能,各使用单位需要按"设备点检表"的规定对规定设备的检查点(部位)进行点检。

4.4 必须严格执行交接班制度,交班的操作人员应详细向接班的工作人员交代本班设备运行情况和尚未处理的设备故障,并填好交接班记录,双方在交接班记录上签字。

4.5 设备在运行中发现故障,凡在本班可以处理的,不得交下一班处理,本班无法完全处理,未完成部分可交给下一班,接班人员应继续处理完成,并详细检查,一切正常后,方可开机。

4.6 设备的运行部位或运转区域内检修,必须在停机后设备处于静止状态下进行,并悬挂警示牌。

4.7 设备在启动运行中,应对周围环境进行监视,注意前后工序的衔接与配合,注意仪表指示变化。

4.8 必须保持设备区域的文明卫生,每班工作人员应每日对设备进行擦拭,做好区域内的打扫工作,以保持设备和区域的整洁。

4.9 所有操作工人必须遵守设备的操作规程,合理使用设备,搞好设备基本维护工作。未经领导批准,不得乱修、拆卸或配用其他人员的机器零件和工具,非本岗位作业人员未经批准不得操作设备。

4.10 设备使用人员发现设备有严重故障时,应立即停止操作,并上报班组长处理,班组不能处理的,报设备管理人员进行维修,同时采取适当的安全措施。

4.11 人员交接班时必须对设备运行状况进行交接,交接内容包括设备运转的异常情况、原有缺陷的变化、运行参数的变化、故障及处理情况等。

4.12 对设备进行扫除、加油、检查、修理时,为防止他人启动设备造成意外,应有适当的安全装置和明显标志。

4.13 使用部门必须执行操作规程和使用办法,各班组长对本班组作业人员进行设备使用考核。

4.14 设备管理部执行全公司设备使用状况稽查,并填写"设备检查表"至相关单位进行改善,对未按要求整改的单位发出"整改报告"处理。

4.15 生产中不允许精机粗用,大机小用。严禁设备超负荷超规范使用,严禁在轨道上放工具、零件等物品,更不允许随意拆除安全装置及零部件,动力供应中断时应立即关闭设备的各种开关,将工作机构返回正常位置。

范表 设备登记卡

（正面）

总账科目：						本卡编号：			
财产编号：						明细账科目：			

设备状况		取得及使用情况		备注（质押及保险情况）
编号		取得时间		
类别		厂牌编号		
英文名称		原值		
中文名称		使用年限		
规格与型号		修理		
技术特征		改造		
附属物		转让		
使用单位		报废		
存放地				

转移情况								
时间	使用部门	用途	保管员	时间	使用部门	用途	保管员

（背面）

维修记录	时间	原因	维修单位	详细记录

范表 设备选型经济效益分析表

选择		A 型	B 型	C 型
说明				
投资	设备价值			
	附属投资			
	装设费用			
	其他			
	合计			
成本估计（成本）	人工合计			
	动力			
	维护成本			
	折旧			
	建筑分摊成本			
	其他			
	合计			
	每月使用时数			
	每小时成本			
每年节省成本				
投资收益率				
回收年数				
其他比较项目				

范表 设备检查记录表

编号：					填写日期： 年 月 日	
设备编号		设备名称		检查级数		
设备型号		设备规格		检查频率		
制造厂名		出厂日期		出厂编号		
所属车间		班组		操作者		
项次	检查内容			存在问题		
1	机床精度、性能是否满足生产工艺要求（精密稀有机床主要精度性能达到出厂标准）					
2	各传动系统是否运转正常，变速是否齐全					
3	各操作系统动作是否灵敏可靠					
4	润滑系统装备是否齐全、管道是否完整、油路是否通畅、油标是否醒目					
5	电器系统装配是否齐全、管道是否完整、性能是否灵敏运行					
6	各滑动部位运转正常，各滑动部位及零件有无严重拉、碰伤					
7	机床是否内外清洁、有无黄袍、油垢、锈蚀、油质					
8	是否基本无漏油、漏水、漏气现象					
9	随机主要附件是否基本齐全，零部件是否完整					
10	安全、防护装配是否齐全可靠					
检查组意见				签名		

范表 设备维修记录卡

编号：　　　　　　　　　　　　　　　　　　填写日期：　年　月　日

请修单编号							
故障日期							
维护类别	定期						
	计划						
	突发						
故障	部位						
	原因						
	故障及维护情形						
维护人员	工时						
	姓名						
修护材料	名称						
	厂牌及规格						
	数量						
保护成本							
停工工时							
同一故障修护周期							
标准修护周期							

范表 设备故障请修单

请修单号：　　　　　　　　　　　　　　　　填写日期：　年　月　日

请修单位		派工			预计施工工时	
故障时间			月　日　分　时		预定完工时间	
请修时间		故障原因	□材质不良 □设备老化 □条件错误 □操作不当 □异物混入 □润滑不良 □修理不清 □磨损 □腐蚀		说明	
希望实施工时						
希望完工时间						
经办人员						
请修内容	机械名称及部位					
	说明	施工情形	□焊补　□整修 □更换　□调整 □装配　□迁移 □拆除　□试作 □调整　□定期保养		说明	
	□电故障 □械件损坏 □皮带更新 □零件换新 □异常换新 □电气检查 □改装 □调整 □焊修 □试作					
		施工记录及成本完工考核	施工时间	人数	合计工时	工作人员员工号
请修类别及核准权限	□改善　□拆除 □抢修　□迁移 □更换　□调整 □定期检修		工时总计		工时单价	工时成本
			材料成本		总成本	
	厂长　部长　组长		耗用材料名称规格及数量			
签收人						

续上表

签收时间		施工记录及成本完工考核	委托单位验收	工作品质			派工	科长
完工时间			月 日 分 时	优	良	不良		
厂长：		设备部长：		组长：			验收人员：	

范表 设备性能综合评价表

序号	主要考虑因素	设备Ⅰ		设备Ⅱ		设备Ⅲ	
		性能	评分	性能	评分	性能	评分
1	生产性（产品产量，吨／日）						
2	可靠性（成品率，%）						
3	安全性（安全装置自动化程度）						
4	节能性（单位产品耗电量，度／吨）						
5	耐用性（寿命期，年）						
6	维修性（维修难易程度）						
7	环保性（有无消声装置和废水处理装置）						
8	成套性（附件）						
9	灵活性（机械装置）						
	合计得分						
	决定						

范表 设备保养工作记录表

设备名称	编　号	所属部门	保养等级	保养内容	更换部件	保 养 人	备　注

更多模板

设备编号标准表　　　　　　　　　空压机组安全操作规定

水处理设备安全操作规定　　　　　　设备维修安全操作规定

叉车设备安全操作规定　　　　　　　电器安全操作规则

危险品应用设备安全操作规定

第**8**章

公司销售管理制度与范表

销售是企业实现利润的关键程序，在企业经营活动中占有一席之地，销售管理中最重要的部分为业务管理与售后管理，无论是拓展客户，还是维持客户，对企业来说同样重要，所以有关这些销售服务工作的制度建立应该引起重视，以便指导销售人员开展工作。

● 销售业务管理   P258

● 售后服务管理   P273

8.1 销售业务管理

销售业务指企业出售商品及收取款项等相关活动，为了保证销售活动的有序进行，并为企业带来更多的销售可能和发展，管理者必须避免不规范的销售行为，以免带给企业损失，同时给予销售人员更多可供发挥的空间。所以，对于销售人员培训、销售计划、销售渠道和销售谈判等相关环节都要规范管理，可在一定程度上保证销售效果。

● 销售人员具备的基本素质

基本素质	具体内容
服务精神	销售工作需要与各种各样的客户打交道，说服对方使用自己的产品，为了获得客户的认可，销售人员不仅要将精力放在买卖交易上，更要关注客户真正的需要，为客户的需求服务，才能让客户接受自己
进取意识	很多销售新手都有难为情的时候，面对客户的拒绝容易打退堂鼓，可是销售工作的性质决定了销售人员必须有强烈的进取意识，否则很难谈成生意。所以，企业培养员工一定要树立其自信心，让其懂得迎难而上，敢于利用一切资源来达成业务
敏锐	销售工作与生产工作不同，是没有统一模式的，所以销售人员要懂得随机应变，时刻保持敏锐，根据不同的客户选择不同的销售方式和做法，很多时候解决一个细小的问题，就能带来可观的成果
沟通能力	销售要面对各式各样的客户，若是没有练就自如的沟通能力，是很难在一开始就与客户搭建关系。销售人员要懂得主动沟通，总结经验，同时为了顺利沟通还应做出相应的努力和准备，包括准备沟通话题
懂得倾听	真正专业的销售人员不会一直喋喋不休介绍自己的产品，让客户说话反而能掌握更多信息，所以销售人员应该引导谈话，然后倾听并消化吸收，了解客户真正需要什么，才能正确定位产品
管理情绪	销售人员面对不确定的客户，有成功和失败的可能，这对自身的情绪有很大影响，且在推销的过程中还有可能受到拒绝、不满、嫌弃，这些负面情绪不仅会影响自身心情，还会带来压力，如果任由负面情绪影响自己是很难成功的

● 销售谈判的要点

着眼利益　销售人员进行业务谈判，无论如何都不要忘了对方的核心利益，这也是对方最看重的，只有让客户看到他们的利益，才能激发其购买需求，所以应该向客户介绍几个明显、可行的利益点。

灵活多变　销售人员在对产品进行陈述时，要明白生动有趣的话语比起一板一眼的描述更能感染人，要吸引到客户的注意力，销售人员应充实自己的表述方式，不仅要有微笑和适当的肢体语言，还可通过提问、产品试用、场景化展示等方式让客户有参与感，以期消除客户的厌烦心理。

证明性数据　自说自话很多时候难以令人信服，所以可借助经过第三方证实的数据、文件、检测报告来为自己的发言加码，这在谈判中是不容推翻的。销售人员可利用的途径也很多，包括权威机构检测、统计机构资料、行业报刊等。

零风险承诺　谈判中的零风险承诺对客户的心理有着非常强烈的影响，这种百分百负责的姿态能够打消很多客户的疑虑，让他们打开保守的心态。销售人员做出零风险承诺也是对自身服务和产品的自信，对客户来说很有感染力。

赠品　为了让客户在交易中获得更多的利益，销售人员可提出赠品作为补充方案，能够在议价推拉中作为筹码。当然，同时要注意两个要点，一是赠品应有价值；二是赠品的成本不高。

拓展知识 **如何开发销售渠道**

　　开发销售渠道是一项长久的工作，销售人员要懂得利用一切可利用的资源，包括亲朋好友、行业前辈、企业业绩名单、展会、行业杂志及行业论坛网站等，广撒网，对不同客户及公司的资料进行收集、筛选，留下一批潜在客户，便可试着展开交易。

制度 销售人员职责与考勤管理制度

第一章 总则

第一条 为加强公司销售管理，提升员工工作效率，达成销售目标，提升经营绩效，特制定本制度。

第二条 适用范围

凡本部门销售人员，除另有规定外，均依照本制度所规范的体制管理。

第二章 岗位职责

第三条 认真执行公司的各项规章制度和部门管理规定。

第四条 热爱本职工作，服从公司的工作安排。

第五条 注意自己的言谈举止，以大方得体的仪态，积极热情的工作态度，做好公司内相关销售工作。

第六条 严守公司的各项销售计划、行销策略、产品开发等商业机密，不得泄露与他人。

第七条 广泛搜集信息，掌握市场动态，对有意向的客户，利用一切可以利用的资源，创造成交机会。

第八条 必须全面了解产品的性能及特点，掌握销售谈判技巧、熟悉销售合同条款，并严格控制销售费用支出，降低销售成本。

第九条 在工作中，搞好团结协作关系，共同完成销售任务。

第十条 在业务中出现问题，及时向主管和公司领导汇报，提出个人建议。

第十一条 认真为新老客户服务，提高客户对公司的美誉度和信誉度。

第十二条 认真做好产品的售后服务，发现问题及时进行调查，提出解决方案，提请领导同意后实施。

第十三条 完成公司领导交办的临时工作。

第十四条 不得利用业务为自己谋私利，不得损害本公司利益换取私利，不得介绍客户转移业务给其他公司谋取私利。

第十五条 业务员离职时必须提前一个月上交书面申请，无条件协助公司做好新旧交接工作。

第三章 考勤管理细则

第十六条 出勤规定。

1. 工作时间：每天 8 小时工作制。

2. 签到：全体部门员工按规定的时间地点签到，员工上下班、午休时间外出时必须本人亲自考勤。

第十七条 销售人员考勤管理。

1. 销售人员必须保证 24 小时通信设备的开机畅通（含节假日）。销售人员的通信设备如更改号码应及时将新号码报销售部，以便及时更新。

2. 销售人员须经部门经理事前批准，方可请假。如有紧急情况，不能事先请假的，应立即电话告知部门经理，说明缘由，在上班当日补办请假手续。

3. 外出。

工作中，因工作需要外出办理业务，由当事销售人员在外出登记表上记录，并注明外出时间、地点、办理业务的公司名称及电话。销售人员外出办理业务时，不得利用外出时间办理与工作无关的私人事宜。每日晚9点前，销售人员需向销售部门汇报当天的工作情况。

4. 对考勤的记录由本部门内勤每月按本规定，结合考勤系统的记录来制定月度考勤表，并报行政管理部。

第四章　附则

第十八条　本制度由采购销售部负责解释、修订及修改。

第十九条　本制度自印发之日起施行。

制度 销售合同管理制度

第一章　总则

第一条　为了规范销售合同制定、加强销售合同管理、合理规避合同风险，根据《中华人民共和国合同法》及相关法律法规，结合本公司实际情况，特制定本制度。

第二条　本制度适用于公司对外销售合同的签订、审批、变更、保管等各项事项的规范和管理。

第二章　销售合同签订与审批

第三条　签订销售合同时，必须贯彻平等互利、协商一致、等价有偿的原则，以维护公司合法权益。

第四条　合同的签订应遵守以下信用审查原则。

（1）销售专员在与客户洽谈时，必须审查客户的资格、信用等情况。

（2）合同签订过程中应严格执行公司关于客户资信等级管理的有关规定，不得与信用等级低下的客户签订合同。

第五条　合同的签订应按照以下合同形式规范进行。

（1）标准销售合同的格式必须由公司法务部门统一制定。

（2）销售合同一律采用书面形式签订，任何口头形式的承诺本公司都不予承认。

（3）一般情况下，销售合同需采用法务部制定的标准合同文本；特殊情况下，经总经理批准后，由销售部、相关人员与客户共同拟订销售合同。

第六条　合同应按照以下内容规定进行编写。

（1）供需双方全称、签约时间和地点。

（2）产品名称、规格、单价、数量。

（3）产品质量标准及容差界限。

（4）运输方式、运费承担方式、交货期限、交货地点及明确、具体的验收方法。

（5）付款条件、付款方式及付款期限。

（6）免除责任及限制责任条款。

（7）违约责任及赔偿条款。

（8）具体谈判业务时可选择的其他与销售业务相关的条款。

第七条 合同应按照以下审批制度执行。

（1）公司所有对外销售合同必须经过合同评审程序方可签订。

（2）在合同签订和修改前评审，销售部经理负责组织相关人员进行合同评审。

第八条 合同的签订权限按照以下原则执行。

（1）销售合同总额在＿＿＿＿万元人民币以下的，报销售经理主管审批，由销售专员自行签订。

（2）销售合同总额在＿＿＿＿万元人民币以上的，报营销总监及销售部经理审批后，由销售主管与客户签署。

（3）销售合同总额在＿＿＿＿＿万元人民币以上的，报总经理审批后，由营销总监与客户签署。

（4）外销合同，根据其签订时汇率换算成人民币单位后的价格，确定审批和签订人员。

第三章 销售合同的履行

第九条 销售合同依法成立，即具有法律约束力。合同签订双方必须本着"重合同、守信誉"的原则，严格执行合同所规定的义务，确保合同的实际履行或全面履行。

第十条 各相关部门及签约人应随时了解、掌握销售合同的履行情况，发现问题及时处理汇报。否则，造成销售合同不能履行、不能完全履行的，要追究有关人员的责任。

第四章 销售合同的变更和解除

第十一条 合同变更与解除按照以下解决办法执行。

（1）客户提出变更、解除合同的要求时，销售部经理应从维护本公司利益的角度出发，采取恰当的处理方式，保证公司的合法权益不受侵犯。

（2）因客户原因造成合同变更与解除的，销售部经理必须要求其赔偿本公司损失。

（3）因本公司过错造成客户要求变更与解除合同的，应主动承担责任，以免使双方损失扩大。

（4）因双方原因造成客户要求变更与解除合同时，应与对方积极协商，共同解决。

第十二条 变更与解除程序

变更、解除合同，应按签订合同时规定的审批权限和程序执行，在达成变更、解除协议后，必须报公证机关重新公证，才具有法律效力。

第十三条 合同变更与解除形式

销售合同的变更、解除一律采用书面形式，书面形式需包括合同双方的信件、函电、电传等,所有口头形式的变更本公司不予承认。

第五章 销售合同的纠纷处理

第十四条 按照以下原则来处理合同的纠纷。

(1)在处理合同纠纷时,必须坚持以事实为依据、以法律为准绳,保障公司合法权益不受侵犯。

(2)合同纠纷处理以双方协商解决为主、其他解决方式为次。

(3)本公司员工在处理纠纷时,及时上报上级,积极主动地做好应做的工作,不互相推诿、指责、埋怨,统一意见,统一行动,一致对外。

第十五条 按照以下办法进行合同纠纷的处理。

(1)因对方责任引起的纠纷,应坚持保障公司合法权益不受侵犯的原则。

(2)因本公司责任引起的纠纷,应尊重对方的合法权益,主动承担责任,并尽量采取补救措施,减少双方损失。

(3)因合同双方责任引起的纠纷,应实事求是,分清主次,合情合理解决。

(4)协商达不到预期要求时可依合同约定的纠纷解决方式进行诉讼或仲裁。

第六章 合同档案管理制度

第十六条 空白标准销售合同由销售部档案管理人员统一保管,并设置合同文本领取记录。

第十七条 销售人员领用空白标准销售合同时,需在档案管理人员处登记,填写合同编码并签名确认。

第十八条 销售专员因书写有误或其他原因造成合同作废的,必须将原件交还合同档案管理人员。

第十九条 签订生效的合同原件必须齐备并存档,原件未及时上交的,档案管理人员应及时向合同签订人员索取。如其拒不补交的,应及时上报销售部经理追收。

第二十条 每份合同都必须有一个编号,不得重复或遗漏。

第二十一条 每份存档合同必须资料齐备,应包括合同正本、副本及附件,合同文本的签收记录,合同分批履行的情况记录,变更、解除合同的协议(包括文书、电传)等。

第二十二条 销售部应根据合同的不同种类,建立销售合同的台账[1]。

第二十三条 销售合同按年、按区域装订成册,保存3年备查。

第二十四条 销售合同保存3年以上的,档案管理人员应将其中未收款或有欠款单位的合同清理出来另册保管,已收款合同报销售经理批准后做销毁处理。

第七章 附则

第二十五条 本制度由销售部负责制定、解释及修改。

第二十六条 本制度自发布之日起生效。

---

[1] 销售合同台账应该大致包括:合同号、经手人、签约日期、合同金额、对方单位、履行情况等信息。最好逐日填写,这样更加准确、及时。

制度 销售出差报销标准及管理办法

第一章 总则

第一条 为进一步加强公司销售差旅费开支管理，规范差旅费报销标准和程序，本着控制成本、鼓励节约、保障工作的原则，结合公司实际，制定本办法。

第二条 本办法适用于公司销售部员工。

第三条 差旅费是指公司员工（多为销售）因公去工作所在地以外（不包括国外及其他地区）地区办理公务而发生的费用，包括住宿、交通、伙食等费用。

第四条 公司销售部差旅费支出纳入年度预算计划，严格执行。超预算支出原则上不予报销。特殊情况需由部门签批提出预算追加申请，报财务管理部及主管领导审核会签，经总经理批准后予以报销。

第二章 出差手续

第五条 公司销售人员因公出差，由出差人填写"出差审批表"，由部门负责人签字后统一交综合管理部考勤人员，由考勤人员交主管领导及总经理签字后留存一份考勤，另一份退出差人报销时做凭据。

第六条 公司销售人员赴外地出差可预借差旅费。借款时须填写"借支单"，详细写明出差人数、出差地点及预计往返时间，办理借款手续。

第七条 差旅费应于出差结束 5 个工作日内到财务管理部办理报销手续，无特殊情况，前账不清，不予再借。报销时应据实填写差旅费报销单。

第三章 差旅费报销标准

第八条 差旅费报销限额。

1. 销售经理。

（1）交通工具：火车软卧；轮船头等舱；高铁一等座；飞机经济舱。

（2）住宿费标准：1 000 元／日。

（3）伙食费、交通费据实报销。

2. 经理助理。

（1）交通工具：火车软卧；轮船二等舱；高铁一等座；飞机经济舱。

（2）住宿费标准：1 000 元／日。

（3）伙食费、交通费据实报销。

3. 高级销售。

（1）交通工具：火车硬卧；轮船三等舱；高铁二等座。

（2）住宿费标准：800 元／日。

（3）交通费据实报销。

（4）伙食费限额 80 元／日。

4. 其他销售。

（1）交通工具：火车硬卧；轮船三等舱；高铁二等座。

（2）住宿费标准：400元／日。

（3）交通费据实报销。

（4）伙食费限额60元／日。

第九条 出行标准。

1.高级销售及其他销售为办理销售紧急事项或处理特殊销售任务的，需经公司领导批准后方可乘坐飞机经济舱。涉及公关等特殊出差情况确需提高舱位等级的，须经公司领导审批。因票务原因交通标准需上调的，经总经理审批后方可乘坐。

2.外地出差期间在城市之间、城乡之间的交通费凭有效票据实报实销。往返外地机场、火车站的交通费用支出凭票实报实销，报销限额为80元。

3.销售人员趁出差之便，事先经单位领导批准，就近绕道回家省亲的，出差直线乘车、船费应扣除其绕道车、船费，多开支部分由个人自理。

4.订票费、退票费凭票实报实销。

5.由于工作需要自驾车往外地出差，由部门领导注明"自驾车辆"，经公司领导批准，凭有效票据报销往返的过路费、汽油费、停车费等。

第十条 住宿标准。

1.出差住宿费在规定的限额内凭票据实报销。实际住宿费超过规定的限额标准部分，原则上不予报销，特殊原因经公司总经理批准，方可凭据报销。

2.出差人员有接待单位负责不予报销住宿费；住在亲友家，无住宿发票的，一律不予报销住宿费。

3.住宿费报销时应提交住宿酒店打印的账单。

第十一条 伙食标准。

销售人员出差期间如有单位接待，不再报销任何伙食费用；如无单位接待，由销售部门负责人在差旅费报销单上注明"无接待单位"，外地伙食费用凭实际支出的有效票据限额报销。

第四章 补助标准

第十二条 销售人员赴省外出差期间，每人每日发放出差补助60元。

第十三条 销售人员赴省外出差单程连续乘火车、长途汽车或轮船累计少于4小时的发放乘车补助50元；不超过8小时（含8小时），凭当日车票或船票每人补助100元乘车补助；超过8小时，凭当日车票或船票每人补助200元乘车补助。公司员工乘火车硬座连续超过8小时而不买卧铺票的，可按慢车票价的60%、直快或特快硬座票价的30%计发补助。

第十四条 出差范围在××省内、单程2小时车程以内的不发放出差补助与乘车补助；单程2小时以上、4小时车程以内的发放乘车补助50元，不发放出差补助；超过4小时的按省外出差标准发放出差补助与乘车补助。

第五章 附则

第十五条 如遇特殊情况，销售人员出差期间的住宿费、交通费、伙食费确需超过本办法规定的任一项标准的，必须在差旅费报销单上注明情况，经部门领导批准后实报实销，对应的补助金额酌情减少。

第十六条 本办法自发布之日起试行，由公司综合管理部负责解释。

制度 销售营销谈判规范

第一条　自我介绍与打招呼

与客户会面时，应主动与客户打招呼，然后做自我介绍。

1. 问好时，态度要真诚，面带微笑，动作要规范，声音要适中，努力给对方留下良好的第一印象。

2. 对其他人也要点头致意。

3. 做自我介绍时应双手递上名片。

4. 若对方负责人不在，应与其上级或下级洽谈，千万不能随便离去。

5. 若对方很忙，要等对方忙完后再洽谈。若自己能帮上忙，应尽力趋前帮忙，边干边谈，与对方尽快亲近，是打开局面的良策。

6. 注意察言观色，相机行事，千万不能妨碍对方工作。

7. 准确地称呼对方职务，过高过低都会引起对方不快。

第二条　话题由闲聊开始

推销过程是一个相互交流、相互信任的过程，所以不能开门见山，一见面就让对方拿出订单。所以，通过闲聊了解对方，也让对方了解自己，是寻找洽谈契机不可省略的过程。

1. 闲聊的话题是多种多样的，但原则只有一个：使对方感兴趣，如天气、人文地理、趣闻轶事、体育、社会时尚、企业界动态等。

2. 注意不要老生常谈，人云亦云，尽量少谈政治、宗教问题，以免因观点不同引起分歧，破坏谈话气氛。

3. 注意不能一个人滔滔不绝，耐心地听对方高谈阔论，更能取得好感。

4. 见好就收，一旦发现对方对某一话题不感兴趣，应立刻更换其他话题。

5. 切勿忘掉与客户闲谈的本意是为了切入正题，因而应将话题向企业管理、信息化建设、网络技术等方面引导。

6. 在闲聊中注意了解对方的故乡、母校、家庭、个人经历、价值观念、兴趣爱好、业务专长等。

7. 在交谈过程中，注意了解客户经营情况、未来发展计划、已取得的成就和面临的困难。

8. 在交谈过程中，善于征求对方对市场走势、畅销产品、经营对策、产品价格、需求动向的意见。不论对方意见如何，都要虚心听取，不能反驳。

9. 在交谈过程中，始终要给予对方优越感。

10. 在交谈过程中，应不断地向对方提供与其业务相关的实用信息。

第三条　业务洽谈的技巧

在闲聊过程中，由双方共同感兴趣的话题直接转入业务洽谈往往是顺理成章的。一旦时机成熟，推销员就可以与对方直接洽谈业务。

1. 洽谈过程中，不能强硬推销，首先讲明本企业产品的优势、企业的信誉和良好的交易条件。

2. 洽谈过程中，根据对方的决定行事，尊重对方。

3. 适时地给客户演示我们的产品，辅助推销。

4. 不能因小失大，以哀求的口吻要求对方订货。

5. 在洽谈商品价格时，一方面申明本企业无利可图（举成本、利润等数字），一方面列举其他企业产品价格高不可攀。

6. 在涉及其他企业及产品时，注意不能使用攻击性语言，不能出口伤人。

7. 更多地列举实例，说明某企业使用我们的产品取得了多大的经济效益。

第四条　推销受阻应急技巧

推销受阻是经常遇到的，对推销员来讲，最重要的是乐观地对待失败，有坚定的取胜信心。而且，推销受阻并不意味着失败，所以不必垂头丧气，更不能自寻台阶，顺势而下。这时须保持冷静的头脑，化被动为主动，冲破障碍，方能柳暗花明，绝处逢生。

1. 当对方拒绝购买我们产品时，首先应问清原因，以对症下药。

2. 若对方提出资金周转困难时，应强调我们产品对企业的好处（列举具体数字说明）。

3. 若对方回答负责人不在，应问明负责人什么时间回来，是否可以等候，或什么时间可再来联系；也可请对方提出大致意向。

4. 若对方提出现在很忙，无暇洽谈时，要判断这是对方有意推辞，还是确实没有时间。不论为何，都要对在百忙之中打扰对方提出歉意。并提出与对方仅谈5分钟（可视情况递减）。注意洽谈一定要按约定时间结束。

5. 若对方嫌价格太高时，应首先申明我们公司奉行低价优质政策，然后举实例，与同类产品比较。强调一分钱一分货的道理，强调我们优质的售后服务系统。

6. 若对方提出购买其他公司产品时，首先要问清原因。然后以数字进行比较。说明我们产品的优越性。

7. 若对方犹豫不决时，应集中力量，打消其顾虑。

8. 若对方提出已经购买其他公司产品时，应转问是否需要我们公司的其他产品，举例说明我们产品的优势，说明对方产品功能上的弱点。

9. 若对方提出退货，应首先问明退货的理由。如果理由成立，应引导客户购买我们公司其他产品，或者功能修改（需要指明与公司商量）。

10. 若对方偏好其他企业产品，则应用具体数字说明我们产品绝不逊于其他产品，且有其他产品不可替代的特性。

11. 若对方对本企业抱有成见，或以往发生过不愉快的事，或对推销员本人抱有偏见时，首先要向对方赔礼道歉，然后问明缘由，做出解释。最后，诚恳地希望对方对本企业和本人工作提出建设性意见。并利用这一时机，进一步与客户洽谈业务。

12. 若对方提出我们公司实施不及时，销售员应首先表示歉意，然后讲明事出有因。最后保证改进工作，决不再发生类似问题。

13. 如果对方默不作声，有问无答时，应直接明了地提出自己的看法：这样不利于双方交流，如对本人有什么看法，请明示。然后可采取以下对策：

①反复讲明。

②寻找新话题。

③询问对方最关心的问题。

④提供信息。

⑤称赞对方稳健。

⑥采用激将法，迫使对方开口。

第五条　销售要善始善终，当洽谈结束，并不意味着大功告成。销售员应从未来着眼，为下一次推销打下基础。

1. 向对方在繁忙中予以接待表示谢意。

2. 表明以后双方加强合作的意向。

3. 询问对方下一次洽谈的具体时间，自己可以提出几个时间，让对方选择。

4. 询问对方是否有个人私事，需要自己帮忙；向对方及其他在场人员致谢、辞行。

制度 **销售行为规范管理制度**

第一章　总则

第一条　为规范公司现场工作秩序和员工行为，树立公司形象，以促进销售任务的圆满完成，特制定本规定。

第二条　销售部所有人员必须执行本规定之各项条款。

第三条　各级管理人员，包括销售经理，按此规定进行监督、检查。

第二章　日常行为规定

第四条　工作时间必须高度集中注意力，行走坐立要讲究风度仪态，始终保持良好的精神状态。

第五条　员工在对外交流中，必须严格保守公司的秘密。

第六条　接待来访者必须主动、热情、大方，使用文明礼貌语言。遇有询问，应诚恳、详尽解释，如自己不清楚，应主动将其引导给其他了解情况的人员。

第七条　接听电话时，必须主动报公司名称，对自己不熟悉的业务事项，应尽快找熟悉的人接听，要找的人不在时，须作好记录并及时转告，接电话让顾客等待超过一分钟要主动致歉。通话要简明扼要，尽量放低声音，以免影响他人工作。

第八条　公司电话只能用于工作事由。

第九条　因公外出必须告知本部门负责人，部门负责人外出须告知上级领导。

第十条　必须重视公司安全保卫工作，注意防火防盗。下班前必须清理文件，锁入文件柜，保持桌面整洁，关闭电灯、空调、门窗及其他仪器设备电源。

第十一条　接待来访必须在业务室进行，不准随意将外来人员带进财务办公室。

第十二条 在接待访客或洽谈中，避免使用消极词汇和太多炫耀意味的形容词，避免厚此薄彼。无论何时，不准与客户和外来人员争吵。

第十三条 洽谈业务或回答有关咨询时，应根据公司已有的原则和规定予以答复，不准对外做与自身职务不相适应的承诺。

第十四条 不准使用粗俗、污秽语言，禁止诽谤、侮辱以致伤害他人，禁止酗酒、赌博、吵架。

第十五条 工作时间不准擅离职守或妨碍他人工作；禁止聚集聊天、办私事、吃零食、大声喧哗；不准在办公室内抽烟、吃东西。

第十六条 工作时间衣着合适得体，协调大方，不准穿破、脏衣服，女士不准穿短于膝盖上三寸的裙子；男士头发长不过耳，衣领、胡须保持干净，女士化妆清淡相宜，不浓妆艳抹。鞋子保持干净，皮鞋常上油。

第十七条 不论有无报酬，未征得公司同意，不准在外兼任第二职业。

第十八条 公司所有报纸、杂志和书籍，仅限于职工在公余时间借阅，阅后放归原处，勿污损、丢失。上班时间不准看报纸、杂志和书籍。

第十九条 保持工作环境整洁，不准随地吐痰，乱丢纸屑或其他杂物。

第二十条 爱护公司财物，不准随意损坏、丢弃、浪费各种办公用品，努力降低损耗。

第二十一条 严格遵守公司一切规章制度。遵守职业道德，爱岗敬业。

第二十二条 团结互助，互相学习，积极进取，不得拉帮结派，不酗酒、不赌博。

第二十三条 业务员每月出差回公司后，必须按时上班，如有事请假要办理请假手续，经主管审批后方可离开公司。

第二十四条 业务员上班、出差期间，不得关机。

第二十五条 出差期间应合理安排工作时间，要有工作计划，出差日记要详细，每月要按时交回公司。

第二十六条 正确处理客户异议，注意工作方式，树立个人形象，打造产品品牌。

第二十七条 不得私自截留公款，一经查出移交公安机关处理。

第二十八条 每月出差回公司后，应积极核对账目，以免长时间不对账，发生账目混乱现象。

第三章 销售员业务行为规范

第二十九条 销售员的素质要求。

特殊的工作性质，要求销售员不断提高自身素质，加强修养。

1. 注意个人身体状况，有健康的体魄才能胜任繁重的工作。

2. 工作要有计划性、条理性、适应性。

3. 要有坚忍不拔的精神、克服困难的决心、不达目的决不罢休的信念。

4. 在业务上要有进取心，虚心好学，不耻下问，不仅有宽阔的知识面，而且对我们的产品要做到精通。

5. 有高超的语言技巧、公关能力和灵敏的反应能力。

6. 面对客户，不管出于怎样的目的，都应以诚待人，以信为本，以义行事。取得客户的信赖，保持责任感。

7.具有较强的统计分析能力，时刻注意搜集信息，判断信息，抓住机会，迎接挑战。

第三十条　勤务要求规范。

1.遵守作息时间，不迟到，不早退，休息时间不得擅自外出。

2.外出联系业务时，要按规定手续提出申请，讲明外出单位、外出目的、外出时间及联系方法。

3.外出时没有他人监督，必须严格要求自己，自觉遵守企业的规章制度。

4.外出时，不能公私兼顾，公款私用。

5.外出使用公司物品时，必须说明使用目的和使用理由，并办理借用或使用手续。

6.公司与客户达成的意向或协议，销售员无权擅自更改，特殊情况下，必须征得有关部门的同意。

7.在处理合同、收付款时，必须恪守法律和业务上的各项规定，避免出现失误。

8.外出时，应节约交通、通信和住宿费用。销售员外出时，应及时向上级汇报业务进展情况，听取上级指示，遇到特殊情况时，不能自作主张。外出归来后，要将业务情况详细向上级报告并记录进入客户管理系统。

第三十一条　非外出时间的工作。

1.日常业务销售员因没有外出业务而在公司时，主要负责客户资料的搜集、整理、准备，货款的核算，报价及方案制作等工作。另外，还包括下次出差的准备、退货的处理等业务。

2.销售员将外出时所见所闻，包括市场状况、客户需求趋势与要求、竞争对手的营销动态、价格变动动态、新产品开发情况等及时地向相关负责人反映。

3.工作安排出差前应对下一段工作做出计划，包括：

①对上段工作的总结与回顾。

②上级对下阶段工作的指示。

③下一阶段具体的业务对象、工作重点与对策。

4.出差前的准备应包括如下内容：

①产品宣传资料的准备。

②客户地址和乘车路线。

③各种票据、报价、方案的准备。

④电脑演示系统的检查。

⑤差旅费准备。

第四章　附则

第三十二条　本制度由销售部负责解释、修订及修改。

第三十三条　本制度自发布起生效。

范表 销售订单登记表

总订单数：								
订单号	下单日期	客户姓名	商品编号	商品名称	单价	数量	货款金额	运费

范表 竞争产品调查表

调查地点		调查时间	
品名（含：进口商）		本企业类似品名	
规格		包装样式	
零售价		陈列数量	
客户对其质量的评价		□优　　　□中等　　　□劣	
陈列位置			
备注			
产品管理专员：		产品管理部经理：	

范表 业务员工作周报表

区域: _____ 填表人: _____

年 ____ 月 ____ 日 ____

序号	客户名称	访问时间	接洽者	访问目的	商谈结果	客户类别	预定再见时间

今日访问数		明日预定访问数		本周收款累计	
市场动态					
品质反应					
客户抱怨					
建议事项					

更多模板

产品内购管理制度   客户开发规章制度
销售部门定期例会制度   销售业务工作汇报制度
数据报表管理制度   客户拜访与查核实施办法

8.2 售后服务管理

售后服务就是在商品出售以后所提供的各种服务活动。从推销工作来看，售后服务本身也是一种促销手段。在追踪跟进阶段，推销人员要采取各种形式的配合步骤，通过售后服务来提高企业的信誉度，扩大产品的市场占有率，提高推销工作的效率及收益。

● 售后服务包括哪些

①	代消费者安装、调试产品。
②	根据消费者要求，进行有关使用等方面的技术指导。
③	保证维修零配件的供应。
④	负责维修服务，并提供定期维护、定期保养。
⑤	为消费者提供定期电话回访或上门回访。
⑥	对产品实行"三包"，即包修、包换、包退。
⑦	处理消费者来信、来访以及电话投诉意见，解答消费者的咨询。同时，用各种方式征集消费者对产品质量的意见，并根据情况及时改进。

● 如何处理客户投诉

处理要点	具体内容
耐心倾听	客户进行投诉，一般都是在非常不满的情况下采取的措施，所以销售或售后人员要有耐心，不仅要认真倾听对方的不满和抱怨，还要想办法引导对方说出关键的问题点，这样才能有针对性地为对方解决
反复确认	在沟通中，尤其是在情绪不稳定的沟通中，很多信息会被误解，为了保证双方信息对称，销售或售后人员应反复确认客户提出的问题，才能有效解决，而不是原地兜圈
安抚情绪为先	为客户解决问题是处理投诉的终极目标，不过在此之前安抚情绪应该走在前面，有温度的安慰能够直接让客户感受到企业解决问题的态度，而且让客户释放出情绪更有利于彼此的沟通
备选方案	面对客户的投诉，有关人员肯定要给出相应的解决方案，但是考虑客户各方面的需求，销售人员至少应该留一个备选方案，这样客户有可选择的空间，还能显示出认真负责的态度
不断反馈	有的问题并不能一次性解决，销售人员要积极反馈处理进度，不断加强客户对企业的信任。在之后的合作中，也要定期联系客户，询问其使用感受，让客户有良好的用户体验
主动道歉	很多时候能让客户消气的方法很可能只是一个简单的道歉，主动承担责任对企业的形象是很好的加分项，所以销售人员或售后人员一定不要吝啬自己的道歉

拓展知识 建立客户投诉机制

客户投诉机制是一种比较成熟的客户投诉管理机制，通过对投诉接口、投诉流程、投诉原则和投诉方法等的设置，让相关人员能够快速反应，为客户更好地解决问题，减少企业的形象损失，提高售后效率。投诉机制主要分为四个部分。

①接口部分：接到客户投诉；投诉内容记录；填写"客户投诉表"。

②投诉分类：可以现场解决的现场解决；不能现场解决的确定责任部门。

③责任部门：由责任部门分析原因，给出解决方案，上报主管领导审批，实施方案。

④对"客户投诉表"进行管理，存档备查。

制度 售后服务管理办法

一、总则

为加强公司产品、商品的售后服务，促进以顾客满意度为导向的方针的实现，特制定本办法。

二、管理体制

1. 公司营销部门下设专门的售后服务职位和机构。

2. 公司售后服务机构负责公司产品的客户（用户）意见收集、投诉受理、退货换货、维修零部件管理等工作。

3. 公司可设立专业售后服务队伍，或者指定特约服务商、维修商。

4. 公司指定特约服务商、维修商的，应与之签订委托协议或合同；不能因公司与特约服务商之间的衔接不当、纠纷而影响对客户（用户）的服务。

三、客户意见和投诉

1. 公司通过公示的服务（热线）电话、信箱或其他方式，接受客户和消费者的服务咨询、使用意见反馈、投诉等事务。

2. 服务接待员接受专业培训后，方可上岗。接待过程不得怠慢客户和消费者。

3. 对每一次来电、来信、来访，接待员均应详细记录在案，填写有关登记表，按规程和分工转送有关单位和人员处理。紧急事件应及时上报。

4. 公司设立多级投诉制。客户可向公司当事人的直接上级投诉，或直接向公司领导投诉。

5. 受理的意见和投诉中涉及产品质量、使用功能的，送研发、设计、生产或技术部门处理。

6. 受理的意见和投诉中涉及产品包装破损、变质的，送仓库、运输部门处理。

7. 受理的意见和投诉中涉及公司营销、安装、售后服务人员态度差、不尽职的，送营销部门处理。

8. 受理的意见和投诉中涉及中间商、零售商的，应及时与之协调沟通。

9. 公司产品、商品、服务存在的重大问题，出现或可能出现危机和媒体曝光、法律诉讼、影响公司公信力的，列为专案优先处理。对多次投诉处理后仍不服的，提升为个案处理。

10. 公司对每次来电、来信、来访，须给予迅速、满意回复。对有价值的意见和建议，予以奖励。

11. 客户的意见和投诉情况，作为考察与之相关部门和人员业绩的依据之一。

四、退货和换货

1. 公司根据政府关于保护消费者权益、商品交易的相关法规，制定公司产品和商品退货和换货的具体规定。

2. 公司产品和商品退货和换货的具体规定，明示于销售场所、载于产品说明材料内。

3. 公司制定具体退货和换货工作流程，培训有关人员熟悉该规程。

4. 公司的仓库、运输、财务、生产制造部门为退货和换货予以支持和配合，并进行工作流程上的无缝衔接。

5. 查清退货和换货的原因，追究造成该原因的部门和个人的责任，并作为业绩考核依据之一。

五、维修服务

1. 公司根据政府有关法规和行业惯例，确定本公司产品、商品的保质期、保修期 [1]。

2. 公司产品、商品的保质期、保修期，应载于产品说明材料内。公司因促销等原因导致保修期变化的，应及时通知售后服务部门。

3. 公司售后服务类别 [2]。

（1）免费服务。在保修期内的维修服务不收服务费。

（2）有偿服务。在保修期外的维修服务，适当收取服务费。

（3）合同服务。依公司与客户签订的专门保养合同进行服务。

4. 公司维修人员经培训合格或取得岗位资质证书后才予上岗，公司鼓励维修人员通过多种形式提高其维修技能。

5. 公司服务接待员在接到维修来电来函时，详细记录客户名称、地址、联系电话、商品型号，尽量问清存在问题和故障现象。以上内容登记后，送服务部门处理。

6. 维修主管接到报修单后，初步评价故障现象，派遣合适的维修人员负责维修。

7. 维修人员如上门维修的，应佩戴公司工号卡或出示有关证件才能进入客户场所，并尽量携带有关检修工具和备品备件。

8. 维修人员如上门维修的，公司应协助其商品运输，运输费用按有关规定支付。

9. 维修人员应尽责精心服务，不得对客户卡、拿、吃、要，要爱护客户家居或办公环境，不损坏其他物品。

10. 凡在客户场所不能修复带回修理的，应开立收据交予客户，并在公司进出商品簿上登记。修复后应向客户索回收据，并请其在维修派工单上签字。

11. 维修服务收费的，应事先向客户声明并出示维修项目与收费标准表、卡。维修完毕结算费用，较低费用可当场收取，将款项交财务补寄发票；否则，开具发票后另行前往收费。

12. 每次维修完结后，维修员上交派工单，主管考核其维修时间和质量。各种维修应在公司承诺的时限内完成。

六、备品件和检修工具

1. 公司应设立专门的售后服务所需的备品备件仓库。

2. 备品备件管理本着适时、适量、适质的原则进行。根据 ABC 分类法将所有备品备件分为 A 类、B 类、C 类进行有效管理，合理进行采购、库存计划与控制。

3. 备品备件仓库管理和收发货可照材料、成品仓库管理办法执行。

4. 公司可在备品备件仓库存放一定数量的替补商品。在对客户商品维修期间，用该替补品代替故障商品为客户工作，修复后替补品收回还仓。

5. 公司售后服务所需的检测、维修设备工具，凡价值较大的，列入公司固定资产科目。

---

[1] 在一个产品、商品中，不同部位、部件有不同保修期的应加以说明。

[2] 同一产品、商品中，不同部位、部件有不同保修期的，维修服务分别计费。

公司应投资购买适用的检测维修设备工具，提高服务硬件水平。

6. 维修员可配置专门的检测、维修设备工具，在登记后由个人保管、使用。该设备工具不得私用，丢失或损坏后应予赔偿（正常损耗除外），调离本岗时应移交。正常损耗、毁损贵重工具的，应提出报告说明原因。

7. 检测、维修设备工具的购置由售后服务部门询价、计价、统计后，报经财务核价和主管批准可由采购部采购。

七、资料管理

1. 为提高售后服务的信息保障能力，公司售后服务部门应建立完整、实用的维修资料体系。

2. 围绕公司产品、商品所需的技术手册、零件手册、零件价目表、技术图表、技术说明书、技术刊物、参考书籍等，均应收集，并指派专人负责保管。

3. 密切关注技术资料出版动态，凡业务需要的，可提出申请，从速选购。资料借阅管理可参照公司图书资料管理办法。

4. 公司编制的针对本公司产品的检测、维修指导手册，应及时发送至维修网络各节点，并可进行必要的维修培训。

5. 凡涉及公司技术秘密的资料，应妥善保管，维修人员不得泄密。

6. 维修人员对疑难、罕见故障的维修案例，应提出书面总结报告，并留存于部门内，供有关人员参考。

八、附则

本办法由营销部解释执行，经总经理批准实施。

制度 客户抱怨处理办法

1. 总则

1.1 制定目的

本公司为使产品销售过程中客户所发生的抱怨，能予以适当有效的处理，并防范类似的状况重复发生，以维护公司信誉及促进品质改善与售后服务，特制定本办法。

1.2 适用范围

凡客户与本公司交易过程中，有下列情况发生时，均应依照本办法之规定办理：

1.2.1 产品品质有瑕疵者。

1.2.2 产品运送过程中发生损坏者。

1.2.3 包装不良或因而发生损坏者。

1.2.4 品质、规格、型号、数量与销售合同不符者。

1.2.5 其他品质上有缺陷或违反合约规定者。

1.2.6 需要产品改进者。

1.3 权责单位

1.3.1 管理部负责本办法起草、制定、修改、废止之工作。

1.3.2 总经理负责本办法制定、修改、废止之核准。

1.4 名词定义

客户抱怨是指客户对本公司产品品质或服务状况有所不满，而直接（对本公司）或间接（对销售店）所提出的退货、换货、减价、免费维修及赔偿等要求或改善建议。

2. 抱怨处理规则

2.1 抱怨处理流程

抱怨事件→调查→处理→对策→检讨→实施→报告→统计。

2.2 抱怨管理

对客户抱怨之管理，应注意以下事项：

2.2.1 对抱怨之处理流程是否加以管理，对处理不当之案件有没有加以改善。

2.2.2 对客户采用替代品、退货、换货、减价、免费维修及赔偿等方案的处理，是否恰当及令客户满意。

2.2.3 有关产品品质、售后服务或产品销售政策等是否存在客户抱怨。

2.2.4 有没有对同样的抱怨在同一期间内所发生的频率进行统计，是否有对策，有没有立即改善。

2.2.5 对部分容易忽略的抱怨来源是否能适时立即反应，受理单位是否依规定处理，并采取防范措施。

3. 实施程序

3.1 受理体系

客户抱怨应由本公司业务部受理，并以本办法的流程处理。

3.2 受理态度

本公司所有职工接到客户抱怨时（尤其是电话），除须注意应对礼貌外，应迅速转交承办的营业单位处理。

3.3 受理原则

3.3.1 营业单位接到客户抱怨时，应先查证其内容，若因客户误解或其责任不在本公司者，须向其详细解说无法受理的原因。

3.3.2 营业单位受理客户抱怨后，应负责下列事项：

（1）客户抱怨案件内容调查整理与处理协调。

（2）对客户抱怨处理原则的拟订与研议。

（3）对抱怨客户的联系与答复。

（4）其他处理工作。

3.4　处理原则

3.4.1　营业单位。

营业单位对于已受理的客户抱怨，除须填具"客户抱怨联络单"外，应依其状况予以处理：

（1）如系品质、规格、数量与产品的标准有差异者，应将"客户抱怨联络单"转送品管单位，并在"对策单位"栏内填注对策单位。

（2）如与产品品质、规格、数量完全无关，纯为合同的问题，则应于"客户抱怨联络单"上签注处理意见后，呈报主管核定，并在"对策单位"栏内填注对策单位。

（3）如系业务作业程序所发生的问题，则依照"内销业务处理办法"的规定处理，并在"对策单位"栏内填注对策单位。

3.4.2　品管单位。

（1）品管单位接获营业单位所转来的"客户抱怨联络单"后，对抱怨产品进行质量检验，确认分析属于工厂哪个单位的权责，并将《客户抱怨联络单》转送到对策单位做详细调查。

（2）探讨抱怨客户的要求并研拟适当的解决方式。

（3）将解决对策填报于"客户抱怨联络单"转回原提报的营业单位。

（4）品管单位应对每一客户抱怨个案的调查进度、状况加以掌握与促进。

（5）定期制作客户品质抱怨事件的统计报告。

3.4.3　其他对策单位。

（1）对策单位接获营业单位所转来的"客户抱怨联络单"后，须详细调查分析客户抱怨发生的原因及抱怨内容与事实是否相符。

（2）探究抱怨客户的要求并研拟适当的解决方式。

（3）将解决对策填报于"客户抱怨联络单"内，转回原营业单位。

（4）对策单位应对每一客户抱怨个案的调查进度、状况加以掌握与督促。

（5）定期制作客户抱怨事件（产品品质之外）的统计报告。

3.4.4　总经理室。

（1）总经理室应定期召开"客户抱怨检讨会议"，并责成相关单位于期限内针对会议决议提出改善措施，且监督执行绩效。

（2）品管单位应在召开"客户抱怨检讨会议"前，对有关产品品质的客户品质抱怨事件加以统计、讨论并作结论报告。

（3）其他对策单位应在召开"客户抱怨检讨会议"前，对产品品质之外的客户抱怨事件加以统计、讨论并作结论报告。

3.5　客户抱怨事件责任单位人员处罚

3.5.1　总经理室应审视上月份结案的严重抱怨事件，凡经批示须行政处分者，经整理后送人事部提报公布。

3.5.2　制造部门、业务部、品管部等其他部门的责任，归属单位或个人，由总经理室依抱怨事件发生原因、对公司影响程度决定责任归属单位，并开立"奖罚通知单"呈总经理核准后，送罚扣部门罚扣奖金。

    3.6   注意事项

    3.6.1   营业单位于接获对策单位回复的"客户抱怨联络单"后，应依据对策内容拟议处理方案及答复方式，并呈部门主管核实。

    3.6.2   营业单位对所回复的对策方案不满意或无法接受时，可要求对策单位重拟对策，如有争议，可由总经理室协调，但必须注意答复时效。

    3.6.3   营业单位于客户抱怨处理方案决定后，应以书面告知抱怨客户（所有对策答复均应在七日内为之）。

    3.6.4   营业单位或对策单位决定的客户抱怨处理方案，如有关于退货、换货、减价、免费维修，均应依照"内销业务处理办法"的规定办理。

    3.6.5   客户抱怨事件涉及其他公司、原料供应商等责任时，由总经理会同有关单位共同处理。

范表 售后服务记录表

序号	时间	地点	工程名称	服务情况	结果	售后人员

范表 售后服务报告表

客户名称		售后服务人员	
产品名称		产品型号	
服务时间		服务地点	
联系人及电话			
用户反馈信息	收到用户问题反馈时间：		
现场确认情况及原因分析	到达现场时间：		
现场处理情况	本次售后服务于　年　月　日完毕		
用户确认签字（非常重要）	请对于我公司的售后服务进行评价：□满意　　□基本满意　　□一般 其他问题及建议： 用户单位盖章、签字：　　　　　　　　日期： 电话： （为提高为贵方服务的质量，请您留下电话以便回访）		
电话回访记录	 时间：　　　　　　　　　　回访人：		

范表 客户索赔信息报告表

客户名称		品牌	
索赔订单号		销售市场	
产品名称		产品型号	
订单批量		出货日期	
产品规格		要求答复时间	

客人索赔描述：

赔付金额（元）	
索赔产品（台）	
赔付其他（材料等）	

业务员／日期		区域负责人／日期		销售总监／日期	
跟单员／日期		计划组／日期		计划部经理／日期	

品保部验证报告

拟制人／日期：　　　　　　　　品保部负责人／日期：

工程部填写	原因分析	
	赔付意见	
	经理／日期	
技术总工意见	责任部门及承担比例	
	总工／日期	

财务部负责人复核结果

财务部负责人／日期：

常务副总经理审核意见：	总经理审核批复：
常务副总经理／日期：	总经理审核／日期：

范表 客户投诉案件登记追踪表

NO:

受理日期（年 月 日）	件数	客户字号	交货单编号	品名规格	交运 日期	交运 数量	交运 金额	不良数量	客户投诉内容	制造部门	处理方式	损失金额	责任归属 部门	责任归属 比率（%）	个人惩处 姓名	个人惩处 类别	处理时效 收件	处理时效 质管部门	处理时效 会签部门	处理时效 业务部门	处理时效 总经理室	处理时效 结案	处理时效 合计	督促记录（日期文号）	结案编号

范表 售后服务调查表

客户名称							
联系电话							
调查项目	内容	A	B	C	D	E	意见
产品使用性能	产品质量						
	产品维修效果						
	产品维修费用						
工程质量	交付后是否整洁						
	交付及时性						
服务	服务及时性						
	服务人员工作态度						
	服务人员专业素质						
客户意见栏							
备注	1. 请在 A～E 栏中打"√",并提出您的宝贵意见。						
	2.A:极满意;B:比较满意;C:基本满意;D:不太满意;E:不满意。						

更多模板

发货管理制度　　　　　　　　　　不良客户处理办法

不良客户处理报告表　　　　　　　客户索赔登记表

客户服务需求表

读 者 意 见 反 馈 表

亲爱的读者：

感谢您对中国铁道出版社有限公司的支持，您的建议是我们不断改进工作的信息来源，您的需求是我们不断开拓创新的基础。为了更好地服务读者，出版更多的精品图书，希望您能在百忙之中抽出时间填写这份意见反馈表发给我们。随书纸制表格请在填好后剪下寄到：北京市西城区右安门西街8号中国铁道出版社大众出版中心 王宏 收（邮编：100054）。此外，读者也可以直接通过电子邮件把意见反馈给我们，E-mail地址是：17037112@qq.com。我们将选出意见中肯的热心读者，赠送本社的其他图书作为奖励。同时，我们将充分考虑您的意见和建议，并尽可能地给您满意的答复。谢谢！

- -

所购书名：_____

个人资料：

姓名：_____ 性别：_____ 年龄：_____ 文化程度：_____

职业：_____ 电话：_____ E-mail：_____

通信地址：_____ 邮编：_____

- -

您是如何得知本书的：

□书店宣传□网络宣传□展会促销□出版社图书目录□老师指定□杂志、报纸等的介绍□别人推荐□其他（请指明）_____

您从何处得到本书的：

□书店 □邮购 □商场、超市等卖场 □图书销售的网站 □培训学校 □其他

影响您购买本书的因素（可多选）：

□内容实用□价格合理□装帧设计精美□带多媒体教学光盘□优惠促销□书评广告□出版社知名度□作者名气□工作、生活和学习的需要□其他

您对本书封面设计的满意程度：

□很满意 □比较满意 □一般 □不满意 □改进建议

您对本书的总体满意程度：

从文字的角度 □很满意 □比较满意 □一般 □不满意

从技术的角度 □很满意 □比较满意 □一般 □不满意

您希望书中图的比例是多少：

□少量的图片辅以大量的文字 □图文比例相当 □大量的图片辅以少量的文字

您希望本书的定价是多少：

本书最令您满意的是：

1.

2.

您在使用本书时遇到哪些困难：

1.

2.

您希望本书在哪些方面进行改进：

1.

2.

您需要购买哪些方面的图书？对我社现有图书有什么好的建议？

您更喜欢阅读哪些类型的书籍（可多选）？

□入门类 □精通类 □综合类 □问答类 □图解类 □查询手册类 □实例教程类

您在学习的过程中有什么困难？

您的其他要求：